山东省社会科学规划研究项目“大学外语教师有效培训模式
构建研究”（15DWXJ12）阶段性研究成果

外语教育叙事研究理论与实践

王桂祥　著

北　京
冶　金　工　业　出　版　社
2021

内容提要

外语教育叙事是在外语教育研究过程中运用的一种方法，它注重通过叙述的方式，讲述一个外语教育故事，启发大家思考故事（案例）所含的外语教育规律。本书通过系统地对外语教育叙事的理论进行梳理和探讨，结合实践案例，帮助外语教师开展教育叙事研究，提升外语教师教育教学的能力。本书既有理论上的研究，也有实践上的探索。

本书可供从事外语教育的教师及相关研究人员阅读和参考。

图书在版编目（CIP）数据

外语教育叙事研究理论与实践／王桂祥著．—北京：冶金工业出版社，2019.10（2021.10 重印）

ISBN 978-7-5024-8265-7

Ⅰ．①外… Ⅱ．①王… Ⅲ．①外语教学—教学研究 Ⅳ．① H09

中国版本图书馆 CIP 数据核字（2019）第 197913 号

出 版 人　苏长永

地　　址　北京市东城区嵩祝院北巷 39 号　邮编　100009　电话　(010) 64027926

网　　址　www.cnmip.com.cn　电子信箱　yjcbs@cnmip.com.cn

责任编辑　杜婷婷　美术编辑　郑小利　版式设计　彭子赫　孙跃红

责任校对　郭惠兰　责任印制　禹　蕊

ISBN 978-7-5024-8265-7

冶金工业出版社出版发行；各地新华书店经销；北京虎彩文化传播有限公司印刷

2019 年 10 月第 1 版，2021 年 10 月第 3 次印刷

710mm × 1000mm　1/16；11.75 印张；229 千字；178 页

58.00 元

冶金工业出版社　投稿电话　（010）64027932　投稿信箱　tougao@cnmip.com.cn

冶金工业出版社营销中心　电话　（010）64044283　传真　（010）64027893

冶金工业出版社天猫旗舰店　yjgycbs.tmall.com

（本书如有印装质量问题，本社营销中心负责退换）

序　言

叙事研究在文学、历史、人类学、社会学以及社会语言学等学科的研究中具有悠久的历史，从我国春秋战国时期的孔孟思想到古希腊的苏格拉底、柏拉图的教育思想，无不闪烁着教育叙事的思想光辉，《庄子》更是教育叙事研究的典范。

叙事本是以小说为主的叙事文学的主要元素和文艺手法，社会科学中的叙事研究借鉴了文艺理论中的相关理论。叙事研究又称故事研究，是一种研究人类体验世界的方式，它体现出人们对生活故事的重视和对内心体验的关注。外语教育叙事研究既是外语研究方式，也是一种教育方法。它以实例讲述和对话构建的叙事方式诠释日常生活中隐含的深层意义，将外语教育事件转化成诗意化的教育叙事文本。教师以平等身份与学生互动，通过对话与理解指导大学生以诗意的眼光发现外语教育所蕴含的丰富价值，引导大学生将其内化为本体的思想和观念，让大学生在生活体验、感悟和诠释中实现“诗意地栖居”。正如教育叙事研究先驱丁钢教授所说：“叙事探究作为在科学与人文这两极之间的一条中间道路，已逐渐成为教育研究中的一个核心学术话语方式。其对教育的重要意义在于它把有关生活性质的理论思想引入到活生生的教育经验之中，并通过生活（如教与学）经验的叙述促进人们对于教育及其意义的理解。”

本书是一本贯通理论与实践的著作，力求弥合教育科学中普遍困扰理论与实践两个维度的“疏离现象”。因为工作性质，作者与优秀的一线外语教师有着较为紧密的合作，获得了大量的灵感、建议。本书的编写思路清晰，内容翔实，不仅有理论介绍，更有大量的真实案例和素材，具有较强的实用价值和较高的学术价值。

是以为序。

山东大学外国语学院　高　云

2019 年 9 月

前　言

外语教育叙事是在外语教育研究过程中运用的一种方法。它注重通过叙述的方式讲述外语教育故事（案例），启发大家思考故事（案例）所蕴含的教育规律。自20世纪90年代，加拿大学者Clandinin与Connelly取得了一系列教育叙事研究成果，教育叙事研究由此成为一种质性研究方法被教育界广为接受和应用。近十年来，教育叙事研究引发了越来越多国内外外语教学界学者的兴趣与参与。

本书的创新之处在于将外语教育叙事研究理论与实践进行了融合，既有理论上的贡献，也有实践上的突破。在理论层面，本书采用不同理论视角透视外语教师的教学成长，验证了其应用于外语教师教学研究的巨大潜力 。在研究实践层面,本书采用叙事探究步入了教师的“生活空间”，贴近了日常教育实践和个体经验，探及了传统的实证研究无法触及的维度。

全书共分五章。第一章为教育叙事研究概述，介绍了“教育叙事研究”概念的由来，并回顾了教育叙事研究的演变，综述了外语教师进行教育叙事研究的必要性。第二章是关于教育叙事研究理论基础的介绍。作者阐明了教育叙事研究理论的不同流派及发展，指出了教育叙事研究的本质、方法和作用。第三章呈现了外语教育叙事研究的设计。作者对外语教育叙事研究的要素与类型、内容与方法、研究的基本过程逐一进行梳理。第四章以教育叙事的方式呈现了外语教师学习教学的案例，展示了外语教师在过去、现在和未来的交织中，在个体与他人、机构、体制的互动中，在不同情景中学习教学的心路历程，并在每个故事（案例）的小结部分融入了作者的思考和评论。第五章介绍了基于校本教育研究的外语教育叙事研究和基于网络技术的外语教育叙事研究。

研究表明：进行外语教育叙事研究是漫长曲折的过程，不可能一蹴而就，需要外语教师在职培训、校本培训、社会各界及外语教师本人的协同努力。作者真诚地希望本书对读者有所启迪，并能成为转变教学理念和教学行为、促进专业发展的有效工具。

由于作者水平所限，书中不妥之处，敬请广大读者批评指正。

作　者

2019 年 7 月

目　录

第一章　教育叙事研究概论

教育叙事研究于20世纪70年代在西方教育研究领域率先兴起，20世纪90年代末引起了我国教育研究者的关注，它的兴起有着深刻的社会背景与教育发展的理论和实践背景。

第一节　教育叙事研究的兴起

一、关于教育叙事研究兴起背景的几种观点

（1）教育叙事研究是20世纪70年代西方比较教育研究范式向质的研究方法与多元化视角的研究方法转型的结果之一。

其中有两种力量起到了很大的推动作用。

1）全球化的影响。在此背景下，人们认识到追求同一性和普遍性的研究方式无法涵盖多元化文化的价值取向。全球化带来教育研究的国际化，它主要表现在：

① 国际组织对教育的关注影响到各国教育的改革和发展。世界贸易组织、国际货币基金组织、世界银行、联合国教科文组织等都非常关注教育，并经常提出新的目标、要求及研究方向。如1996年联合国教科文组织“国际21世纪教育委员会”发表了题为《教育——财富蕴藏其中》的报告，提出了“四个学会”，认为21世纪教育的四大支柱是“学会认知、学会做事、学会与人相处、学会生存发展”。[1] 这个报告影响了各国的教育改革和教育研究。又如世界银行对继续教育、高等教育等发布报告，支持教育发展，提出教育目标。因此，研究教育的发展问题，不能不关注国际组织对教育的意见。[2] 这些均是教育国际化的一个重要表现。

② 人才交流，培养国际化人才。教育已经成为国际间相互理解、相互支持，培养具有跨文化区域人才的重要途径。各个国家的文化背景不同——不仅生活方式不同，思维方式也不同，要走向世界，就必须研究如何培养具有跨文化背景，跨文化思维，能够融入异域文化情怀的人才。这正是中国教育界有关人士提出的

中国教育要与“国际接轨”的观点。

③ 教育制度、教育观念的趋同与融合。教育一向被认为是需要保持本国特色，也必须保持本国特色的复杂的社会活动。但从“教育全球化”的历史进程来看，各国教育活动中相似或相同的方面却越来越多。尽管各个国家在教育的年限和内容上还存在着较大的差异，但它的基本原则，比如普及性原则、差异性原则、多样性原则、创新性原则等都得到普遍重视。教育制度有着非常相近的理论架构。

各国虽然社会制度、意识形态、文化传统、发展水平各不相同，但关于教育的基本观念却越来越趋于一致。比如教育宗旨，正在形成以“促进学生健康、全面发展”为核心的“人本主义”共识。在其他方面，由于生理科学、心理科学、行为科学和社会科学各分支，以及各相关领域的研究进展，正在构筑起关于教育活动的核心观念：认知发展阶段理论、可持续发展理论、终身教育理论、生活教育理论、多元智力理论、需求层次理论、人力资源理论及教育产业理论等等。正是这诸多观念层面的融合与趋同，为制度层面的统一和新技术的传播提供了共同的基础。

④ 教育思想、教育经验及教育研究成果的迅速交流和借鉴。由于交通的便利、信息的快速传递、人员交往的频繁，任何一国的教育改革都会立即传播开去。各国的教育虽然各有不同，但人才的成长与发展是有一定规律的，教育具有很强的普适性，所以各国都会借鉴别国的经验。教育已成为一种国际现象。

全球化已经对中国当代教育的理论和实践研究产生了强烈的影响，其中一个重要标志就是“平民式”研究方式对“象牙塔式”研究方式的挑战。从教育研究的角度来考察新世纪的中国教育之态势，在开始对中国教育的走向问题重新认识的基础上，进行最为大众化的能够调动教育群体参与兴趣的研究。

以形式主义批判闻名于世的叙事学理论，虽然发源于西方，但近年来随着全球化浪潮的推进，已逐渐成为充满活力且风行世界各地的学术思潮之一。叙事理论给今天的教育研究带来的启示是多方面的，将叙事理论引入教育研究，不啻开辟了教育研究走出单一研究模式的新途径；与此同时，它也拓宽了叙事理论的应用范围，使之从文学研究的传统领域走向了文化教育研究的崭新领域。特别是进入 21 世纪之后，随着“经济全球化”的发展，市场的全球性成为现代社会的基本事实，这为“教育全球化”发展提供了现实的可能性和必要性。[3]

2）后现代主义思潮的兴起。后现代主义对现代教育进行审视和批判，从不同角度阐述对教育的理解和看法。后现代主义认为真实的社会现象一旦剥离情境，就变得虚幻，对某一问题的研究也并非对事实的精确描述，而是一种态度的表达，是研究者与世界交往的一种方式。

① 在教育目标上，后现代主义对现代主义进行反思和批判，反对现代主义强调的教育目的是把个人塑造成现代性工程的零部件，主张对教育目的予以重新

估量，以培养具有批判能力、创造能力、认可多元文化的社会公民。

② 在课程观上，后现代主义主张构建动态的开放式课程，并用描述性的方式表述课程目标。后现代课程不是特定知识体系的载体，课程的内容不是固定不变的，课程学习过程是一个动态的发展过程，是师生共同探讨新知识的发展过程，这个过程具有开放性、启发性和灵活性，富有能够引起对话的魅力。课程将从知识的积累走向发现和创造知识，承认和尊重价值观的多元化。课程的组织形式不再囿于学科界限，而向跨学科和综合化发展。在后现代主义丰富的课程构想中，注重平等民主的课程观。

③ 在师生关系上，后现代主义主张建立一种师生平等的对话关系。在后现代主义看来，无论是“教师中心”还是“学生中心”，都存在着根本的缺陷。“前者基本上是让教师充当着文化传统的传递者角色，而学生或则扮演着‘老人智慧’之被动的、驯服的接受者角色”；而后者“同样将学生置于脆弱不堪的境地，从某种意义上讲，是放任自流，使他们无法获得大人身上具有的人生阅历的教益。学生失去了向导，与纷纭复杂的大千世界隔绝开来”。[4] 因此，后现代主义强调教师与学生之间平等的对话关系，“这种关系将更少地体现为有知识的教师教导无知识的学生，而更多地体现为群个体在共同探究有关课题的过程中相互影响”。[5]“通过对话，学生的老师和老师的学生之类的概念将不复存在，一个新的名词即作为老师的学生或作为学生的老师产生了。在对话过程中，教师的身份持续变化，时而作为一个教师，时而成为一个与学生一样聆听教诲的求知者。学生也是如此。他们共同对求知的过程负责”。[5] 后现代主义并不认为强调师生平等的对话关系就应忽略教师的作用。教师的作用不在于传授真理，而在于激发学生的想象力，追求一种悟、浸、染的外语教育。

后现代主义提出的一些教育观点，丰富了人们对于教育的认识，为教育研究、解决教育中的各种实际问题提供了新的思路。叙事研究运用于教育研究领域，并用叙事的方式使教育目标、教育内容、教育方式、课程理念的表述得到普遍推崇。教育叙事研究的兴起，更加重视在多元的社会环境下人们对教育问题认识的差异性，强调深入到具体文化情境中对教育问题进行整体研究。

（2）教育叙事研究是20世纪70年代前后西方教师职业研究发展的结果。“一方面，受到人文社会科学研究领域中后现代主义或结构主义提倡向“解释学转向”、“语言学转向”、“叙事研究转向”的影响；另一方面，受到心理学和社会学对教师职业研究的影响。由于社会学和心理学对职业生活的研究存在交叉，由此产生了整合各方面的研究以推动职业研究发展的需要，导致社会科学研究中关注实践的叙事研究方式并运用到了职业研究中，教师的职业叙事也以此为基础发展起来。

（3）教育叙事研究作为教师的研究方法出现在教育领域最早是由加拿大的康

纳利等几位课程学者倡导的。

这几位学者认为，教师从事实践性研究的最好方法是说出和不断地说出一个个“真实的故事”。

（4）在我国教育研究领域，叙事研究的兴起也有其特定的社会与教育发展背景。[6]

一些学者对已有教育研究方法的反思、教师专业化实现的途径与方法以及教育研究的目的与作用等几方面的研究具有重要的推动作用。比如，有学者从教育研究反思的角度指出，教育研究领域中那种试图安排人类精神的宏大叙述以及实证哲学的研究范式都没有令教育研究摆脱种种困惑，即教育研究越精细，与人类经验联系就越少。为克服这种弊端，以描述和解释社会经验现象为特征、关注教师日常教育教学生活以及反思的叙事研究便应运而生。

二、教育叙事研究兴起的两大背景

叙事研究是近几年来在我国教育研究领域兴起的一种研究方式，虽然时间不长，却引起教育研究者和教育实践者的广泛关注。尽管对于“叙事”这种研究方式兴起的理论背景和实践背景仍处于探索中，但它在教育研究中所取得的成果，显示出了它的强大生命力。

（一）教育叙事研究兴起的理论背景

以往的教育研究片面追求所谓的科学范式，将教育研究归类于“教育科学”，使教育研究从 17 世纪起就蹒跚于科学主义的背影下，试图寻求客观的、普遍的、统一的标准，主张用自然科学的研究方法、用量化的工具来分析世界，以精确化的、规定性的语言来描述教育事实，把教育理论研究演变成一套技术模式与操作程序。这种片面追求科学化的研究范式，导致了教育研究中人的物化和人文关怀的缺失，使教育理论失去了对教育实践的魅力。

教育研究的对象不是无生命的物质世界，而是具有无限发展潜力的人。教育视界是感知的视界、体验的视界、意义的视界、生活的视界。教育研究的任务就是通过理解、表达、感悟，把人的生命推向更丰富、更深刻、更完善的发展阶段。因此，教育研究理应关注人、研究人，理应有自己独特的研究逻辑，从根本上促使教育研究的“人本主义”的转向：从外在世界返归内在世界，从群体生活返归个体生活，从工具性返归价值理性。在此新的教育研究理念下兴起的教育叙事研究，“把活生生的有关人类生活本质的理论思想引入活生生的教育经验中”，[7] 逐渐成为教育研究中的一个核心学术话语，并在研究方法层面得到进一步的推崇和运用。

我国学术界关于教育叙事的理论探索主要集中在两个维度：一是从学科层面探讨教育叙事的本质、类型、特征和规范问题；二是从操作层面针对个案展开教育叙事的实践。[8] 依据上述两个维度，教育叙事研究大致分化出两个研究方向：一个是“叙事的教育人类学研究”；另一个是“叙事的教育行动研究”。前者主要是专业研究者以大学英语教师为观察和访谈的对象，或者以大学英语教师所提供的“想法”（包括教师的内隐理论、个人理论）和所提供的文本为“解释”的对象。后者主要是大学英语教师自己展开的研究方式，也可以是大学英语教师在校外研究者指导下使用的研究方式。这两类研究都以自己独特的方式表达教育研究的意义和价值。在合作研究的过程中，研究者可以与大学英语教师就同一节课、同一教育事件分别展开两类叙事研究。大学英语教师以“叙事的教育行动研究”方式叙述，研究者则以“叙事的教育人类学研究”方式叙述，从而保持“教育理论”与“教育实践”之间的联系与互动。这两条研究路径显然不能截然分开，因为它们原本就是相互牵连着的。即使在“叙事的教育人类学研究”中，教师本人在叙述自己教育生活史时，这种叙述也会使教师自己进入一种自我建构的状态。

费尔巴哈曾经说过：作为起源，实践先于理论；一旦把实践提高到理论水平，理论就领先于实践。[9] 理论来源于实践的激励，当实践产生新的困境与迷惘，而实践本身又不能解决时，理论必须先于实践而前行，为实践走出困境和迷惘的围城提供新的视野、新的道路、新的方法与新的力量。因此，第一，教育理论研究的根本动机，应该是当下教育实践中的困惑与问题，并谋求解决之道。过去的教育研究往往缺乏这一纯正的动机和要求，使得不少教育研究的文章或著作缺乏理论价值和指导实践的意义。正如有人所言，这是中国“教育理论极度贫血”的真正原因。第二，教育理论应该既具有人类教育发展的共性追求，亦具有民族文化的超越性精神指向和时代特征的规范性，而中国教育研究的实际却往往表现出无视这一双重要求。“叙事研究”在当前教育研究界之所以被广泛关注，正是由于它把中西方教育理念融入了本土的教育实践之中，遵循了教育发展与教育研究自身的规律。

教育叙事研究在阐释学、现象学、人类学、接受美学、认识论、社会学等人文思潮的影响下，认真反思教育实践的方法论偏差，力求寻找解决教育理论与教育实践不相适应的良策，缩小乃至消除它在研究方法的科学性、理论的解释能力和预测能力等方面的差距。因此，教育叙事研究特别强调研究者与实践者的结合，倡导在实践中研究、在研究中实践；强调以现实教育问题的解决为目的，不断改进教师的实践反思和行动质量。这就意味着作为实践者的教师不再是教育理论的被动接受者，而是教育理论的积极建构者；不只是纯粹的教育者，而且可望成为真正的教育研究者将二者集于一身，即“教师—研究者”或“研究型教师”。而专业的教育研究者逐渐从“中心”走向“边缘”，从“指导者”

转变为“合作者”，人们苦苦追寻的沟通教育理论与教育实践的路径在这里似乎豁然开朗。

进入 21 世纪以来，大学英语课程进入到一个空前的变革转型时期。之所以要进行大刀阔斧的变革，除了众所周知的“费时低效”弊端，以及“应试英语教学泛滥”等原因之外，一个深层次的根本原因就是在新时期和新形势下，由于大学英语课程的价值取向不明，或者是价值偏失，乃至价值异化，无法满足国家和社会高速发展的现实需求，严重制约了国家外语能力的拓展。

因此，大学英语课程改革的关键就是要站在时代高度，从国家、社会和个人发展出发，全方位重建和确立课程的价值取向，并以此来指导和统率课程内容和课程过程的变革。《国家中长期教育改革与发展规划纲要（2010—2020）》明确提出高等教育国际化发展，培养国际化人才的战略目标。[10] 从这个意义上看，大学英语课程的社会价值具有时代所赋予的战略意义。它的战略价值就在于通过深入彻底的课程改革，将国家和社会发展对大学英语课程的客观需求与大学生成长和发展的主观需求相融合，积极改善教育质量和效率，使大学英语课程能够在全球化背景下，提高学生的国际化语言应用能力；使学生的语言知识结构、思维结构和价值观念得到综合发展，提升人才的国际化程度，增强人才的国际竞争力，争取国际话语权，传播和推广中国文化价值观，从而实现国际理解，走向世界的目的，为新时期国家“一带一路”倡议架设国际交流渠道。[11]

大学英语课程的基本价值取向是：培养学生的英语应用能力，增强跨文化交际意识和交际能力，同时发展自主学习能力，提高综合文化素养，使他们在学习、生活、社会交往和未来工作中能够有效地使用英语，满足国家、社会、学校和个人发展的需要，这是贯穿《大学英语教学指南（教育部 2017）》的核心理想，是大学英语课程改革的灵魂。

“提高综合文化素养”，意味着我国大学英语课程体系必须走出教学目标单一、过程僵化、方法机械的“生产模式”，让每一个学生的个性获得充分发展；“提高综合文化素养”，意味着 21 世纪我国大学英语必须顺应时代潮流，追求以下教育理念：

（1）教育民主。教育民主意味着教育必须谋求所有学生平等享受高质量的高等教育。

（2）国际理解。国际理解意味着教育体系必须追求国际性与民族性的统一，必须追求多样化的教育价值观。

（3）回归生活。回归生活的教育在目标上意味着要培养在现实世界中会生存的人，即会做事、会与他人共同生活的人。这种人既具有健全发展的自主性，明于自知；又具有健全发展的社会性，善于“发现他人”。回归生活的教育在内容上意味着要突破狭隘的科学世界的约束，把有关的科学常识与艺术、道德、个人世界、自由的日常交往等教育资源整合在一起，在走向“完善的人”的心理历程上贡献积极的力量。回归生活的教育在范围上意味着突破狭隘的学校教育模式的疆域，从一种教育“生态学”的视野，建立开放而有活力的课程结构和教育体系，寻求学校教育、家庭教育、社区教育之间的内在整合与相互作用。

（4）关爱自然。关爱自然意味着课程必须把关心爱护自然、追求人与自然的和谐相处及可持续发展作为重要的价值追求。

（5）个性发展。个性发展意味着课程必须尊重每一个学生个性发展的完整性、独立性、具体性、特殊性。还应看到，个性发展包含了社会性，个性的成长是在生活中、在社会交往中进行的，因此，课程应创设有助于个性发展的社会情景。个性发展又是不间断地终身发展的、无止境的完善过程，所以要构建适应终身学习的课程体系。

当代教育理论研究必须以人为起点和目标，重新确立人（学生和教师）的主体地位，探索个性发展、潜力开发、创造能力的培养和创新精神的激励；必须全力改变结果主义的知识教化模式和评价模式，把知、能、意、行作为一个不可分割的整体来设计，为人本思想、过程思想、整体思想、生态思想、全面发展思想等提供了当代教育理论研究构建的理论来源和方法论基础。

（二）教育叙事研究兴起的实践背景

《国家中长期教育改革和发展规划纲要（2010—2020年）》（以下简称“纲要”）指出：“我国教育还不完全适应国家经济社会发展和人民群众接受良好教育的要求。教育观念相对落后，内容方法比较陈旧，中小学生课业负担过重，素质教育推进困难；学生适应社会和就业创业能力不强，创新型、实用型、复合型人才紧缺；教育体制机制不完善，学校办学活力不足；教育结构和布局不尽合理，城乡、区域教育发展不平衡，贫困地区、民族地区教育发展滞后；教育投入不足，教育优先发展的战略地位尚未得到完全落实。接受良好教育成为人民群众强烈期盼，深化教育改革成为全社会共同心声。”[10]

“纲要”明确指出了我国教育存在的主要问题，具体来说，以往教育实践的问题集中表现在以下几个方面：

（1）整个教育实践陷于单一片面的知识教化模式和落后僵化的知识评价模式中难以自拔。知识与教育从来就有着密不可分的关系。“一方面，教育是知识筛选、传播、分配、积累和发展的重要途径；另一方面，知识又是教育的重要内容和载体”。[12]一定的时代背景下，人们如何看待知识，自然会影响到对教育教学活动的看法。由此看来，知识观是思考21世纪教育问题的一个重要视角。对于评价来说，不能忽略学生获得经验之后所做的反思，评价的目的是以促进学生经验的发展和经验的转变为核心。评价应该是学生和教师或评价者共同参与、相互作用的过程。应把评价作为信息反馈，使评价真正成为学生认知过程的组成部分，而不仅仅是认知结果的说明。

（2）教与学活动过程的非主体化。权威的教材和固守的观念成为束缚学生的桎梏，学生对教材的独特理解和判断的权利遭到剥夺，只能接受教材或教师的观点。即使学生有一些不大规范但却完全正确乃至创新的见解，也会被教师以不符合“标准化”答案为理由将其“格式化”。学生处于教师与教材的双重权威钳制下，个性被压抑乃至被泯灭，独特的体验被湮没，探索的空间被封闭，主体意识进入了沉睡状态。

（3）忽视人（包括教师和学生）的成长差异性和成长过程性，忽视人的个性发展，人的创造潜力的开发和人的创新精神、能力、品质的培养教育过程是一个多元化的交流过程，其间充盈着“多种多样、多层次、多维度的交流情境与交流关系”，在这种师生之间、生生之间、师生与周围环境之间的立体交叉的多种交流关系中，每一个独特的个体“不仅以自己的思想，而且以自己的命运、自己的全部个性”参与其中，才能使个体的内在价值、潜在能力得以充分发挥。

（4）忽视知识与能力、过程与方法、情感态度与价值观的整体发展。注重结果，把考试分数、及格率、考研率、名校研究生录取率等作为区分或选拔的唯一手段，追求目标体系中精确的达成度，并以此作为衡量教育水平高低、教育质量优劣的唯一标准，使教育失去了对道德修养、生存能力和创造精神的培养。这就从根本上背离了人的发展，使本应陶冶性情、洗涤心灵、升华情感的教育，成为学生全面健全发展的障碍。

教育实践中的这种种痼疾、弊端，迫使人们急切寻找解决教育问题的理论和方法。教育实践中出现的诸多问题，及其对实施素质教育的制约和不良影响，正说明教育改革的必要性和及时性。

中国的教育改革，整整一个世纪，尤其是20世纪80年代以来的教育实践改革可谓接踵不断，但最终收效不大。究其原因，正是由于每一次教育改革不乏自上而下的思想观念，但缺少实实在在地引导教育走创新之路的理论资源。当失去真正体现其时代要求和创新张力的理论、思想和方法为引导、支撑、推动力量时，任何教育实践创新都最终成为形式主义的过场。所以，从现实与理论的双重要求来看，当代教育实践创新必须以教育研究创新为前提。

而叙事研究的兴起，为教育研究创新提供了一种新的视角与思考空间。英国课程论专家斯腾豪斯认为：“无论从何种角度解释教育研究，都不得不承认教师充满着丰富的研究机会和研究热情。如果没有学校教师参与教育研究，是无法使研究成果很好地在教育实践中加以应用的，这一点是显而易见的。”[13]

教育叙事研究以改进、创新教育实践，解决教育实践所面临的问题为指向；以研究改进教育实践活动，不断提高教育教学质量，促进学生的全面发展为主要目的和任务。其理论基点：学校是发生教育故事的地方，教育研究有赖于学校真实的教育场景；教师是教育研究的最直接参与者，教育研究应成为教师的自觉行为，而不只是少数专职研究人员的事情。教育叙事研究关注日常教育实践与经验的意义，在教育实践中，面对不同的地域文化环境，不同的学校、师资和生源状况，只有因地制宜才能求得自身的发展。教育研究也只有着力关注这种日常教育生活中的活动，关注师生自身的感受、体验与诉求，在理解和分享中领悟教师教育实践活动的意义，才能彰显其活力，体现其研究价值。

外语教育叙事研究短时间内在我国兴起并在教育实践中得以迅速推广，得益于以下几个有利的条件。

第一，21 世纪初掀起的轰轰烈烈的大学英语教学改革。

大学英语课程改革强调从“教教材”到“用教材教”的转变，以解放知识教学中的人；强调从“分等”到“平等”的转变，以创设良好的师生交往环境；强调从“设计”到“涌现”的转变，以营造生动的教学场景；强调从“授受”到“对话”的转变，以建立学习型教学结构。要将这些具有鲜明时代特色的教学理念，从抽象的思想转化为大学英语教师能够理解并自觉践行的行为，需要一个交流和转换的平台，教育叙事研究正是这样一个较为理想的“可升可降”的活动平台，因此备受大学英语教师的欢迎。大学英语新的课程理念通过生动感人的教育故事为教师所理解，课程改革经验通过具体真实的叙事使教师得以分享，这是高等教育由课程改革引发的全面教育创新。理想教育的实现需要突显出“教师成为研究者”的必要，教育叙事研究给教师提供了自觉参与教研的广阔空间，成为推动新课程改革的重要手段。

第二，21 世纪初实施的遍及全国的外语教师培训。

教师专业化成为国际教师职业发展的重要趋势，世界范围内教师专业化的潮流及教师教育一体化的发展趋势，对我国的外语教师教育产生了重要影响。外语教师教育的重心由职前培训转向职后培训，由数量的满足转向质量的提高。而在全国进行的教师通识培训和继续教育培训中，以学科知识、教育教学能力，尤其是个人的教育实践知识及能力为重要内容的培训，又与教育叙事研究取得了一致与共鸣。外语教师从叙事中进行反思，从案例中感悟道理。教育叙事研究成为教师专业发展的重要途径。

第三，教育叙事研究本身所具有的“人文性”“经验性”特征。

教育叙事研究关注师生在教育过程中共同的成长与发展，注重教师自身教育经验的价值，以教育事件或经验为研究对象，要求叙教育之事、叙有意义之事、叙过去的真实之事；以“自下而上”为研究路径，通过现场工作，使教育事件在情境中真实地展开，使历史印记在细节中显露出存在，从而接近日常教育真相，逼近教育实践本身；以教育主题或结构为灵魂，通过主题的串联，使教育事件具有描述和解读的价值，从而在含而不露的叙述中探讨归隐在经验背后的道理，在意义诠释和经验分享中达到真实的理解。相对于以往烦琐的、复杂的、严格的科学研究范式来说，教育叙事研究更容易被大学英语教师掌握和运用。教师通过教育故事的叙述，思考教育活动的意义；通过教育现场的研究，提升教育行为的自觉。教育叙事研究成为沟通教育理论与教育实践之间的桥梁。

三、教育叙事研究的理论争辩

了解教育叙事研究理论上的争论，有助于我们进一步深化对教育叙事研究的认识。

有关研究资料显示，教育叙事研究在实践中遇到了一些问题：一方面，从教师记述的故事来看，多是些简单的教育“记叙文”“日志”等，算不上真正意义的叙事研究文本。这说明“讲故事”与“教育叙事研究”之间还存在一定距离，“教育叙事”与“教育叙事研究”之间还不能画等号，由“叙事”到“研究”还需要经过一个提升或升华的过程。另一方面，教育叙事研究本身容易受到叙事者故事的影响和研究者个人倾向的影响，使研究带有浓重的个人色彩，而在研究中“依据研究者个人的判断进行田野工作”的特性，也使研究的效度和信度受到质疑。这些问题引起了教育叙事研究在理论上的争论。

（1）教育叙事研究理论上的争辩表现在对教育叙事研究理论与实践的定位和作用方面

1）辩护者观点。辩护者一方强调教育叙事研究在注重体验、关注价值、凸显意义、回归生活方面具有的独特之处。其观点可大致归纳为以下三点：

① 叙事过程是一个通过反思、认同、获得理论提升，达到内心世界改变的过程，是在“探索—问题—反思—实践—反思”中建构和叙说学校生活的故事，生成学校与教师研究者个人生活的意义。其体验的深刻性、情感的丰富性、对人内心世界的冲击性，是传统科学方法难以达到的。[14]

② 教育叙事通过描述教育现象与教育问题，对教育进行正确的引导。教育研究不仅仅停留在教育现象与教育事实的描述上，更重要的是通过它打破狭隘的教育观念，关注被培养的人在现代社会中能否良好地生存和发展，达到对人的意义的体认和价值提升。[15]

③ 教育叙事研究强调回归生活世界，从生活世界中发现教育的真相；强调交往伦理，用一种更为自然的研究方式把握和关怀教育场域中的人；关注具体现象和具体个人，探寻意义、寻求规律。也唯有如此，教育叙事研究才能获得存在的价值。[16]

2）批评者观点。批评者一方强调教育叙事研究在科学性、规范性、普遍性、客观性方面存在不足。其观点大致可归纳为以下几点：

① 任何科学研究无不在努力寻找一种更具有普遍解释力的理论。真正的教育问题是要靠科学的方法、科学的思维和科学的精神去发现的。以"喃喃自语"的方式记录教育故事的流水账，以此去发现教育存在的问题，并且还准备"有效"地加以解决，这无异于天方夜谭。

② "叙事"是一种前科学味道很浓的东西，如果教育科研只是让在线的教育工作者以叙事的方式参与到教育科学研究上来，而不是提出抽象的更强有力的理论，那么始终不会有质的飞跃，不会有理论上的提升。而且，这种前科学的叙事很可能会使我们刚刚有了一点相关科学知识、科学方法与科学精神的常识重新回到前现代。对于中国教育来说，目前最为缺乏的不是这类前现代的叙事，而是缺乏像西方重要典籍中的论据客观、论证严密、逻辑清晰的理性分析方法。

③ 叙事研究忽视理论的重要作用。教育科学如果没有了理论的指导，就既谈不上发现问题，也更谈不上有效地解决问题。后现代思想与中国当下的国情并不相符，科学在中国还需要重新启蒙。后现代思想与中国前现代文化相结合，其社会背景是利益的驱动，助长了目前教育科研的虚假之风。

对于这些不同的观点，丁钢教授曾有一段分析，他认为：教师的教育叙事与学者的教育叙事，由于作者的学养、经历、认识等不同，其内容当然会有区别，甚至大相径庭，但是绝不能因为存在差异而否定对方的叙事；相反，教师与学者应该取长补短，互相学习，互相勉励。就教师从事教育叙事研究而言，倘若真有一股苏格拉底式的反思精神，真想认真地审查自己的教育生活，无疑能够做出高质量的教育叙事。应让教育回到生活本身，在教育生活中领悟教育的力量，使教育具有自己独特的理论和实践的生命力。而这就是教育叙事研究确切的追求。[17]

（2）教育叙事研究理论上的争辩表现在对教育叙事研究效度和信度的判断方面

1）批评者观点。批评者一方认为，教育叙事研究缺乏信度和效度，因而难登研究的大雅之堂。理由是：

① 教育叙事研究中的故事的真实性、客观性无法检验。在教育研究过程中，征得研究对象的配合相当耗时，人的社会性、特殊性和复杂性，决定一个陌生的人不可能在很短的时间内向你吐露真心，或者可能会有自己不愿或不能示人的隐秘，不能够讲述真实的故事，或许会"伪造数据"，提供"美丽的故事"，或许会对事件进行加工，导致数据失真。[18] 因此，为了让被试者在心理上认同、支持你的研究，就需要一个彼此磨合和熟悉的过程。

② 教育叙事研究缺乏普遍的解释力和推广力。由于叙事研究多关注细节，往往是"微观叙事"，是个案研究，是依赖于具体情景中的特殊事件的描述，不

适于大量的非个人化的群体行为，因而无法回答普遍性问题，也无法据此建立起一般性理论。

③ 教育叙事研究由于受到研究者个人倾向的影响，无法做到“价值中立”。在叙事研究中，研究者对研究问题的确定、研究态度的选择、被研究者角色的定位、收集材料的方法、对研究结果的解释，以及对研究质量的评价等，在很大程度上受到个人倾向的影响，容易带有研究者个人的主观色彩。另外，研究者的目的也很容易受到叙事者故事的影响而偏离。

2）辩护者观点。辩护者一方认为，教育叙事研究与传统的科学研究方法不同，难以运用信度和效度对其进行评价。教育叙事研究超越了信度、效度和普遍性。它通过时间、地点、情节和场景的协同来提炼叙事的经验，这种经验因其有着代表性和真实性而具有特殊的价值。理由如下：

① 教育叙事研究感兴趣的不是“客观现实”的“真实性”本身而是被研究者所看到、所体验到的真实。它关注教育现场，强调对故事情节进行整体性的、情景化的、动态的描述，原汁原味地呈现教育事件，在教育事件的呈现中通过归纳而不是演绎的方式进行有意义的建构。

② 教育叙事研究通常选取的研究样本数量很少。它关注的不是“群”的一般性，而是“个”的独特性，不是从“群”中寻找“共性”，而是分析、解释甚至是体验每一“个”存在的现实性、可能性或必然性。

③ 教育叙事研究的目的是在叙述中达到“视域融合”，叙事是某种意义的诠释，诠释是为了分享和理解，从而达到叙述者与接受者的“视域融合”。

④ 教育叙事研究带有更强的价值倾向性。研究者深入研究现场，通过与参与者建立不同程度的亲近关系来理解、记录和思考现场。研究现场不再是隔岸观火，研究也并不排斥“立场”意识的存在。如果研究者没有真实的现场体验就去构思研究文本的揭示图式，这种研究就会被认为是缺乏效度的。[19]

关于教育叙事研究理论上的争鸣仍将继续，就目前所见，仅综述如上。

3）关于前提的观点。为了促使教育叙事研究更健康、更成熟地发展，有学者还提出几个前提性的认识：

① 教育叙事研究属于与传统的科学研究范式不同的另一种研究范式，不能以自然科学的标准和定量研究的要求来衡量教育叙事研究。教师职业叙事研究的最大贡献在于它是对个体经验和意义的系统研究，关注点是能动的教师个体是如何建构其教育故事的；而社会科学研究的最终目的是提出理论，从特殊得出一般，个体的故事或传记只是研究分析的起点，并不是最终目的，叙事研究只是多种研究方式中的一种。

② 教育叙事研究的适用范围有一定的限度，即适用于人文领域而不能运用于一切领域，它不是包医百病的良方，而是作为质的研究范式中的一种方法，与

质的研究范式中诸如人种志研究、人类学研究、生活史研究等方法以及量的研究范式中实验法、测量法等方法并存。

③ 如前所述，教育叙事不能等同于教育叙事研究，经验的表达方式也不能代替理论的表达方式，需要做的是加强对“教育叙事”的研究，以提升教育叙事研究的意义解释和建构能力。

④ 教育叙事研究必须加强自身方法的建设和学术规范的训练，这就是：学术独立、学术批判、学术积累、学术创新、学术平等、学术合作、学术求真、学术致用、学术道德。教育叙事研究必须遵循伦理，强调原创，体现创新，突出批判。[20]

唯有如此，教育叙事研究才能获得源源不断的生长动力，才能不仅以叙事的方式反思并改变教师的日常生活，而且通过关注日常教育经验实现教育的变革。

四、教育叙事研究的实践价值

在教育研究领域引入“叙事”这种思维和话语方式是基于强调“科学方法”的改革研究在学校教育实践中遇到了许多困惑。

（一）传统教师培训收效甚微

过去的教师培训常常就是让教师学习一些教育理论，包括教育概论课程与教学论、教育研究方法、教育心理学、教育管理学等。似乎只要教师们接受了这些教育理论，就可以将其应用到自己的教育实践中去。教育机构虽然发出了一批结业证书、毕业证书或培训证书，但这种单一的教师培训方式，导致教师对教育理论依然缺乏基本的了解，也缺乏了解的兴趣。

教师培训的误区在于：教师的主体性没有被关注，教师只是被动地去接受那些寄存在教师生活之外的书本里或专家的头脑里的教育理论。这样的教师培训，与教师的日常教育生活实际相脱离，也就很难唤起教师积极参与的主体意识。

（二）教育实验名实不符

教育研究经常使用的方法是“教育实验法”。教育实验法是实验者根据某种假设，在人为控制的条件下，操纵自变量，控制无关变量，观察实验因子与教育效果之间的因果关系，从中探索教育规律的一种研究方法。教育实验法的基本特征是强调“假设”和“控制”等研究策略，它确实是一种有价值的教育研究方法。

但是这个研究方法在实验过程中，往往是由专家事先设计好某种“研究假设”。在专家看来，只要教师按照这种“研究假设”或某一种新的教育方法去实际操作，就能提高教育教学效率。这使教师觉得不需要有自己的思考、自己的创见，而仅仅成为专家设计方案的操作者和执行者即可。

（三）教育经验总结空泛或雷同

教师习惯采用的研究方法是“经验总结法”。经验总结法的基本特征是教师叙述自己教育生活中的“经验事实”。教师谈论自己独有的教育经验原本是容易引起读者共鸣的，因为所叙述的内容是具体的、个人化的、生活化的“问题发现”和“问题解决”，而不是空泛的、以训导的口气说出的大道理。可遗憾的是教师在使用经验总结法时，往往把“总结”转换成一种“概括”，缩去了其中的“经验事实”，而仅剩下一堆似是而非的教育“大道理”，使“经验总结”沦落为一种抄录教育理论文章的“剪贴”活动。这样做的结果是教师提交的“经验总结”大同小异或千篇一律，缺少最为宝贵的教育个性。

（四）教师的“科研焦虑”感

一些研究者在经历了较长时间的与大学英语教师的合作之后，发现他们所乐意谈论的教育理念及研究方式不过是一种似是而非的“舶来品”。

教师在教育实践中，其实已经有了不少的个人想法，有了自己的某种理念。教师的想法、理念使他们在接受研究者的理论时，持有一种将信将疑的态度，即使暂时接受了某种教育理论，也很难将这些理论变为具体的教育实践。但当教师一旦开始尝试着将研究者的理论应用于实践时，又会感到一种“行之维艰”的焦虑。教师的这种“科研焦虑”有些类似于学生在接受了定理、公式之后害怕做“应用题”。因此，有人把它说成是“应用题现象”所带来的“科研焦虑”。

面对教育研究中的种种问题，叙事理论的实践价值就在于：“它认为，生活中充满了故事，人的每一经历就是一个故事，人生就是故事发展的过程。”“每个人也有一部个人的历史，自己生活的叙事。这些故事使我们能够解释我们是什么，以及我们被引向何方。”当一个人在讲自己的故事时，是“主体我”以“客体我”为主人公来构造故事，也是“主体我”对“客体我”的审视和反思。而教育叙事研究的基本理想是：“以叙事的方式反思并改变教师的日常生活。”

目前，我国的10万多名大学英语教师的工作状况亟待关注，大部分教师面临着巨大的工作压力。社会发展和教育改革对教师提出了越来越高的要求，新的大学英语课程标准和教材更新力度很大，新的教育理念广泛传播，教育信息化迅速发展，对教师各方面的素质要求更高；通过对全国10所不同类别高校346名英语教师进行的叙事问卷调查，探究了教师对专业发展环境的体验及其意义。结果显示：

（1）教师与学生和同事关系亲和，但与行政人员存在距离和矛盾；

（2）多数教师认同教学改革并参与科研实践，但其能动性受制于“重科研、轻教学”的评价体系；

（3）多数教师将发展困难归咎于教育体制、传统文化、家庭责任、功利化导向等社会文化环境因素。教师期望改善学校人文环境，提高生活待遇，为教师创造更多交流和发展机会。[21]

基于调查分析，发现高校外语教师不同程度地产生了职业倦怠。只有少部分外语教师表示喜欢这一职业。[22] 这种现象使教师的劳动与他们的类本质相异化。正如袁贵仁教授在《马克思的人学思想》中所指出的：“本来劳动是人的类本质，现在的异化劳动却成了劳动者的一种外在的东西，不属于他的本质的东西。”[23] 人在劳动中不是肯定自己，而是否定自己。劳动不是自由地发挥自己的体力和智力，而是使自己的肉体受折磨，精神遭摧残。本来劳动是人的本质力量的显现、人的自我实现，现在却成为一种外在的强制，只要这种强制一停止，人们就会像逃避瘟疫一样逃避劳动。

马克思有许多关于主体性的论述，概括起来主要指人作为活动的主体，在对客体的作用过程中所表现出来的能动性、自主性、自为性、创造性等。[24] 教师积极参与教育改革的根本是教师主体意识的觉醒，在思想深处从异化的劳动中解放出来，使自己作为教育教学活动中的主体存在并充分发挥能动性。而日渐兴起的教育叙事之所以成为教师们进行教育研究的热门选择，并迅速流行起来，原因就在于教育叙事是教师在自己的生活中进行教育教学研究，而不是去写那些有时连自己也不理解的概念性论文。教育叙事研究是基于学校的真实生活，去关注发生在自己周围的教育事情，寻找其中有意义的细节，然后去反思自己的教育教学活动，从而改进和重建自己的教育生活。可以说教育叙事研究更加符合广大教师的意愿，给教师提供了一种新的教育研究视角。教育叙事研究在我国不过经历了短短几年的时间，无论从理论上还是实践上都还需要一个不断完善和发展的过程。对于叙事研究的反思与批评正是叙事研究发展的历史阶段必不可少的一部分。

第二节 教育叙事研究的含义及特点

一、教育叙事研究的含义

简单地说，教育叙事就是以叙述的方式讲述教育中发生的故事。叙述者以讲故事的方式表达对教育的理解和解释。它不直接定义教育是什么，也不直接规定教育应该怎么做，只是给读者讲一个或多个教育故事，让读者从故事中体验教育是什么或应该怎么做。“让教育者的声音被人们听到”是教育叙事追求的目标之一。

二、教育叙事研究的特点

有关教育叙事研究的特点，学者们见仁见智，现综述如下。

（1）五特点说。五特点说是把教育叙事研究的特点概括为五个方面：

1）教育叙事研究以实践为驱动，以学校为本，以人为出发点，是一种“自下而上”的研究。

2）在研究中强调民主和平等，研究者和参与者建立良好的信任与合作关系，具有共同研究的兴趣，平等对话、交流互动。

3）教育叙事研究强调的不是形式和规律，而是经验的意义。它要求研究贴近生活、贴近实践，同时又要求研究者密切联系自身的实际知识，较准确地把握经验的内容、意义和价值。

4）以“故事”为研究载体，以叙事为主要研究途径，采用口述、现场记录、日记、开放式访谈、自传等方式开展研究。

5）把教育叙事研究的过程看作一个经验反思和创造发展的过程。在叙事研究的倡导者看来，“教育即是个人与社会故事的建构与重塑，而老师与学生是说故事的人，也是他们自己的或别人的故事中的角色”。[25]叙述思考是一个反思的过程。正是通过对经验的反思，才创造了故事，启迪他人，塑造自己。

（2）四特点说。四特点说是从教育叙事研究的过程分析，归纳出叙事研究的四个主要特点：

1）教育叙事研究叙述的内容是既往的教育事件，而不是对未来的展望。它报告的内容是实际发生的教育事件，而不是教育者的主观想象。在教育叙事研究中，叙述者既是说故事的人，也是自己故事里或别人故事里的角色。

2）叙述的故事中必然有与所叙述的教育事件相关的具体人物。教育叙事研究特别关注叙述者的亲身经历，不仅把作者自己摆进去，而且把写作的对象从知识事件转换为人的事件；同时采用心理分析，对某个人或某个群体的行为做出解释和合理想象。

3）教育叙事研究报告的内容具有一定的“情节性”。叙事谈论的是特别的人和特别的冲突、问题或使生活变得复杂的其他东西，叙事研究不是记流水账，而是记述有情节、有意义的相对完整的故事。

4）教育叙事研究获得某种教育理论或教育信念的方式是归纳而不是演绎。

（3）三特点说。三特点说认为教育叙事研究主要有以下三个特点：

1）以“质的研究”为方法论。叙事研究是质的研究运用的一种表现形式。

2）以教师的生活故事为研究对象。它是真实性的、情境性的，而非亦真亦幻，更不是子虚乌有的全然虚构。

3）由解说者描述和分析。解说者就是讲故事的人，解说者其实也就是研究者。

（4）区别说。从叙事研究与叙事研究以外的其他研究范式之间的区别探讨其特点，见表1–1。

表1–1　范式研究与叙事研究的区别

项　目	范式研究	叙事研究
研究的目标、理念	对偶然事件作形式化的、数学体系式的描述与解释；追求普遍真理性知识；追求确定性和可预测性	对人类目的、思想、行为，以及事件与行为意义关系的描述；追求逼真性或生活写真；追求典型
形　式	类型与系统；抽象的讨论；无时间限制	叙事与故事；特殊的、具体的；暂时性的
语言风格	一致无矛盾；价值中立；尽量减少研究者的声音	多样化的或多种层次的意义；比喻手法；认识到并且有时故意放大研究者的声音
可实证性	依据程序；反映已建立的方法	依据陈述的有效性；传达意义

据此认为，叙事研究的特点弥补了其他研究范式中置个体性的情境性的、偶发的特殊事件等于不顾的缺陷，特别适用于对个体、小样本或事件的研究。

学者们从不同的角度表述了叙事研究的特点，涉及研究方法、研究目的、研究范围、研究过程与形式以及表述的方式等方面与其他研究范式的区别。概括教育叙事研究的基本特点有以下5个方面。

（一）以“质的研究”为方法论

（1）“质的研究”的内涵。教育研究的方法大体可以划分为量的研究、质的研究以及量质混合研究三种类型。

1）量的研究。包含干预研究和非干预研究两种。“干预研究是想要解释一项干预因素是否会影响一组被试的行为结果（实验组与控制组相比）。例如，实验研究就属于干预研究。”非干预研究要做的有两方面：一是“将变量用实验模型与一组个体联系在一起，如相关研究”；二是“为一个群体描述发展趋势，如调查研究”。量的研究是一种对事物可以量化的部分进行测量和分析，以检验研究者自己有关理论假设的研究方法。量的研究有一套完备的操作技术，包括抽样方法（随机抽样、分层抽样系统抽样、整群抽样）、资料收集方法（问卷法、实验法）、数字统计方法（描述性统计、推断性统计）等。通过这种测量、计算和分析，达到对事物本质的把握。

2）质的研究。包括扎根理论研究、人种志研究、叙事研究三种。扎根理论研究是要探究个体的共同经历；人种志研究是要探究一群人的共享文化；叙事研究是要探究个体的经历故事，以便描述人们的生活。质的研究是通过研究者和被研究者之间的互动，对事物（研究对象）进行长期深入细致的体验，然后对事物的“质”有一个比较整体性的、解释性的理解。

质的研究与量的研究各有优势和弱点，两者不是相互排斥的，而是互为补充，相得益彰。

3）量质混合研究。包括混合法研究和行动研究两种形式。混合法研究是将量的与质的数据有机结合在一起，以便优化理解和解释一个研究问题。行动研究是将量的与质的数据用于个体研究中，目的在于解决实际工作环境中面临的教育问题。

从教育研究方法的分类来看，教育叙事研究属于质的研究形式之一。教育叙事研究既是研究者描述个体生活的质的研究程序，也是研究者收集和讲述这些个体生活故事的质的研究程序，更是研究者用叙事方法撰写自身经历的质的研究程序。

质的研究是目前我国教育界日益盛行的一种研究方法。关于质的研究，陈向明教授是这样界定的：质的研究是以研究者本人作为研究工具，在自然情境下采用多种资料收集方法对研究现象进行深入的整体性探究，从原始资料中形成结论和理论，通过与研究对象的互动，对其行为和意义建构获得解释性理解的一种活动。[26] 质的研究要求研究者对自己的“前设”和“偏见”进行反思，并随着实际情况的变化，不断调整自己的研究设计。

（2）“质的研究”的特征。

1）研究环境：在自然环境而非人工控制的实验环境中进行研究。在研究进行过程中，人类共同的经验、教师个人的经验、学生个体的经验往往相互交织、相互作用，在外语教育为他们展现的丰富的经验世界中，自由认知、理解、体验、交流、想象、感悟、创造，不断建构自己的生活经验、生活价值和生活意义。这是一个动态变化的经验意义的建构过程，具有非预期性、非控制性和不可重复性。因此，外语教育的意义和价值是在丰富、复杂、流动的自然情景中体现出来的。质的研究者通常是在不引人注意的情况下进入研究现场，不控制任何变量，也不从外部施加任何影响于研究情境和被研究者。方法论研究者将这种自然情境下的研究称为“现场研究”，也就是文化人类学称为的“田野研究”。

2）整体观念：注重对事物的整体探究。质的研究者认为，在这个世界中，每个人每件事都是完整的、现实的、具体的；这个世界不是分析的、实证的、数理语言可描述的，因为它是本源的、直观的、与人直接联系的。对世界的理性化分析会抹杀世界及人的生动性、完整性，从而把人之所以为人的最重要的精神特征抛弃掉，把人“抽象化”和“工具化”。在质的研究者看来，世界是相互联系的整体，是整体现实地组织成有意义的单元，而事物的特性总是在各单元构成整体时才凸显出来。教育对人及人的活动的认识，就应该建立在这种现实的、具体的、变化的整体性之上。因此，质的研究是以整体、全面的观点看问题，关注研究对象的整体特征。它与实验法不同，不需要事先提出理论假设，然后设计特殊程序来检验假设。与此相反，质的研究者希望重点关注整个情境，并由此形成整体观念而不是把注意力分散在细枝末节上。

质的研究者以整合的观点进行研究，不将研究的场所、个人或团体缩减为变项来处理，而是将现场所有的人和事物看作一个整体。研究者运用这样的整体的研究观点，需要在现场长时间地观察，运用多种方法收集资料，借以发现所有的研究角度和资料的脉络来描写出一幅社会情境的整体图画。质的研究者试图尽可能完全地描写研究问题所涉及的一个现象、一个场所、一个社会群体等。

3）研究者的角色：研究者本人是主要的研究工具。质的研究不需要量表或其他测量工具，而依靠研究者自己去做观察访谈、分析和总结。这要求研究者直接参与研究对象的活动，对特定的研究目的和动机、独特的个人背景及其与被研究者之间的关系、研究过程等做出全面综合考虑，并把在自然环境下获得的研究结果以文字形式呈现出来，其中包括现场记录、访谈记录、备忘录、照片、图表、录像带等，这些文字资料提供了有关情境和人群现象的详细的描述。研究者在收集这些描述性资料时，要注意情境中发生的每个事件的细节，并假定每件事情都可能是一个线索，以进一步更广泛地了解所研究的现象。

其中研究者特定的研究目的直接影响质的研究所得出的结论。研究目的分为三种：个人的、实用的和研究的。如果一项研究的主要目的是为了“个人”，那么研究的设计及对研究结果的解释都很容易带有个人的主观色彩；如果研究是为了“实用”，那么研究者就会较多地受到社会方面的影响，往往很难保持心理学研究需要的中立和公正；如果研究是为了“研究”，研究者可能对自己的价值取向和个人偏好认识不够，以为自己是在进行“纯粹的”科学研究，却囿于前人定见，对某家某派的理论情有独钟。

质的研究强调教育是历程性的，这一历程又是开放性的，它没有固定的程序和环节，也不存在一成不变的客观标准。教育的意义在于导引和唤起，在于提供经验交流和意义建构的情境。因此，它有目标，但不是在教育实施之前决定好的，而是在教育进行当中形成和实现的。教育目标与活动过程密切相关，随着过程的进行，目标也在变化，旧的目标达成了，新的目标又随之出现；目标的存在就是过程的导引，就是教育活动不断扩展和深化的动力。所以，相对于目标来说，活动过程本身是重要的。教育进行的整个过程都有着非同寻常的意义，它能够引起不同兴趣的教师积极参与，使他们的每一活动或每一阶段的活动都具有价值，使他们确确实实体验到活动的过程，体验到经验的变化，体验到进步的喜悦与成功的乐趣。这正是质的研究者关注教育过程研究的依据所在。

4）收集资料的方法：采用多种方法收集资料，如参与型和非参与型观察、开放型访谈、实物分析等。观察法是质的研究中最常用的一种方法，它贯穿于研究的各个阶段。在收集和积累各种资料和仔细观察研究对象的发展变化阶段，也可以使用观察法。

访谈是通过面对面的接触、有目的的谈话，以寻求研究资料的方法。访谈是教育研究中一种收集资料的常用之法。开放型访谈，没有固定的访谈问题，研究者鼓励被访者用自己的语言发表自己的看法，以此了解被访者认为重要的问题、看待问题的角度、意义的建构以及概念的表达。一般来说，量化研究通常使用封闭型的访谈形式，以便分析统一收集的数据。而质的研究在研究初期往往使用开放型访谈的形式，随着研究的深入逐步转向半开放型的访谈。

实物分析是通过收集实物资料，并对其内容进行分析而获得资料的方法。实物包括所有与研究问题有关的文字、图片、音像、物品等，可以是人工制作的东西，也可以是经加工过的自然物。实物分析可以扩大思维范围，增加多种研究手段和分析视角，使视野更加开阔。实物在一定情况下，比语言更具有说服力，可以表达一些语言无法表达的思想和情感。收集实物资料的要求是：必须事先征得当事人的同意，并说明对他们所提供的信息严格保密，与他们保持良好的关系，并合理回报他们所给予的帮助。如果他们不同意提供有关资料，理应尊重他们的意愿与选择。

5）理解的视角：主张多元理解。通过研究者与被研究者之间的互动，理解后者的行为及其意义。质的视角和方法都不可能完全如实地反映出它的整体面貌，它总是有所取舍，总是不可避免地受到研究者本人的立场、观点和兴趣等的影响。因此，质的研究者主张采用多种视角，结合各种理论观点，从各种不同的主体立场出发，运用各种方法来考察和解读，揭示那些隐藏在教育现象背后的、迄今为止一直被遮蔽的关系。

6）研究关系：考虑研究者与被研究者之间的互动关系对研究的影响。质的研究要求研究者和现场参与者积极互动，在互动中尽量不干扰现场情境，通过互动和其他沟通方式，收集现场自然发生的事件资料。尽管研究者不可能完全除去他们对研究对象的影响，但应及时地敏感地觉察到这些可能的影响，并力图予以减少或控制。质的研究关心的是参与者如何定义他们的活动，例如，对于参与活动的愿望和设想是什么？哪些愿望和设想被视为当然？质的研究者要尽量正确地掌握参与者的观点，持续地去发现他们正在经历些什么，又如何解释他们的经验，根据现象学的理论，质的研究者要从现场参与者的观点去了解人们如何看待事情和观察这个世界，其他外在的原因则是次要的。

质的研究认为教育研究是一个多方面探究和建构的动态的过程。在这过程中存在着研究者与被研究者主体之间的双向互动。双向互动所带来的结果必然是研究过程的千变万化，而不可能按照一个事先设计好的、固定的方案行事。研究的结果由研究过程本身决定，而非由预先的假设决定。质的研究者在实际研究过程中往往采取的是“即时性策略”，就是根据当时当地的实际情况考虑选择何种研究方式，采取何种操作手段。他们并没有受到任何预设的“科学规范”的严格约束，他们在建构新的研究结果的同时，也在建构着新的研究方法和思路。

总之，质的研究方法与传统的量化研究和定性研究之间的根本区别不在于研究内容的变化，也不在于研究手段的改进，而在于研究视角的转向和研究目的的改变。质的研究关注的是教育活动自身的存在，是活生生的校园生活世界和意义世界，关注有着各自独特境遇和逻辑反思的教育事件以及它的处境、发展变化和最终命运，而不是致力于发现一种先在的、不变的客观规律来解释一切教育现象。因此，就方法论意义而言，质的研究处处透露着一种鲜明而强烈的人文色彩。这种方法论上的人文性集中体现在它倡导以人为本的研究取向，重视事物的本源性和整体性，尊重人的认识的主观性和多样性等方法论思想上。

（3）“质的研究”的发展趋势。质的研究呈现以下发展趋势：

一是重视实地研究。强调扎扎实实地深入现场，到实地去观察，去倾听，去发现。二是强调与量的研究相结合。质的研究与量的研究是相辅相成、互相促进的，二者结合的趋势在教育研究中日益显著。三是重视预测。质的研究不只停留在对教育现象和行为的描述与解释上，而且强调通过揭示研究对象的本质来预测其未来的发展趋势。

质的研究方法将成为未来教育研究中运用比较普遍的研究方法之一，因为它能够透过教育现象进行探究，从日常教育教学活动中发现研究问题，并能够整体考察教育问题，有效地探究教育（对人的差异性的尊重）的意义。它灵活的研究设计适合教育的实践要求，自下而上的研究路线有利于教育研究的创新与发展，也便于教师自己（或与研究者合作）进行研究。

运用质的研究方法进行教育叙事研究不仅必要，而且可能。必要性在于：教育叙事研究同样强调对教育现象的整体性探究；重在通过对教育现象“质”的直观，以再现教育现象的“质”；重在对教育行为“意义”的探寻，以对教育行为进行意义解释。叙事是为了研究，研究是为了剖析事件的质，解释现象背后的真实。教育叙事正是在质的研究中展开、分析、描述并完成的。它以教师在教育中所发生、所进行的活动为叙事研究的前提，通过研究，激发教师对自己所从事的教育活动的自豪感和使命感，使自身获得理性的升华和精神的愉悦，从而提高教师教育行为的自觉性和规范性。其可能性在于：质的研究赖以生存的营养就在教师的日常生活之中，它关注教师教育生活故事，倾听教师内心深处的声音，探寻教师存在与发展的意义；它是贴近教师需要的研究，是以教师为主体的研究。因而，教育叙事研究对于教师来说，是一种教育研究的方式的变革，蕴涵着如何看待教育世界和建构教育现实的方法论意义。质的研究使教师不仅获得有意义的职业生活，而且会改变他们的存在方式。教育是土壤，没有教育的滋养，就没有教育事件产生的根由，所叙之事就无从叙起；“质的研究”是方法论，没有对教育事件质的揭示，叙事本身就失去了意义，也就没有了叙事研究的可能。

教育叙事正是这样切入教师个体和群体教育生活经验，使教育研究回归于教育生活本身，并成为校本行动研究的一种重要方式。它作为质的研究方法运用的一种表现形式，是通过对教育生活微观层面中薄物细故的质的描述，来阐释流动在现象背后的真实；运用经验叙事的方法，关注教师的生活故事，从而探讨并认识隐含在复杂多变的教育现象中的深层规律。

（4）“质的研究”例析。质的研究特别强调在自然情境下进行，研究者与被研究者直接接触，通过面对面的交谈，实地考察被研究者的日常生活状态和过程，了解被研究者所处的环境及环境对他们产生的影响，对个人的“生活世界”及社会组织的日常运作进行研究。质的研究要求研究者和被研究者都要置身于丰富、复杂、流动的自然情景中进行考察，不主张在严格的人为控制条件下进行观察和分析。“质的研究”是一种“情境中”的研究，研究的结果只适用于特定的情境和条件。

请看一则案例分析：王小刚为什么不上学了——一位辍学学生的个案调查

这则“个案”是某大学的陈教授作为研究者，深入我国西北某省河阳县梨树沟中学，与辍学学生王某及其母亲、同学、班主任、两任校长的多次开放型访谈与现场观察、实地体验取得的第一手真实的资料。在调查王某辍学的原因时，陈教授先找王某谈话，现场情境如下：

陈：“当时因为什么事情不上学了？”

王：“因为我们的老师。我的成绩有点不太好，老师打得厉害……就不上学了。”

陈：“发生了什么事情？”

王：“有一天早晨自习的时候，冷得厉害。我冷得不行，就跑到火炉旁烤火。老师看见了，说你怎么不好好背书，就打我。他后来出去了，我还不背，又去烤火。他进来又打我。把我叫到办公室又打了。”

陈：“怎么打的？”

王：“打耳光，打了好几个耳光。”

陈：“你当时是怎么想的？”

王：“很生气。当时很气愤……被打了以后我很丧气，我很丧气，好几天都很丧气。过了两三天以后，我就不去学校。”

研究者为验证王某的谈话，找班主任刘某访谈（刘某是一位年轻的男老师，教外语和政治课）。王某的功课不太好，尤其是外语和政治成绩比较差。刘老师谈到王某学习成绩不好时，只字未提体罚之事，陈教授只好采取迂回的办法问他学校是否有打学生的事情发生，他看上去神情有点不安："个别也有。"当问怎么打时，他说："用手打脖子或者屁股。"一边说一边用力地把手往下一抹。当追问他自己有否打学生的事情时，他有点不好意思地说："我刚毕业教书时也打过，教不会，心情急。后来就没有打过了。"

研究者还找了某中学原校长官某访谈。他说他在梨树沟中学工作五年来，没有看到体罚现象，也没有学生反映这个问题。

研究者又找王某的母亲访谈。王某的母亲说："他与老师关系不好，老师有时候打他，背不会时老师打他。老师不打怎么学得会呢？也不能净怨老师。"

研究者还到王某的同学家里，找他的同学马某谈话，问他是否见过学校老师打人。他说听说过，但没有亲眼见过。在研究者进一步声明自己是从北京来的，不会把他说的话告诉学校以后，他才说"看见过一次，同学背不出书，被刘老师打耳光"。当研究者从马某家出来碰到王某一同返回住地时，问王某："开始时马某说没有看见老师打人是为什么？"他说不知道。研究者又说学校的老师都说没有体罚，他仰起头望着研究者说："可能他们不知道，也可能他们不想告诉你。"王某似乎对自己的看法坚信不疑，说起话来理直气壮，很难相信他是在撒谎。[27]

这则"质的研究"案例，表现出"质的研究"这样一些特征：

1）在自然情景中的观察、记录和反思。以上的直接引文和概述剪辑，反映出访谈情境是自然的、真实的。被访者的语言、神态、动作栩栩如生；研究者的深入、细致、随机应变的访谈方法，研究者与被研究者之间微妙的心理变化，以及由于他们各自身份的不同，无不淋漓尽致地反映出设防、追问、无奈、避重就轻、为人开脱、代为解释等各种现场状态，这是在一般的问卷调查中无法获得的场景信息。假设刘东来填写问卷，回答"是否体罚过学生"时，极大可能会选择"没有"。但事实上他是有的，至少在他初任老师时打过学生。至于他的"不好意思"，无意中示范了打学生的动作（"用力地把手往下抹"），更无法在问卷中寻觅了。

在自然情景中的观察、记录和反思，保证了第一手资料及研究者直觉思维的真实可靠。如每次访谈时，研究者都在征求了被访者的同意后用录音机录了音，并同时记下被访者的表情和形体动作及自己对访谈的反思。回到住处后，立即对录音进行逐字逐句地记录与整理，听不懂的方言，还请省教科所的人员进行解释。如果谈话是非正式的，不能录音，研究者应在返回途中或回到住处后，凭记忆尽可能多地将谈话的内容记下来。观察记录的目的在于反思，在于借助观察和记录作深入的思考与研究。比如上述关于王某辍学原因的调查，研究者很难知道他是否真正被刘老师体罚，辍学是否就是受了老师的体罚。刘老师和官校长对体罚的回答是否定的，而王某及其母亲、同学的回答尽管所持态度不一样，但对体罚都是肯定的。由于这一问题无法得到答复，对第二个问题，即体罚是否是王某辍学的主要原因，就更难做出肯定的回答了。因此，研究者当时的反思是：如果我能找到刘老师是否打过学生的旁证，就能知道王某辍学的原因。现在看来，这是不够的。即使刘老师体罚王某是事实，也不能因此推论出体罚就是导致王某辍学的真正原因，只有作进一步研究，才可得出科学的结论与认识。

2）注重教育现象的整体性和相关性。任何教育现象都不是孤立存在的，总有它产生的相关因素。如学生辍学现象总是与地区经济状况、传统观念与习俗有关。上述个案研究的目的性抽样之所以选择在河阳县，乃是因为该地是一个贫困县，人均年收入低于全省平均数，辍学现象相对于其他县来说多一些。导致王某辍学的其他相关因素，如他的家庭结构和家庭人员的文化程度、职业、经济状态；他的同学先期辍学对他的影响；老师敬业心不强，缺乏责任，反映当地家长观念的王某母亲的话很有代表性，她认为："读书嘛，说没用也有点用，说有用也没太大的用，在农村嘛……反正眼前的字能认识，不用问别人就行。"因此，研究者从与访谈主题有关的人和事，以及整体性考虑，必须做出符合"自然"的设计或安排。

3）展示出整个研究的演化发展过程。研究方法采取的是"即时性策略"，而不是按照一个事先设计好的固定的方案行事。研究者不仅要善于为自己的研究目的选择合适的操作手段，而且还能根据当时当地的实际情况随机应变地进行访谈，从而详尽透彻地展示某个教育事件研究的演化发展过程，其结果具有很强的说服力。假如研究者只是对"辍学"的概念进行界定，其他别无方案，在实地首访事主王某"当时为什么不上学了"，结果是老师打、学习成绩差；又访谈班主任刘某，临时采取了迂回式的谈话，结果是否定—过去有—现在没有；再访原校长官某，为避免他可能习惯用口号似的语言回答，即兴设计了研究者先把"官话""套语"讲完，然后询问其子女学习情况，最后转入教师是否打学生的正题，结果是全盘否定。由于上述被研究者的回答有些出入，研究者要求第二次访谈王某，结果与第一次一样。

到中午陪同人员强烈要求研究者跟车回县城吃饭，被婉拒，这是研究者出于防止拖延时间和作假的考虑而临时决定的。等吃饭时，在与学校其他老师和管理人员的交谈中，了解到很多有关的情况，特别是教师的现状和想法。然后去王某的同学马某家中访谈，结果是马某的回答及其父母的插话，证实了王某的一些回答是属实的。校长原来不同意去学生家里访谈，说"村子里不安全，你会迷路"，但研究者坚持了自己的做法。通过上述这些访谈中的即兴设计，才慢慢说出老师打—学生学习成绩不好—对学习没有信心—贪玩，学习态度不好—教师不安心，经常调动—受村里其他孩子的影响—逃学，卖冰棍—帮助家里劳动—读书没有多大用处等十分复杂的辍学原因，而每一因素均运用质的研究方法，描绘出一幅幅生动、形象、真实的故事或情节画面。这与那种枯燥的数据分析，简略的例子说明，甚至有时还掺有数据假象、编造教育事实等形成了强烈的反差。[27]

（二）以“反思”为根本特征

教育叙事研究是一种反思性研究，“从根本的意义上说，反思性，是对所有人类活动特征的界定。人类总是与他们所做事情的基础惯常地‘保持着联系’，这本身就构成了他们所做事情的一种内在要素”。[28]“反思性研究”的特征是：教师作为研究的主体直接参与研究；较多地利用独立性反思的方法，同时也注意通过与学生或同行的对话进行自省；研究的问题来自自己教育他人、接受他人教育，以及自己教育自己过程中的真实问题情境；从研究结果中不断吸收能够提高自己教育教学水平的有用信息，并利用这些信息改进自己的教育教学观念与行为。

从反思的主体来看，教育叙事中的反思性研究，既把个人作为反思的主体，又认为反思性研究是一项集体活动。我们所熟悉的说教、评教等是集体反思的基本途径；教育笔记、案例分析等是个体反思的基本方式。个体反思可使教师从经验型教育走向研究型教育，更新其固守的经验和模式，不断提高其教育水平。集体反思是与同事一起观察教育实践，或与他们就实践中的问题进行对话、讨论，是一种合作—互动式的研究，即使会出现认识上的冲突，也是一个智慧碰撞和切磋学习的机会。这里的反思不是简单的教后回顾，而是一种可重复实验的研究意义上的反思。科学性的反思就是以个体或群体的行动研究为主要手段，以提高教师的教育能力为直接目的，立足教育现实，创造性地解决问题，在探索中不断增强教师个体与群体教育实践的目的性、规律性与合理性，不断追求教育实践的有效性并最终达到“学会教育”，增长自己的教育智慧。

美国当代教育家、哲学家肖恩在他广被引用的著作《反思性实践者》中提出了反思实践和反思实践者的思想，将反思分为“对行动的反思”和“在行动中反思”两种类型。前者发生在行动前或行动后，有人也称之为“对自己行为的反思”；后者发生在行动中，有人称之为“对行为过程的反思”。这种反思与杜威的“在经验中反思”或“反思性思维”式的“做中学”的含义并无二致。[29]

“对行动的反思”要求教师把自己的行为放在理性思维的监督之下，用理性思维的眼光加以审视。对自己的教育行为进行横断性思考，其目的在于揭示、评价和研究教师个人的教育理念和价值观念对其教育行为的影响，从而提高其教育实践行为的科学性、合理性和有效性。而“在行动中反思”则是教师发现影响自己教育思想和教育行为发展因素的重要环节，以了解在自己的行为中所表现出来的稳定的思想特征和个人风格，并对自己的行为过程进行纵深性思考，为自己的发展设计出切实可行的目标。

反思性研究应自觉地将两者结合起来。反思研究的“理论自觉”要求研究者不仅对外语教育理论具有开阔的视野和深入的理解，而且对教育理论的现状及发展演变具有批判性的把握。有论者忧虑，如果我们仔细审视教育理论在今天面临的危机，一个突出的症状就是教育理论与实践经验的鸿沟在日益扩大。虽然研究者对反思性教育进行了许多有益的探索，但仍存在着一些理论上的不足：考虑研究因素多，考虑教师因素少；理论探讨多，实践探讨少；结果性反思多，具体教育情境下的反思少；理论与实践研究结合不紧，甚至脱节。因此，教育叙事研究中的“反思性”的理论自觉是研究者在不断面对教育难题的学术实践中获得的一种思维品格。倘或缺乏这种思维品格和反思热情，教育叙事研究就很难达到对本质问题的发现与解决。

教育叙事中的反思性特征之所以重要，不仅是由于教育研究对象本身结构和性质的特殊性，还由于研究者本身所具有的思想、观念、精神世界等方面的差异性。外语教师必须在反思中不断地去把握研究对象，科学而独立地建构研究对象，并通过主、客体间的互动，进一步把握和理解自己，调整自身与客观对象及环境的关系，将关注视角转换到自身的教育研究问题上来，这是保持教育叙事研究有效性的先决条件。

随着教育改革的深入，反思性研究一定会改变研究者自身所处的生存条件和教育境况，教育研究与教育实践的行动自由度也会有很大的提高。反思是为了超越，是为了更多地保持一些“独立性”和“自主性”。这需要教师不断地在反思实践中建构反思性人格，以保持自己在研究活动中的思想独立和行动自由。

（三）以归纳为思维方式

教育叙事研究获得某种教育理论或教育信念的主要方式是归纳，归纳的思维方式是从具体到抽象，叙事研究走的就是一条从具体到抽象、从特殊到一般的归纳之路。这种归纳途径，就是人们在教育实践基础上，通过对许多感性经验的梳理、分析、概括和归纳，从中发现需要研究解决的矛盾冲突和理论疑难。它或是针对一个教育特例展开研究，形成结论，或是依据多个教育特例展开研究，归纳出结论。这既是教育工作者发现教育实践问题的一般途径，也是教育理论研究工作者充分利用直接或间接实践经验发现教育问题的有效途径。

归纳是教育叙事研究的一种逻辑思维和推理方法，这种思维和推理方法注重自下而上的收集和分析第一手资料，并在此基础上建立分析类别，透过缜密的细节描述或资料比较，显示被研究者的文化传统、价值观念、行为规范、兴趣和动机等；同时把从第一手资料中归纳出来的经验上升到理论认识。这种归纳式的逻辑思维与推理，就是研究人的认识从具体、个别性的前提到一般、概括性的结论。

现代逻辑思维学认为归纳推理是放大性或扩大性的不完全推理，其中不包括完全归纳推理，因为完全归纳推理实际上含有前提蕴涵结论的演绎推理，即必然性推理。归纳推理作为一种非必然性推理，也就是不确定性推理，它的结论的知识内容超出了其前提的知识内容，它的前提的真实性只为结论的真实性提供部分支持。因此，归纳推理的结论只具有可能性，不具有必然性。这是教育叙事研究运用这种思维方式所允许的在研究过程中的理性存疑。理性存疑本身，正是一种符合教育实际的选择。

质的研究的方法论基础是归纳，即研究者从实际的教育活动中了解情况，发现问题，然后对有关的人和事进行描述与解释，不断扩大自己对研究问题的理解，最终创造性地将教育事件及其意义揭示出来。它同以演绎逻辑为基础的实验、调查、论证假说等方法在研究策略上有着明显的不同。进行质的研究并不一定要证明什么，重要的是从实际情境中发现什么，通过对实际过程的考察，了解教育活动的变化，以及其中存在的各种关系和联系。

采用归纳的思维方式决定教育研究对象的具体性和特定性。教育研究关注的是日常教育活动中一个个的独特事件，这些独特事件的成因都是由各个不同的原始条件决定的，都有各自独特的境遇和逻辑，因此，对于这些独特事件的研究的关键之点，是深刻理解特定情境和条件下的各个教育事件本身，而不是对与该事件类似的情形进行推论。研究的结果不是通过重复实验或严密的逻辑推理进行证实，而是通过相关检验等方法进行证伪，其效度来自研究过程中各个部分之间的相互关系，并与特定的时空环境密切相关。

由于适应归纳方式的教育事件往往是具体的、历时性的，所以最适合于它的表达方式自然是详细描述。教育叙事研究者用现场观察记录、访谈实录、文献、影像等主要资料，为其进行描述提供有关研究场所和研究对象的实际情况。研究者在对这些有意义的资料进行生动的、详尽描述的基础上，对所研究的问题做出归纳性解释和判断，使读者能对所发生的事情的来龙去脉有一个清晰的、完整的认识，并凭借自己对这些事情的理解做出相应的解释和判断。在研究者看来，描述不仅是一种叙事研究的手段，也是教育生活真实生动再现的形式，是研究者与被研究者、研究者与读者之间进行情感交流和文化分享、理解、认同的桥梁。因此，教育叙事研究的基本环节是：故事描述—分析—归纳—创设情景—问题研究。它以丰富而独特的叙事形式，向人们展示包括教师和学生的兴趣、动机、行为、思想、情感、态度、价值观在内的生动故事。教育叙事研究通过对一个个具体的教育事件的分析、探讨，归纳出教育的本质特征及其理论渊源。

（四）以教师的生活“故事”为研究对象

教育叙事研究在多数情况下是教师本人采用讲故事的方式，叙述自己的教育经历和体验，实际是在反思自己的教育教学实践，“以叙事的方式反思并改变着自己的生活”。

教师的叙事研究所叙之事是教师的故事，是教师在日常生活、课堂教学、教育实践等活动中曾经发生或正在发生的事件。这些“故事”式样的实践记录，是具体的、情景性的，活灵活现地描绘出教师的经验世界，是任何由实践概括出来的教育理论专著不能匹敌的。

教育叙事中的故事叙述，并不只是一些有关教育经验的客观记录，而是一个主客观相互建构的全面提高和生成的过程。在这个过程中，一方面，教师要深入地探索自己教育教学行为背后的教育理念、教育思想，以及自己对于教育事件的认识、判断、理解等背后所隐藏的固有的认知结构，从而展示出一个真实的自我，并且从中真切地意识到究竟是什么样的价值观念和实践理念在潜意识中支配着自己的行为方式，为自己进一步的改进和提高确立一个明确而有效的起点。另一方面，教师又要通过自己对故事的主观选择和建构，将自己的感知和经验引入自己的理想与发展规划中，并在教师生活的整体社会背景和文化历史环境中去选择并解释这些经验记录，从而形成一种关于未来发展的框架，以期对自己的未来行为起到一种规范和引导的作用。就此而言，教育叙事研究实质上就是一个真实的体验和主观的阐释有机融为一体的某种教育经验的发现和揭示过程。

在这个过程中，通过这样的故事建构，教师不仅会倾听到自己内心深处的真实声音，真切感受到自己主观世界的波澜起伏，体验到自己生命律动的快乐与痛苦；而且会在探寻自己的行为意义过程中，把自己的工作变成在行为中内隐着思想、在故事中蕴涵着理念、在工作中支撑着理论的追求与探索的过程，从而为自己平凡的日常生活建构起思想的大厦和价值的载体，并赋予其存在的深层意义。这样一来，教师就可以通过叙事的方式来全面地展现自己，在反思的活动中重新塑造自己，在教育行为的改进中不断成就自己，并由此带来整体教育世界的全面升华，给自己不断攀登以不竭的动力。

当然，强调教育叙事研究中故事的建构，并不意味着在研究方面的主观随意性。在实践中，常常有一些老师把教育叙事研究简单地理解为编故事、说故事，并从中虚构出一些想象的事实或者期望的事实。这些“事实”也许是感人的，但是它违背了教育叙事研究的基本要求，也必会使叙事研究的“现场感”丧失殆尽，使教师灵魂的升华化为乌有。只有真实的故事才能反映客观真实，只有真情实感才能诠释真实。因此，我们必须强调叙事场景的客观性和语言的真实性。只有在真实生活场景的故事叙述中，教师才能正确地审视自己。而叙事语言的真实性，意味着教师表达自己观点和独特情感体验的语言个性。这些个性化的语言不仅是记录经验的基本符号，也是教师个体生命世界的真实写照。正是这种个性化的语言才能建构起叙事大厦的坚固基础。尽管教育叙事研究作为一种新生事物还存在着许多不完善和不尽如人意的地方，但它不仅大大拓展了教师真实生命空间的宽广度，而且为中国教育研究开辟了一条言说丰富、意义充盈的独特道路。

（五）由解说者描述和分析

教育叙事研究中的解说者就是故事叙述人，解说也就是叙事，在解说中故事变成了叙事的客体，解说者变成了叙事的主体。解说者所解说的是正在发生的故事，是“现场演出”，解说者通过叙述故事而使这一事件得以呈现。教育叙事研究是由解说者描述的，在这里解说者就是研究者。

这个研究者可以是教师本人，也可以是研究教师的人；研究者解说的是教育故事，故事的主线和研究者的分析交叉出现，使所叙述的故事通过研究者的解读具有了特殊的意义。在故事的叙述中，解说者有时“在场”，有时“隐身”，“在场”的叙事，更多地表现为解说者（研究者）夹叙夹议，解说者不仅对故事的过程进行描述，而且还可以就包含其中的价值观、情感、心境（心情）以及涉及的伦理等进行分析和判断，展示出解说者的立场和理论视角。“隐身”的叙事则把所听到的、看到的故事视作“社会真相”，力求客观地再现故事本身，尽可能不夹杂解说者本人的判断，使读者能凭借自己的感觉、认识和理解，对故事做出个人的独特判断。这是描述真实教育生活的研究，是能够激发阅读兴趣的自下而上的研究，它改变了以往纯粹书斋式的研究方式，改变了某种单纯凭着思辨和文献得出结论的研究方式，而从生活出发，从事实出发，从教育实践出发进行研究，这正是教育叙事研究中值得提倡的一种研究取向和方法。

毋庸置疑，故事需要描述，没有描述就不能称其为故事。故事要以生动的描述，再现具体、丰富的教育过程，表达出教师在教育活动中的苦闷、彷徨、忧虑、兴奋、愉悦等一系列内心情感及学生的精彩表现。有了“解说者”的描述，故事才具有了形象性、鲜明性，才能够把读者带入到感人的教育情境中去，与作者产生共鸣，获得“视界的融合”，作者的解释也才能获得读者的理解。

对故事的描述是“解说者”对故事所做出的反思、领悟和分析。通过分析，对教育活动做出恰如其分的说明和解释。这种解释是在已有经验的基础上对教育实践的反思、领悟，是故事描述的自然升华。这种解释既可以分散在故事的叙述过程中，与故事自然地有机地融合在一起；也可以集中对整个教育行为和结果进行整体性分析，提出对整个教育过程的认识，表达对教育智慧的顿悟和理解。

综上所述，教育叙事研究与其他教育叙事研究的共同之处在于：它关注的不是“群”的一般性，而是“个”的独特性；它感兴趣的不是“客观现实”的“真实性”本身，而是被研究者观察到、体验到的“真实；它采用的研究手段是研究者自身，通过研究者与被研究者的对话，在时间、地点、情节和场景的共同呈现中创造叙事的经验品质；它关注教育现场，强调对故事细节进行整体的、情境化的、动态的描述，原汁原味地呈现教育现象；它的解释性结论与具体情境相连，尤具有普遍的意义。

教育叙事研究的这些特点，体现出如下一些特征：

（1）真实性。教育叙事研究是一种事实性、情境性、过程性的研究。它是在真实可信的教育活动中的特定场所发生过的教育事件，不论是事件的背景、起因，还是过程中的具体内容、细节，都必须是真实的，是教师对自己教育教学中的具体事件原原本本的叙述，对自己教育实践成果、经验及其他收获的真实记录，也是教育活动中遭遇的困惑、迷茫等的真实再现，只有这些活生生的教育事件才具有特定的意义。教育叙事研究以教师真实的生活故事为研究载体，真实性是其第一要素，没有了真实性，叙事就失去了存在的价值。

（2）亲历性。在教育叙事研究中，教师叙述的事都是在自己头脑中留下鲜明印象，能唤起生动影像的亲身经历之事，其中包含着教师自身丰富的内心体验，蕴藏着细腻的情感变化，反映出潜在的隐性知识，预示着某种理想追求。这些生活故事不仅对于教师个人具有不可重复的唯一性，具有极其宝贵的第一手研究资料的价值、心灵轨迹实录的意义，而且对于教育群体具有一种感染、启迪、道德示范的作用。

（3）角色性。任何“故事”都有其具体的角色。在教育叙事研究中叙述者既是说故事的人，也是有关自己的故事或别人的故事中一个不可替代、不可或缺的角色。叙述者将自己放到故事中，用自己的视觉去观察和体验，用心理分析对事件中的某个角色或某个群体的行为做出较为科学的解释和心理的“假想”，使故事中的角色更饱满，叙述更能引人入于胜景。

教师在研究中不单是收集资料、整理资料和提供资料的角色，他本身就是研究的“思想者”和“主持者”。教师进行叙事研究，须消除教育研究的惶恐心理和思维定式，明确自己在研究中的地位。如果说传统教育研究的危机是目中无人，或者只有抽象的某类“人”的话，那么，叙事研究则须有角色意识，这个角色就是具体真实的“人”，有个性的声音、有个体的独特感受。

叙事理论认为生活中充满了故事，人的每一经历就是一个故事，人生就是故事发展的过程。我们每个人也有一部个人的历史、我们自己生活的叙事，这些故事使我们能够解释我们是什么以及我们被引向何方。在叙事中讲故事者是“我”，故事的主人公也是“我”，这两个“我”都是自我中的不同侧面。自我具有多侧面、多身份、多角色，从而形成角色“我”各自独特的观点，并以对话形式交互作用。当一个人在讲自己的故事时，是“主体我”以“客体我”为主人公来构造故事，也是“主体我”对“客体我”的审视和反思。

（4）情节性。教师在教育教学中，每天经历着许多事情，教育叙事研究并不是这些事情的简单罗列，不是流水账式的叙事，而是记述有情节有意义的相对完整的故事，其中有与所叙述的教育教学事件相关的具体人物、矛盾冲突和事情发展的过程与情节等。

叙事关注的是“教育问题”和“教育冲突”，这些特殊的问题或冲突，加上叙述者“情节化”的描写，往往会使人感到身临其境，感到躬亲其事，令人振奋、欣慰、感慨，或忧虑、困惑、彷徨，这些生活中的矛盾表现，正是故事的要素，它们构成了引人入胜、感人至深的故事“情节”。

现实生活中的事件是叙事作品中表现的重要内容，而同一个事件，不同的人叙述的效果却不会一样。原因就在于有的人能够抓住事件本质，绘声绘色地讲述出它的典型或曲折的情节。讲故事也是一种技巧和艺术，特别是在关键处、有冲突处、问题的梗节所在、事情的高潮部分，更要艺术处理和情节化描写。当教师在某个教育问题或事件中遇到百思不得其解的事情时，就需要找出解决问题、摆脱困境的出路，这里面就会涉及很多曲折的情节。所以，情节是在特定时空中逐步展开与发展的，也只有在特定的环境、人物、时间、背景等众多因素下，才会有一定的故事发生。

“情节”是任何叙事作品的一个基本特征，“情节”作品既有具体而翔实的故事性描述，又有基于事实的深刻分析；既需力图创设出一种身临其境的现场感，把真实、曲折的教育生活生动地展现出来，又需在众多具体的偶然多变的场景中折射出种种关系，解析现象背后所隐蔽的真实，从而使教育生活故事焕发出理性的光辉和智慧的魅力。

（5）情境性。教育叙事研究要善于抓住事物发展过程中某一情境中的最具有生动性的一瞬间，把那些最能揭示事物本质和矛盾焦点的、富有形象与情态的事件充分地表现出来，借以诱发欣赏者的联想和想象，使以往的知识经验与当下的情境融会贯通，从而产生新的体验，获得新的认识，建构新的自我，逐步实现向研究者的转变。

叙事研究力图在真实的情境状态下把握研究过程。通过对故事进行整体性的、情境化的、动态的深入描写，用具体、鲜活的人与事，向读者展示故事发生、发展的场景与情节。叙事研究就是要通过由场景和情节组成的叙事，再现教育情境中的真实和生动。

（6）可读性。可读性也就是读者对所记述的教育故事的兴趣度。按美国社会心理学家马斯洛的理论，读者的兴趣来自读者的需要，而读者的需要来自读者的相关信息的匮乏感与饥渴感。以此构建一个可读性的模式，这就使所选的事件，即故事，不仅要有一定的代表性、突发性、可借鉴性，还须具有生动性和形象性，也即可读性，切不可索然寡味地泛泛而谈。否则，就会令人厌听或厌读。可见，可读性中需要包含新颖生动、妙趣横生、引人入胜的故事，包含新的教育题材、新的人物形象、新的思维角度、新的价值观念、新的生活方式、新的故事结构、新的表现手法和较高的格调与品位。

一个故事是否让人喜欢读，感到值得读，关键就在于这个故事是否能够引起共鸣。有意义的、能够引起读者共鸣的故事，多是以藏而不露的方式表达某种关于教育的或人生的道理,使人从中受到感动,获得教益。从表面上看,读者是为“情节结构”所感动，实际上真正能够打动人的，令人恒久不忘的，则是故事中的道理及蕴涵于道理中的意义。会讲故事的人,总是让“理”隐含于“事”中,让“事理”来感染人、打动人。

（7）感悟性。感悟是一种对学习对象产生的积极主动的反应，它通过联想、想象、顿悟等意识活动展开对意义的寻求，通过内心体验探寻生命的意义，而这种生命的意义也只有在现实生活中才能彰显其价值。从这个意义上来说，感悟性教育的过程，实际上是意义的生成与创造的过程。读者从教育叙事研究中获得一定的理性感悟和思考，或产生某种教育灵感，重塑外语教育教学理念。

“教育作为一种培养人的实践活动，它必须具有超越的特性”;“教育的着眼点不在于使人‘接受’‘适应’已有的，而在于为‘改造’‘超越’的目的而善于利用已有的一切”。“超越意识对于教学来说，起着决定性的作用”。感悟性正是培养人的超越意识的有力手段和途径。感悟就是人超越现实生命的一种方式，每一次感悟就是一次生命的超越，无限的超越不断地建构着新的文化研究的生命。在这个过程中，生命个体体验着文化、理解着教育、理解着他人，并反思着自我、憧憬着未来，不断创造更为广阔的教育精神视野。同时，师生能够体验到知识的原创过程，感受知识生成的激动与欢欣，从而学会学习、学会探究、学会创造 。

在感悟中，经验可以转化为体验。只有关注体验、强调教学过程中的感悟，才能使外在于人的文化知识内化为个体所有，使原来个体已有的知识与经验在新的条件下被激活,成为建构新的意义的基础和前提。斯普朗格认为,教育过程“绝非单纯的文化传递，教育之为教育，正在于它是个人格心灵的唤醒，这就是教育的核心所在”。[30] 教育的最终目的不只是传授已有的东西，而是要把人的创造力诱导出来，将生命感、价值感“唤醒”。通过感知和理解，产生强烈的心灵震撼，使教育研究真正从纯粹的资料积累转变为生命的体验,在体验的过程中感悟人生，提升生命的境界。这种感悟性正是雅斯贝尔斯的“顿悟的艺术”，顿悟“是灵魂的眼睛抽身返回自身之内，内在地透视自己的灵魂，知识也必须随着整个灵魂围绕着存在领域转动”。[31] 由此看来,教育叙事研究中的“感悟”,就是引导“回头”,即顿悟的艺术，也就是把藏而不露的精神体认的财富挖掘出来经由顿悟达到对整个人生的拯救。

感悟性既要教人获取知识，又要开启人的智慧，但最终目的还在于通过对生命的点化和润泽，使人成为充满上进精神的教育主体。这种点化和润泽就在于“觉”。“觉”是生命的灵犀所在。“心有灵犀一点通”，遇事心领神会，才有灵敏的感应。所以它牵动生命从其对自身之本然的回眸中,意识到生命所当趋之应然。教育叙事研究获得某种教育理论或教育灵感。

（8）共享性。“世界就是一个舞台。”在教育这个大舞台上，每天都在发生着平凡或不平凡的故事，这些各种各样的教育故事，会直接影响教师的教育教学生活的轨迹，伴随着教师的成长与发展，将这些故事讲述出来与大家一起分享，就会给他人以启迪和帮助。

教育叙事研究同样可以与教育网络日志（Blog）相结合，为教师提供一个广阔的交流平台，为其发展提供一个崭新的环境。如今越来越多的人认为，教师写自己的教育叙事故事并在教育网络日志上发表，就是开启了同行、专家互相指导、交流，全球化网络资源共享的序幕。

第三节　教育叙事研究与外语教师的专业成长

一、大学英语教学改革为外语教师专业成长提供有利条件

《大学英语教学指南》（2017版）强调教师地位和角色的转换，教师不再仅仅是授业、解惑者，而且也是一个主动的课程研究者、开发者和创造者。[32] 大学英语课程改革，把人的生命价值、生活意义及人的主体性和创造性提到了前所未有的高度。大学英语教育教学过程，不仅是学生生命个体全面发展的过程，也是教师自身成熟、发展和不断完善的过程。尊重每个教师的劳动成果，关注每个教师的事业有成，为教师创造良好的物质环境、人文环境和教研环境，让他们在奉献于教育事业之时，充分体验成就自身的愉悦以充沛的精力和坚定的信念实现自己的教育理想。

大学英语新的课程指南的实施为教师成长提供了广阔的空间，同时也对教师的教育教学提出了许多新的要求，要求教师从传统的角色转变为研究者、实施者和创造者。因此，学校教育在促进学生发展的同时，也理应促进教师发展，应当把教师的专业成长作为学校中心工作的一环。

教师的专业成长是一个终身学习的过程；是一个教师的职业理想、职业道德、职业情感、社会责任感，包括教师对所教学科的价值、认知、审美等方面的理解与把握，教育实践能力，教育经验等不断提升的过程。教师的专业成长集中体现了教师的发展方向。

教师专业发展是指教师以完善自身素质，包括知识、教育教学能力等为目标的专业成长的过程。教育叙事研究为外语教师专业发展提供了广阔的舞台，教师可以根据自身的条件，在叙事研究中建构具有个性特征的专业发展模式。它基本的价值追求如下：

（1）满足大学外语教师自我价值实现的需要。教师职业本是具有创造性的劳

动。教育叙事研究使教师在教育过程中的主导作用凸现出来，也给教师个性化教育提供了难得的机会，教师不但可以自由表达自己在教育实践过程中的亲身经历和内心体验，对大学英语课程的认识、理解和评价，甚至可以自己编制课程，充分展示自身的才能，实现人生价值。

（2）提高外语教师的实践能力。教师专业发展的核心，是提升教师个人的实践智慧，扩展与积累融于感觉、情绪、经验、心智中的隐性知识。这种实践能力、隐性知识是高度个性化、情景化的，是镶嵌在实践活动之中难于言传的。它的生存总是与个体所处的情景联系在一起，而叙事研究的价值有赖于故事发生的真实场景，这就为实践能力的提升、隐性知识的展现与积累提供了有利的条件。

（3）改变外语教师的职业生活方式。教育叙事研究走进教师的生活，唤起教师对教育工作意义的深入理解和追求。当教师叙述自己的成长经历的时候，这种叙述会使教师进入一种自我建构的状态，从而形成教育的自我意识；教师作为研究者不再依赖他人的话语，而转向直接讲述自己的教育生活经历和教育生活体验。"做自己的事"、"说自己的话"，这是叙事研究改变教师职业生活方式的关键。

（4）有助于外语教师科研能力的提高。新的大学英语课程理念之一是"以学生的发展为本"，因此教师亟须了解学生的需要和追求，掌握课程开发的一般原理与技巧，对大学英语教育有全新的认识，创新教育模式，提高驾驭课程的能力；不断反思教育实践，分析自己的教育行为，从中发现问题、解决问题、总结经验，并在教育反馈中，叙说教育过程中发生的事件及所蕴含的教育理念。所有这些是教师人的教育理念的呈现、对教育理论和学科知识的把握、对课堂与学生的独特见解，由此反映出教师的教育习惯、教育方式和教育风格，可以提高自己的教育水平和研究能力。

总之，在大学英语课程改革新的形势下，学校教育教学工作如何与时俱进，更好地适应大学英语新课程改革理念，一直是值得思考的重要问题之一。影响课改的因素很多，比如，教育体制、教育经费投入、教育设备问题、师资队伍建设问题，等等。传统的教育、考试、评价制度是大学英语课程改革的最大制约：应试教育、强迫式教育现象仍十分突出，也制约着大学英语新课程改革顺利地深度实施。但中心问题是学校管理及教师教育观念滞后，视野不开阔。其中最薄弱的环节是大学英语课堂教学，最迫切的需求是外语教师的行动研究。

随着新一轮大学英语课程改革的推进，大学英语教育工作者越来越感到滞后的教育教学实践和先进的课程改革理念不相适应。此次课程改革为每一位教师搭建了一个展示自我、发展自我的舞台。教师一方面需要尽快更新观念，适时把握课改的精神实质和理论要求，以理论指导实践，尽力避免走弯路；另一方面要善于反思，及时审视自身教育教学中的得与失，规范自己的教育教学行为，用大学英语课程改革理论指导课堂教育教学，切实提升教育教学水平和驾驭大学英语新的课程改革的能力。

中国自古有“教学相长”之说。《礼记·学说》云:“学然后知不足,教然后知困。知不足,然后能自反也;知困,然后能自学也。”[33] 所以教育教学实践,给教师带来了知识不断增长之机,也是教师成长的摇篮。研究教育教学实践是生发教育能力和产生教育智慧的源泉。教师的专业化成长,不能脱离教育教学实践。而提高自身专业素养,除了要有坚实的理论素养之外,还需要具有认识学生、理解教育、反思教育的能力,所有这些都建立在大量的实证性研究的基础之上。

毋庸讳言,在我国教育研究领域,大学英语教师以往所掌握的教育研究方法与“教师成为研究者”“提升科研能力”的期待相距甚远。这种情况的出现,主要有以下两个方面的原因:

(1)教师面对复杂多变的教学,很难如教育实验法要求的那样进行“控制”,实验引起人们对于研究伦理的质疑,即谁会成为实验的失败者,教师很容易成为专家验证假设和收集资料的工具。

(2)“经验总结”式的教育理论的研究方式,常常在形成论文后筛掉了教师的“经验”与“问题解决”,剩下的往往只是大同小异的理论空壳。因此,那种表达教师个人思想、观念、行动反思的叙事研究能够真正成为教师改进日常教育教学生活的有效方法。“叙事研究”的兴起为大学英语教育研究走出困境带来了新的有利契机,是教师实现专业化的有效途径之一。

二、教育叙事研究有效促进外语教师专业成长

(一)教育叙事研究对外语教师专业成长的意义

美国教育心理学家布鲁纳说:“你既然是个地道的教育理论家,而你正企图引进一些改革,那么你所需竞争、取代或以任何方式修正的对象,正是那些已经在引导着教师们和学生们的民间教学方式。”[34] 教育叙事研究立足于日常的教育实践,推动教师不断地将实践经验转化为理论认识。这是教师专业发展的一种有效途径。

教育叙事研究在我国的兴起和发展得力于华东师范大学丁钢教授的推介践行,他被认为是国内最早译介和实践教育叙事研究方法的学者,由其主编于2001 年推出的集刊《中国教育:研究与评论》是中国教育叙事研究的开端之作。上海师范大学黎加厚教授也继而提倡教师开展“教育叙事研究”;广东外语外贸大学欧阳护华教授是国内较早采用教育叙事研究范式进行高校外语教师案例研究的学者,他的研究成果在国外得到很高的评价。同时,一批教育叙事研究的博士、硕士论文更增强了教育叙事研究的吸引力,也推动了教育叙事研究的开展。一些

教师主动尝试教育叙事研究，教育界开始运用教育叙事研究的方法作为教师校本培训和专业发展的重要手段。有关“教学叙事”“教师生活叙事”等概念不断被人们提起，大学外语教师倾诉自己的教育故事，表达自己教学体验的热情日益高涨。在国内，知名的相关研究成果有李晓博的著作《有心流动的课堂：教师专业知识的叙事探究》。她的研究对象是一位名叫凉子的日本日语教师，通过对凉子专业生活的叙事，她揭示了语言教师的许多共通之处，主张构建一个“有心流动的课堂”，在课堂上师生超越各自的课堂身份，回到人的本真状态，将语言课堂变为表述自己思想和存在的场所。[35]

若是考虑到叙事研究的“人类经验故事性”特征，[36] 李良佑与刘犁（1988）主编的《外语教育往事谈——教授们的回忆》、束定芳与张逸岗（2005）主编的《外语教育往事谈——外语名家与外语学习》和庄智象（2008）主编的《外语教育名家谈（1978—2008）》三部自叙体合集可以称为教育叙事专著。为这三部合集撰稿的作者都是优秀的外语学者或教师，他们“以叙事的方式在时间、群体、场景三个维度中重构自己的经历”，[37] 与读者共同回顾中国外语教育的传统和发展，总结经验，正视现实，探索外语教改途径，展望未来发展目标。[38]

此外，教育随笔作为展示教育工作者生命气韵的写作方式也得到了教师们的青睐。更值得一提的是，随着网络的不断进步，信息技术赋予教育叙事新的含义。尤其是教育叙事研究与教育 Blog 相结合，把教师的所思所想与全球化的数字化交流融为一体，为每一个普通教师的发展提供了一个崭新的世界，使教师真正成为专业发展的主体。更可喜的是，目前已经涌现出颇具教育叙事色彩的教育博客群。教育叙事研究的倡导者丁钢教授感慨地说：“当初酝酿教育叙事时，并没有想到它会在实践领域产生如此之大的反响，以至于原本‘沉默’的教师，在理论界面前发出了‘讲自己的故事’的呼吁。‘让教师的声音被人们听到’，这一点正是教育叙事所要追求的目标之一，教师主动表达自己的声音，显然是对教育叙事实验的积极支持与响应，并为教育叙事研究提供大量的资料与素材。”[17]

教育叙事研究最主要的目的是通过教师的自我叙述来反思自己的教育生活，并在反思中改进自己的教育实践，重建自己的教育生活。从这个意义上说，教师进行教育叙事，实际上会成为转化教师教育教学观念和行为的突破口，从而促进教师的专业成长。这是一种很有意义而且容易为教师掌握的研究方法。因为教师每天的生活都与叙事交织在一起，教师就是从叙事中认识、学习的，甚至可以说，教师“了解世界和了解自我最重要的途径之一就是通过叙事”。叙事把教师日常的教育教学经验组织成有价值结构的事件，串缀成有现实意义的链条，把教育问题的学术研究回置到现实中，使理论研究返回思想的故里，使教育研究融入教育教学实践中，从而赋予看似平凡、普通、单调、重复的活动以独特的体验和韵味。

教师的生活是由一个个事件构成的，这些事件就如同源于教师经验的短篇故事。对教育事件的叙说，能使教师看到平时视而不见的例行事项的意义，并把自己遇到了什么问题、怎么遇到这个问题和怎样解决这个问题的整个过程叙述出来，也可以叙述课堂以外的生活事件。教师一旦以类似于“自传”的方式叙述自己生活中的教育故事，就意味着教师开始以自己的生命历程为背景去反观自己和观察世界，内在地承受着对自己的言行给出合理解释的思想压力。这促使教师进入沉静思考的层面，不得不倾听自己内心深处的声音，不得不站在自己的角度反思和挖掘自我，从而可能激发出许多连自己都意想不到的想法。这意味着他们开始不再依赖别人的思想而生活。这种教育“记叙文”使发生的事件不再随记忆淡忘而成为无意义的东西，它以记述下来的形式保留了“历史”。这种具有创新意义的“历史”，比传统的教育论文更能吸引读者，引起他们的共鸣，更能体现作品的研究价值。因为平凡、单调的生活里常常蕴涵着深奥的哲理。

教师自我叙述教育故事，不是为了炫耀某种研究成果，而是通过自我叙述来反思自己的教育生活，并在反思中改进自己的教育教学工作，重建自己的教育生活。从这个意义上说，教师进行教育叙事研究，正是转化教育教学观念和行为的枢机。

对于教育研究者而言，进入教师日常生活的叙事研究，无疑是一个极富人文关怀和情感魅力的研究领域。在以往的研究中，所有的主动权都掌握在研究者手中，要么忽视被研究者，左右研究的过程；要么利用各种先入为主的暗示，引导被研究者。研究的对象，实际上只不过是研究者头脑中假设出来的“被研究者”，这样的教育研究缺乏真实性，研究的成果也不能有效地指导教育教学实践。

教育叙事研究既区别于以往纯粹书斋式的研究，也不同于单纯凭着思辨和文献得出结论的研究方式。它从生活出发，从事实出发，从教育实践出发，从学生及家长的经验与感受出发，能够极大地激发人们的兴趣和共鸣。叙事研究已成为教师成长的重要一环，是值得提倡的一种研究取向。

有研究者从以下 6 个方面分析了教育叙事研究对教师专业成长的意义：

（1）基于人的生命活动的教育叙事，体现对师生生命成长的关注；

（2）叙事这种话语方式，使研究者更接近教育叙事研究的真实情境，促进参与者的反思；

（3）与从宏观层面上追求科学研究的规范不同，叙事研究注意研究对象的细节，关注日常生活中影响人的特殊事件及其演化的独特形态；

（4）教育研究者从教师、家长、学生的经验与感受出发，透过他们的眼睛观察这个世界，让教育研究更向真理逼近；

（5）叙事研究更符合东方人从整体看问题的思维方式；

（6）对于促进教师改进实践来说，与教师引经据典写“教育论文”相比，“教育叙事”更加有效。

在教育这个舞台上经常发生着许许多多平凡的和不平凡的故事，这些在教育教学活动中所发生的事件，不是瞬间即逝、无足轻重、淡无痕迹的，而是会长久地影响学生和教师的教育教学和生活。从这些事件中，我们能够学到很多东西，得到很多启发，甚至会产生心灵的震撼。因此，对真实的教育世界进行叙事研究，无论对学生、教师、教育研究者来说，还是对社会发展来说，都具有深刻的意义。

（二）教育叙事研究有效地促进外语教师的专业发展

外语教育研究的主要目的：一种是以探索外语教育科学规律为目的的研究，它要回答“是什么”和“为什么”的问题。另一种是以探索外语教育生活世界本质为目的的研究，它要回答“怎么样”和“将会如何”的问题。

教育叙事研究旨在揭示教育教学现象背后的意义，注重参与者的观点，关注不同的人如何理解各自生活的意义。因而能够深入探究人的内心活动和思想的叙事研究，弥补了以往那些忽视人类经验的某些特殊层面的研究方法的缺陷。它之所以能够有效地促进教师的专业发展，原因有三：

1. 唤起教师的参与意识

教育叙事研究是通过教育主体的故事叙说来描绘教育行为，使教育活动获得理性意义的思考。因此，叙事研究对外语教育的重要意义就在于通过对教育生活经验的叙述，促进人们对于教育及其意义的进一步理解。

叙事所讲述的是教育教学实践中正在发生或曾经发生的故事，是真实的、完整的，承载着教育经验的理论意义，具有一定的研究价值。只有在真实的教育生活故事的叙述中，教师才能正确地审视自己，并在自我反思中对自己的行为获得一种内源性的干预，使教师能自省自律。教育叙事研究以“实践—反思—叙述—再实践”的操作方式，有效地帮助每一位教师更好地认识自我、提高自我，并在参与述说和交流分享中，有效推动教师群体的发展。在这里，教育叙事研究已成为外语教师的一种职业生存方式。正如美国教育家杜威所言：“教育是一种生活的方式，是一种行动的方式。”[39]

教育叙事相对于人们熟悉的教育科学研究来说，更强调教师作为教育发展和教育研究的主体参与，强调与教育经验的直接联系，并将越来越“精细化”和“学术化”的教育研究转向教师的现实生活。鼓励教师去述说自己的故事，通过故事的叙述描述人们在自然情境下的教育经验、教育行为、教育思想等。作为一种研究方式，教育叙事强调的不仅是客观规律的发现，而且更关注教育主体及其经验的存在意义。教育叙事的文体不是研究论文，不是实验报告，也不是工作总结，而是用人们生活中熟悉的口述、故事、自传等，述说教育主体的经验和实践，将教育教学直接参与者的内隐知识等转化为外显知识，发掘教育主体的教育智慧，并使之转化为集体智慧和共享资源。教师在逐渐养成撰写教育叙事的习惯中，主体意识获得进一步觉醒。

课程专家斯藤豪斯于20世纪六七十年代就提出了“教师成为研究者”的设想，并将课程改革付诸实践，希望借以实现课程发展与教师专业发展的双重目标。这一教育思想，在我国大学英语新一轮课程改革中得到了应有的强化。大学英语课程的一个重要理念是，强调教师地位和角色的转换，教师不仅是学生学习的指导者、辅助者、合作者，而且也应该是教育理论的实践者、探索者、研究者。刘良华博士在《一个课程关键：让教师成为研究者》中阐述了这样的观点：只有当叙事研究成为广泛流行的教育研究方法之后，教育研究领域中一度推崇的“质的研究”，才有可能显示出它的真实魅力；也只有当叙事研究成为教师普遍采用的教育研究方法之后，教师才有可能受益于教育研究，从而使教师形成一种“研究期待”，并在研究中不断形成新的期待，以提升“期待品位”。这种“期待心理”能促使教师产生强烈的参与意识。[40]

2. 关注外语教师的内在需求

教育改革实践和教师专业发展的内在需求，赋予外语教师以“研究者”的角色。也就是说，教师的“研究”是内在生成的（教师的劳动本来就极富有创造性），并不是某种外部力量强加的东西。教师经常处于危机、困惑与尴尬的“压力情境”之中，这些压力主要来自已有的教学经验与新的职业要求之间的距离、习惯了的教学模式与新课程理念之间的矛盾、个人教育信念与社会教育准则之间的对立、教师的教育意愿与学生文化接受之间的差异等。外语教师要想改变自己的教育状况，改变个人的职业处境，就必须进行教育的探索与研究。

大学英语课程改革倡导教育科研应当和教师的日常教育教学紧密结合，叙事研究的基本追求正是“以叙事的方式反思并改变教师的日常生活”。作为一种“研究”，要求教师讲述自己在课程改革中的故事，不应该只是客观地讲述，不能只是把事情发生、发展的过程述说清楚，还应该融入叙述者个人在事情发生、发展过程中不同阶段的感受、体验，以及伴随这种体验、感受而带来的思考和反思。

能否进行有效的反思，是影响教师专业发展和自我成长的关键因素。教师通过反思，不断地发现、思考教学实践中出现的问题，进而找出解决问题的最佳方法，确定自己的专业发展方向。熊川武教授将这种反思性实践定义为：教学主体借助叙事行动研究，不断探究与解决自身和教学目的及教学工具等方面的问题，将“学会教学”与“学会学习”结合起来，努力提升教学实践的合理性，使之成为学者型的教师。[41]

教育叙事研究的过程，就是一个经验反思和创造发展的过程。通过对经验的反思创造故事、塑造自己、启迪他人。美国教育心理学家波斯纳提出教师成长的公式：“经验 + 反思 = 成长”。波斯纳认为教师专业发展的概念既把教师看作一个成年的学习者，也把教师看作一个“反思的实践者”，能够对自己的价值与他人的协调实践关系不断进行反思和再评价，在叙事中反思，在反思中深化对问题或事件的认识，在反思中提升原有的经验，在反思中修正行动计划，在反思中探寻事件或行为背后所隐含的意义、理念和思想，应成为教师专业内容一个必要的组成部分，成为一种职业习惯和生活的需求。在教师的教育教学实践活动中，反思被广泛地看作教师职业发展的决定性因素。[42]

每位外语教师无不渴望成长与成功。王国维《人间词话》第26则中提到做学问的三重境界：古今之成大事业、大学问者，必经过三种之境界："昨夜西风凋碧树。独上高楼，望尽天涯路。"此第一境也。"衣带渐宽终不悔，为伊消得人憔悴。"此第二境也。"众里寻他千百度，蓦然回首，那人却在灯火阑珊处。"此第三境也。王国维分别引用了三首词中的名句来比喻成大事业、大学问者，必须经历过的三个阶段。他认为，大事业、大学问，不可能一蹴而就，必须循序渐进，经过长期的探索和追求，才能有所成就；必须具有坚韧不拔，百折不挠的精神，甚至需要一种为事业献身的精神。[43]而外语教育叙事研究，就是在教学的"必然王国"和"自由王国"之间架起一座桥梁，使教师不断积累教育教学经验，并上升为对外语教育内在规律的认识，达到在教育教学上挥洒自如，游刃有余，"随心所欲而不逾矩，无意于法则，而又自合于法则"的境界，从卓有成效的教育叙事研究中更好地体现自身的价值。

我国著名心理学家林崇德提出"优秀教师 = 教学过程 + 反思"的教师成长公式。[41]一个有事业心和使命感的教师，理当作为教育的探索者，而其探索的最佳门径，就是从自我反思开始。

教育叙事研究高度关注教师对自身经验意义的感受和体验。教师不仅需要学会倾听自己内心深处的声音，更要学会站在自己的角度来反思和发掘自我，表达自己的思想，成为自觉的专业知识的发现者和创造者。因为发生在真实情景中的教师生活故事，不仅包含着教师当下丰富的内心感悟，隐藏着教师细腻的情感变化，而且还蕴涵着人类文化积淀下来的人文精神，显示着教师对社会现实的独特判断，聚积着教师展望未来的远大理想等。所以，经验意义的探索是教育叙事研究的核心和本质所在，教育叙事须在经验中孕育新的经验，在故事中孕育新的故事。只有这样，教师的叙事才会唤起感人的影像，给人留下深刻的记忆，让人在感受教师心灵颤动的同时，领略到育人过程中动人心魄的感化力量，从而激起强烈的情感共鸣，引发对教育问题的共同思考。教育叙事贵在从身边平凡的事件中发现问题，并养成发现新问题的敏感性，在不断的追问中使问题得到恰当的处理，从而激发自己的研究兴趣，使之成为一种内在的需求。

3. 重视教师的个性差异

大学英语课程指南把以人为本、发展个性、注重差异的观念贯穿于整个大学英语教育教学之中，其目的是让教师与学生的个性得到充分的发展和张扬。大学英语教育在把学生视为学习主体的同时，并不抹杀教师的主导作用。在改变教师权威形象的同时，也并不意味教师指导功能的削弱或丧失。教师在教育教学过程中不可或缺的地位，被美国教育学家多尔定义为“平等中的首席”，[44]这是对教师角色的科学定位。教师和学生作为教学过程中的双位主体，重新构建着人道的、和谐的、民主的、平等的师生关系。而新型的师生观，要求转变他主性、被动性的教学状态，把教学变成人的主体性、能动性、独立性不断生成、发展、提升的过程；把教与学过程之中的发现、探讨、研究等认知活动突显出来，使教学过程更多地成为师生共同发现问题、提出问题、分析问题、解决问题的过程。在这个过程中，教师要勇于改变习惯了的工作方式和教育教学方式，不断尝试用新的方法丰富自己的教育教学生话，从多姿多彩的生活中挖掘独特的教育叙事故事。所有这些，无不要求教师应为一个独具个性特征的人。因为教师的爱好、特长、需要、能力、气质、性格、知识水平等各不相同，彼此也必然存在着异，各有着自己的需要和愿望，这一切理应得到重视与满足。

如果说真实性是研究的生命，那么个性就是叙事研究的灵魂。真实性意味着表达教师个人的理性观点和独特的情感体验，也是教师个性生命世界的真实体现。叙事研究与教学活动一样具有不可重复、不可强求一律和一致的特性。教师在特定的教育场景中发现新的问题，提出不同的应对策略，为讲述自己与众不同的体验、经历、见解、观点，撰写自己别具一格的大学英语课程故事积累素材。教师讲述的故事，若能像“庖丁解牛，合于《桑林》之舞，乃中《经首》之会”，且“刀刃若新发于硎”，常讲常新，就会独具个性特色而富于诗意和魅力，引人进入胜境。

《大学英语教学指南》（2017）的一个重要理念是教师成为课程的研究者、开发者。大学英语教学既是常规活动，也是研究活动。有的研究者把大学英语教育研究分为四个层次：知识、能力、审美、哲学。[45]一方面，大学英语教育叙事研究要达到一定的深度和广度，必须运用教育哲学理论来研究解决大学英语教育的现实问题；另一方面，大学英语教育叙事研究又必须在哲学理论的指导下回归到它的本体层面，把自己的研究重心从哲学层面转到教育学、心理学和外语教学的层面上来。也就是说，大学英语教育叙事研究没有哲学的指导不行，但仅仅停留在哲学层面也不行，大学英语教育叙事研究达到哲学性与本体性的辩证统一才能使得外语教育叙事研究不断地拓展和延伸。教师应把自己所有的大学英语教学活动建立在研究的基础之上，用教学促进研究，用研究提高教学，把教学经验上升到具有阐释力及普遍意义的理论层面上来，以教学与研究的成果育一代英才，成就自己的事业，实现自己的人生理想。

这正是一条被许多优秀教师的实践所证明了的成功之路。杨鲁新老师就是一个本土研究的典型，她长期坚持在教学第一线开展教学与研究，理论研究与教学实践紧密结合。教育科学是一门实践的科学，教师应当成为教育实践的研究者，离开了教育实践，教育理论就成了“无源之水，无本之木”。文秋芳老师正是长期扎根于实践沃土，默默耕耘，不断地把自己和同事的教育经验和实践智慧上升到理论上来概括和解释，获得了真切的教育体验，真诚的教育感悟，真挚的教育情怀，逐渐形成了独树一帜的外语教学“产出导向法”。她从一个普通的外语教师成长为一个教育家，给我们的启示是：时代需要教育家，时代能够造就教育家，时代已经拥有了一批自己的教育家。教育家必须走教、学、研三结合之路。许多名师都是在叙说、反思自己的教育故事中成长起来的。

因此，教育叙事研究的价值正在于作为一种职业生存方式，“重述和重写那些能够导致觉醒和变迁的教师和学生的故事，以引起教师实践的变革”，以贡献于教师的专业发展。

（三）教育叙事研究与研究型教师

教师“传道、授业、解惑”的传统角色，在人们的思想观念中是根深蒂固的。西方在 20 世纪 70 年代后兴起的行动研究所倡导的“教师即研究者”运动，作为一种新的教育理念，改变了教师的角色定位，使教师走入研究者的行列。

“教师成为研究者”是完全可能的，因为教师的职业劳动本身就富于创造性和具有研究价值。但在实际工作中，由于忙于教育教学工作，大学英语教师有没有充裕的时间进行研究工作就很判断了。再者，长久以来在许多人看来，教师未必具备研究的条件。

大学英语教师繁重的教育教学负担，几乎没有给研究留下多少时间，甚至有些老师认为“研究将挤占教学时间”。其实教师所进行的教育现场研究是一种特定的研究，是对教师自己的教育教学进行思考和探究，力图在有限的时间内引导学生获得更好的发展。因此，教师一旦进入研究的正常状态，熟练掌握了适合自己的研究方法，教师的教育教学活动就变成为“研究式的教育活动”，教室就是天然的实验室，教师的教育过程就是在自己的实验室里进行观察和发现问题、解决问题的研究过程，在教育中进行研究，在研究中进行教育，教师的教育研究就存在于教育教学活动之中。当教师从自己的研究中找到了有效的教育策略和教学方式时，就能比较容易地解决种种教育困惑，减少无效的重复劳动，提高教育教学效率。这种“教研相长”的结果，可以使“教师因此可以少教，学生因此可以多学”。事实上这种在教育实践中的研究，不仅不会给教师增加额外的负担，而且可使二者相辅相成、相得益彰。

教师提高研究技能有三种基本途径：其一是阅读，即教师自己阅读有关教育理论和研究方法的论著；其二是合作，即与大学或研究机构的教育研究专家合作进行实验研究；其三是研究，即教师针对实际问题自己思考解决的办法，确定解题策略之后，审慎地投入实践，并观察和评价在实践中的效果。

教师针对教育中的实际问题有所选择地阅读，将阅读所领悟的教学策略应用于教育实践，实际上已经进入了“研究”的过程。

“合作”虽然有专家直接指导，但并不是每一位教师都有合作研究的机会。即使进入合作研究小组，教师如果不主动参与研究、没有自己的见解，也很难提高研究能力。

“研究”才是最有效的学习方式。无论是“阅读”还是“合作”，只有在研究的基础上才能获得有效的经验，才能使经验上升为理论。也就是说，教师通过自主的研究才能唤起阅读的需要和合作的兴趣。从“教书匠”走向“研究者”，对教师的能力提出了新的要求，教师进行研究须有相应的能力为基础，否则，“教师成为研究者”只能是一句空话。

外语教育叙事研究作为每个教师都可以参与的一种研究方式，被有人称为“做中学”的研究。当年陶行知先生对学生提出的“做中学”，今天已成为教师的一种研究学习方式。

研究作为教师的一种最有效的学习方式，给教师提出了如下三点要求：

（1）教师的创新能力。教师应对研究具有高度的自主意识，具有发自内心的热情，具有对新思路、新模式刨根问底的探究欲望，并能够把新思想、新观点、新方法融会于自己的思维和工作中，不盲从，不迷信权威，具有创新的教育方式和新颖别致的教育内容。这种创造性是区分“研究者”与“教书匠”的重要标志。

（2）教师的信息处理能力。教师应视野开阔、思维敏锐、眼光独到，对各种有用的信息具有高度的敏感性，并具有对这些信息辨别、简化、归类、储存、联系发挥的能力，能够适时地把这些信息内化为自己的知识，运用到教育教学实践中。

（3）教师的问题意识。教师应善于发现问题、提出问题。发现问题在于揭示潜伏的教育危机，提出问题在于深化对教育的认识，这是开展教育研究、促进教育改革的前提。科学上的许多成就并不单是问题解决者的功劳，也是那些问题发现者的功绩。质疑能力能在人们司空见惯、习以为常的情境下发现矛盾，并对其穷追不舍，分析矛盾，解决矛盾，推动教育改革的不断前进。

教师问题早在20世纪就引起了世界各国的广泛关注。1986年，美国卡耐基教育和经济论坛的“教师作为一个专门职业”工作组，在《国家为培养21世纪的教师作准备》中指出：“取得成功的关键是建立一支经过良好教育的师资队伍。要赋予他们新的权力，委以新的责任，面向未来，重新设计学校。”[46] 国际21世纪教育委员会的重要报告《教育：财富蕴藏其中》指出：“教师作为变革的因素，其作用的重要性从未像今日这样不容置疑。这一作用在21世纪将更具决定意义。”[1] 在我国，自20世纪90年代起，人们已经认识到教育改革的关键要素是教师。叶澜教授指出：“没有教师的生命质量的提升，就很难有高的教育质量；没有教师精神的解放，就很难有学生精神的解放；没有教师的主动发展，就很难有学生的主动发展；没有教师的教育创造，就很难有学生的创造精神。”[47]

21 世纪的中国社会正处于一个重要的转型时期，转型期社会的深刻变化，以及对社会中人的生存方式所产生的渗透式的巨大影响，使我们强烈感受到现有学校外语教育的不适应。“新外语教育”研究立足于我国社会所处时代背景和学校教育变革的现状，立志为中国创建符合时代精神要求的新型外语教育，而这种教育研究的最终成效，是一代新人和新型教师的诞生。

第二章　教育叙事研究的理论基础

教育叙事研究作为一种新的教育研究方法，自20世纪80年代产生以来，一直沿着两条路径向前发展。第一条路径是理论的探讨，很多学者从学理层面探讨教育叙事研究的基本原理。第二条路径是叙事研究者依据叙事理论进行实地的个案研究。纵观已有的教育叙事研究的理论探讨鲜见对教育叙事研究哲学基础的系统研究。

教育叙事研究建立在多种学科理论及研究方法基础之上。作为质的研究方法的表现形式之一，它所强调的叙事不同于文学研究中的叙事，它所描述的教育事件是真实的，不是虚构的。作为一种研究方法，它必然具备一定的规范、程序和要求。教育叙事研究就是通过对有意义的教学事件、教师生活和教育教学实践经验的描述、分析，发掘或揭示内隐于日常事件、生活和行为背后的意义、思想或理念，借此来改进教师的教育教学实践，以更鲜活的形式丰富教育科学理论，促使教育政策的制定与实施更加完善和灵活。它的主要理论基础有现象学、解释学、接受理论、后现代理论、建构主义理论、文学中的叙事学理论、人类学中的田野调查、社会学中的实地考察等。

第一节　现象学与解释学理论

一、现象学理论

（一）现象学的概念

现象学（phenomenology）是20世纪在西方流行的一种哲学思潮。狭义的现象学指20世纪西方哲学中德国哲学家E.胡塞尔创立的哲学流派或重要学派。其学说主要由胡塞尔本人及其早期追随者的哲学理论构成；广义的现象学首先指这种哲学思潮，其内容除胡塞尔哲学外，还包括直接和间接受其影响产生的种种哲学理论，以及20世纪西方人文学科中运用的现象学原则和方法的体系。[48]

现象学不是一套内容固定的学说，而是一种通过“直接的认识”描述现象的研究方法。它所说的现象既不是客观事物的表象，亦非客观存在的经验事实或马赫主义的“感觉材料”,而是一种不同于任何心理经验的“纯粹意识内的存有”。“现象学”的词源可上溯至18世纪法国哲学家兰伯尔，以及德国古典哲学家黑格尔的著作，但其含义均与胡塞尔的用法不同。胡塞尔赋予“现象”的特殊含义是指意识界种种经验类的“本质”，而且这种本质现象是前逻辑的和前因果性的，它是现象学还原法的结果。

（二）现象学的发展时期

现象学思潮从20世纪初以来,按时序可分为三个阶段,即胡塞尔现象学时期(20世纪初至30年代中)、存在论现象学时期（20年代末至50年代末）和综合研究时期(20世纪40年代以后)。三个时期互有交叉，各时期均包括一些主要代表人物。

1. 胡塞尔现象学时期

胡塞尔现象学是在德国哲学家、心理学家F.布伦塔诺（1838—1917）意向性心理哲学的影响下创立的，但布伦塔诺认为心理行为的意识与该行为对象的意识是同一现象。胡塞尔则认为二者有分别，意识经验的内容既不是主体也不是客体，而是与二者相关的意向性结构，从而离开了主张主体内在性的传统唯心主义，返回到原始的“现象”，即各类经验的“本质”。在他的倡导下形成的早期现象学运动旨在使哲学关注的重点从当时新康德主义的“批判唯心主义”的主体概念，转向意识经验中的实在对象。这一运动的主要成员除胡塞尔和对意识中的情绪及价值结构进行现象学描述的M.舍勒以外，还有所谓哥丁根与慕尼黑小组的A.赖那赫、A.普凡德尔（1870—1941）、M.盖格（1880—1937/1938）、H.康拉德马修斯，以及R.因加尔登等。他们分别在本体论、伦理学、美学、法学、心理学、自然哲学、文学理论等研究中，运用现象学描述法探寻研究对象的“本质”，在对象中寻找不变的“先天”因素。胡塞尔的追随者们当时认为，现象学是一种实在论哲学。早期现象学运动兴起不久便由于胡塞尔转向先验现象学而趋于分化。胡塞尔通过对意向结构进行先验还原分析，分别研究不同层次的自我、先验自我的构成作用和诸主体间的关系，以及自我的“生活世界”等。他认为现象学的根本方法是反思分析，在先验反思过程中存在着意向对象和与其相应的“诸自我”之间盘结交错的反思层次。胡塞尔指责其追随者们误解了他的“事物本身”的概念，并由于囿于客观主义和实在论而无法达到先验意识水平。其追随者们指责胡塞尔重返侧重主体概念的唯心论老路。现象学研究的胡塞尔时期，最终由于M.海德格尔学说被提出，以及舍勒去世（1928）和纳粹上台而宣告结束。

2. 存在论现象学时期

胡塞尔的弟子海德格尔在20世纪20年代末改变了现象学研究的方向，开创了侧重探讨存在问题的新思潮。这一时期一直持续到20世纪50年代末，研究基地也从德国移向法国，并逐渐扩展到其他地区。海德格尔认为，反思的意识尽管重要，但必须首先研究意识经验背后更基本的结构，即所谓前反思、前理解与前逻辑的本体论结构。只有通过对这一基本结构的研究，才能了解意识和先验自我的可能性及其条件,从而“揭示隐蔽的存在”。由于海德格尔探讨存在的意义问题，因而其学说又被称作解释学的现象学。然而，海德格尔的后期哲学无论是从对象还是方法上看，都与现象学越来越疏远了。

梅洛－庞蒂是法国现象学最主要的代表之一。他认为意识结构是哲学的基本问题，但他既不同意胡塞尔把人最终还原为先验意识，也不同意海德格尔把人的生存还原为神秘的“存在”，同时也反对萨特把自我的生存还原为自我对生存的意识。他认为“我思”必然把我显示于历史情境中，现象学还原的结果是先验性的“知觉世界”。他强调知觉世界是人与世界的原初关系，因而主体必然“嵌于”世界之中，与世界和他者混同，并以此否认唯心主义与实在论的界限。梅洛－庞蒂是现象学意义论的重要研究者，他认为知觉世界是一切意义的源泉，但意义始终是含混性的，其结果是意义与无意义混杂难分，现象学还原因此永无完成之日。

3. 综合研究时期的现象学

第二次世界大战以后，比利时、联邦德国、美国、法国分别建立了胡塞尔研究中心，对胡塞尔的思想重新深入研究，出现了不少精通胡塞尔哲学的现象学者，如比利时的梵布雷达，联邦德国的兰德格里伯、芬克和比麦尔。20 世纪 50~70 年代在美国更出现了很多介绍研究现象学的学者。除早先的法伯、肯恩斯外，还有考夫曼、古尔维奇、舒茨、艾迪、伊迪斯皮格伯格、泰美涅茨卡和纳汤森等。在欧洲战后较具独创性的现象学者还有瑞士的精神病理学家宾斯方格、心理学家闵考夫斯基等。这一时期的现象学者尽管在研究的原则对象和方法论上具有更大的综合性，但其学术地位一般而言尚不及前两个时期的主要现象学者。然而，它作为一个整体的现象学思潮，在当代西方人文科学领域的影响却比以前大得多。它的突出特点是，研究活动扩展到东西欧、南北美，以及亚非各洲，研究人数与学术活动均较前增加。与其他哲学流派，如分析哲学、实用主义、结构主义、精神分析学、解释学、西方马克思主义等的比较研究进一步增强。它作为方法论的现象学，较为广泛地应用于历史学、社会学、语言学、宗教学、精神病理学、文学理论等人文学科的研究中。

（三）现象学的主要理论

现象学由 20 世纪德国哲学家胡塞尔创立，它被广泛应用于人文社会科学领域，它是一种强调事实、主张描述、关注意义的哲学思潮，对教育研究产生了重要影响。在今天的外语教育叙事研究中频繁使用的生活、事实、情境、意义、反思、体验等话语，虽然不同的教育理论或方法论及其的角度不同，但都与哲学现象学有着密切的联系。现象学的主要理论是生活世界理论、交互主体性理论、现象学方法。

1. 生活世界理论

胡塞尔认为:“生活世界是一个始终在先被给予的、始终在先存在着的有效世界,但这种有效不是出于某个意图、某个课题,不是根据某个普遍的目的。每个目的都以生活世界为前提,就连那种企图在科学真实性中认识生活世界的普遍目的也以生活世界为前提。”[49] 因此,生活世界是一个奠基性的世界,是人类一切知识和认识的前提和基础。“科学世界”是从“生活世界”中分化出来的、以概念原理和规律规则构成的客观世界。“科学世界”的发展为人类带来巨大的物质财富的同时,造成了人类精神世界的危机。只有重返“生活世界”,才能解决人类的生存危机。

2. 交互主体性理论

胡塞尔认为:“交互主体性”包括“纯粹——心灵的交互主体性”和“先验交互主体性”。[48] 前者是指人与人之间的相互理解、尊重和对话,后者是先验哲学的研究对象。经过海德格尔、伽达默尔和哈贝马斯的发展,交互主体性主要在前一种意义上使用。“交互主体性”也称“主体间性”,是指两个或两个以上的主体交往的共同有效性。一方面,人在交往中都是主体,人与人之间要相互理解和尊重;另一方面,人与人在交往中总是有某种共同的东西把彼此联系起来,相互影响、相互作用。

3. 现象学方法

“现象学最独特的核心就是它的方法。”胡塞尔的现象学方法包括本质直觉的方法和先验还原的方法,实际上分为三个步骤。现象学方法的第一步是“现象还原”。现象还原通过“中止判断”的方式完成。胡塞尔的“中止判断”的目的在于对一切间接的知识和判断“存而不论”,而直接集中于直接的知识;将传统的或道听途说的知识和判断用“加括号”的形式“括”起来,目的是用于帮助找到可靠的开端,以确保绝对的客观性。现象学方法的第二步是“本质还原”,基本原则是“面向实事本身”。现象学方法的第三步是“先验还原”。要求从现象中彻底排除事实性,把认识主体当做纯粹的先验意识,返回到先验的自我。

(四)现象学与教育叙事

现象是事物在发展与变化中表现出的形态和联系。现象学认为现象就是经验,现象学就意味着研究经验,因而现象学强调转向事实本身,重返生活世界,寻求对生活、对世界的直接体验。德国现象学哲学家海德格尔说过,事物的存在并不是从我们的主观活动中获得其意义的,而是从“世界”的发生运动中获得意义。任何一种显现都是在天与地两大区域中进行的。这两大区域的既显又隐、既对抗又共属的交互运动,乃是事物自在自持存在的依据。[50] 他把德国另一位哲学家、现象学的奠基人胡塞尔开创的现象学引向一个全新的认识，其基本宗旨是寻求以非形而上学和非主体主义的思想姿态去面对人们生存的这个物质世界。

现象论者认为，社会现象的建构受人类心智的影响。因此在进行研究与建构理论时，研究者个人的主观兴趣、情绪和价值观，不可避免地会影响他的研究历程。研究者的主要任务不是去建构一个独立于人心之外的客观世界，也不是去验证一个预先设定的学说或假设，而是应用对话与体验的方式，采用开放与多元的态度，进入研究对象所处的自然生活场景之中，以他们的概念、语言和习俗。去探寻和体验他们诠释思想、情感和行动的方式，了解他们在日常生活事件中所建构的意义，然后再试图分析和解释。现象学所要求的就是这种“纯粹的、无前设的和绝对的认识”，也就是胡塞尔提出的“面向实事本身”的现象学原则，它被称为“一切原则中的原则”。胡塞尔在其哲学现象学的最重要的著作《逻辑研究》中说：“我们在对逻辑学所提出的规律的意义，对‘概念’、‘判断’、‘真理’等及其各种划分做出初步反思时，我们绝不会仅仅满足于‘单纯的语词’，即对语词单纯的象征性理解。那些产生于遥远、含糊和非本真直观中的含义，对我们来说是远远不够的。我们要回到‘实事本身’上去。”现象学强调“回到事实本身”，通过把“一切经验、知识或先见放入括号里悬置的方式”直观现实，按照事物本身呈现的原始面貌。描述时要求从直接感受到的“显像”出发，在“与世界本身的生动的、紧凑的、直接的体验交往”中，揭示事实背后的意义 。[51]

现象学最具有吸引力和影响力的是它的方法特色：现象学的“回到实事本身”的主张，符合教育叙事研究的基本要求；现象学作为一种“贴近地面工作”的哲学，能满足叙事研究中对一个最基本讨论平台的期望；现象学所倡导的直观的审视或体验，可以避免在叙事研究中出现过多大而空泛的概念范畴；现象学“严格”和“审慎”的态度，可以促使研究者不再以真理的缔造者或拥有者去构建研究体系，而是面对具体问题进行含有事实的描述与分析。所有这些，都为现象学在教育叙事研究中找到同道提供了可能。

对现象学，从研究的对象看，现象学界于逻辑学与心理学之间；从研究的方法看，现象学在实证主义与形而上学之间；从思维的风格看，现象学在思辨哲学与诗化哲学之间。思辨方法的哲学思考方式是揣摩的、解释的、构建的，现象学的哲学思考方式则是描述的、写实的、分析的。舍勒把现象学理解为一种精神直观态度，人们通过这种态度就可以直现或者体验，而如果没有这种态度便始终不会显现出的事物，即由现象学事实组成的特殊“王国”。以现象学为基础的哲学，要求哲学必须最直接、最强烈和最生动地体验和接触世界本身。现象解释学方法，要求“面向实事本身”“生活世界”“此在”“理解”“体验”等，对知识价值进行描述和分析，从而寻求人的价值与意义的回归，即通过诗的艺术和思想，去接近“实事”，开辟一条非对象性的思与言的道路，一条不同于科学技术开发出来的对象性思维、客观性思维的道路。现象学研究是对生活体验的研究，是对引起人们注意的现象的解释，是对本质的研究，是对我们生活经验的意义的描述，是一种对人类生存意义的追寻，是一种诗化活动。

如此看来，教育叙事研究方法与现象解释学的方法有相通之处，都融进了研究者个人的生命体验。教育也必须如哲学一样敏感，才能完成自己的任务，才能找到教育改革的真正方向。处于教育共同体中的人也必须对所有的人和事保持一种敏感，才能找到教育的机智与生活的智慧。“生活和学习的丰富来自科学的分析、对故事的解释,以及对精神的感受的结合。”[52] 现象学的“实事求是”的精神，对教育叙事研究产生了极大的影响，促使教育研究转向叙事、走向生活、注重价值。教育叙事研究也正是借鉴了现象学的方法，以直接的、交互的和体验的态度走进教育世界，面向教育实践，反思教育价值，建构教育意义。总的来说，现象学对叙事研究的影响主要表现在三个方面:“回到事实本身”“交互主体性生活世界”和“悬置”。它强调“回到事实本身”，主张描述所看到的事实，展现事物呈现的方式，关注事实背后的意义。它主张对现象要进行“深描”，以此揭示社会行为发生的各种因素之间的相互关系，描述越具体，越“原汁原味”，就越能够显示事物的本来面目。教育叙事研究吸收了现象学的方法，以直接的、交互的和生活的态度走进教育世界，面向教育实践，反思教育价值，建构教育意义。

二、解释学理论

（一）解释学的含义

解释学既是一门哲学，在某种意义上又可说是一门新的边缘学科和跨学科的研究方法，它为人文科学各学科的研究开辟了新的途径和天地。

解释学就是专门研究意义、理解与解释问题的学问。解释学这个词最早出现于古希腊文，最初指对神谕的解释，到后来又增加了对荷马等诗人作品进行解释的内容。到 19 世纪上半叶的解释学，一方面，着力于研究宗教典籍，形成了神学解释学；另一方面，古典学者各个领域内的各种古代文献、法典、史籍，形成了法律解释学、文学解释学等。[53] 这时解释学是研究解释的方法原则的学问，是文本解释的方法论。人们也把这种意义上的解释学称为局部解释学。

德国哲学家施莱尔马赫和狄尔泰对解释观念的发展做出了突出的贡献，他们在古典的局部解释学的基础上创立了现代解释学。施莱尔马赫第一次把解释学理论从哲学的角度系统化，将其研究的重心放在理解本身，而不是被理解的文本上，因此解释不再仅是一种方法，还有了认识论意义。德国哲学家和历史学家狄尔泰把解释学奉为人文科学的普遍方法，由于他的解释学是以他的生命哲学理论为基础的，因此人称“生命解释学”。德国哲学家海德格尔、伽达默尔和法国哲学家利科是当代解释学的著名代表。海德格尔把解释学从方法论、认识论的领域转移到本体论的领域，建立了一种本体论解释学，即“此在的解释学”。伽达默尔是当代哲学解释学最重要的代表人物之一，他进一步发挥了海德格尔哲学中关于理解的论题，并建立了一套完整的哲学解释学体系。他于1960年出版的《真理与方法》一书，标志着哲学解释学正式成为一个新的哲学流派登上了哲学舞台。利科则通过把解释学与现象学连接起来，建立了一种现象学解释学。

总之，当代的解释观是追求创造的解释观。它抛弃了传统解释观对文本的固执和对解释者个人成见、经历、所处社会现状的回避，主张解释者带着自己的成见进入解释对象的领域，通过将自己和解释对象融合创造出新的视野。当代解释观念还认为理解和解释是人的存在方式，其最终目的是揭示人存在的意义，从而将解释提到了本体论的高度。

（二）解释学的基本特征

解释学的基本特征如下：

（1）哲学解释学的本体论具有十分浓厚的人本主义色彩。理解不是“存在”的一种外在表现形式，它就是“存在”本身的生活方式。解释学不仅扩展了哲学本体论讨论的范围，把人的具体存在引入本体论，而且使本体论讨论具有浓厚的人本主义特征。

（2）哲学解释学的认识论属于历史主义认识论的范畴。它以人的主体性和历史性为基本出发点，强调意义的构成性，把人的世界和人自身的意义看做由传统、语言、时代、理性诸因素综合作用的产物。

（3）哲学解释学不是理解的技术，而是理解的方法论。它着重于分析、发现隐含在理解中的“前提条件”，把这一条件归为人在“视界融合”中构成的“前理解状态”。

（三）解释学的发展

解释学的基本含义就是研究“解释”或“诠释”。解释是日常生活中的一个普遍现象，一个事件、一个文本、一部典籍乃至一个眼神、手势都可能需要解释，在这里，解释就是消除歧义，达到理解和融会贯通。解释学作为一种研究文本意义的理解和解说方法的诠释理论，对教育叙事研究产生了深刻的影响，使研究更关注人的主动性和创造性，它鼓励自由释放和表达个人在研究中的感悟和体验，给教育叙事研究者创设了一个良好的研究空间。

解释学最初是作为理解《圣经》的技术方法出现的，后来逐渐从《圣经》解释转化为对一切历史文献的研究。经过施莱尔马赫的发展，解释学超出了文献解释的范围，发展成了描述一切对话中可能理解的条件的科学，发展成了“一般解释学”。施莱尔马赫认为解释与理解均为创造性活动，文本艺术作品都是创造性灵魂的表现形式，任何解释者要做出忠实于作者原意的解释，都得与那颗灵魂神交。施莱尔马赫称该神交过程为“预言性的”，解释的这种预言性特质是“理解人性的隐性力量”。[54] 理解之所以如此，可能是因为有人类深层的共性存在。只有当个体与整体之间通过“直觉出”或“预示出”原作者所受的一切影响而相互渗透时，统一性才能产生。狄尔泰认为解释学可以作为一切人文科学的基础。狄尔泰将“理解”当作源于人类生活过程本身的方法论概念加以研究。人的理解于是成了存在于文本、人工制品、姿态、声音等里面的“生活范畴”，而我们对于这些东西的理解的深度，取决于我们能在多大程度上表明它们是来自“切身体验”这个我们集体生活的深层积淀。海德格尔真正揭示了理解在本体论上的意义，他的哲学研究使解释学发生了一场根本性的转折——本体论的转折。在海德格尔那里，解释成为揭示存在和做人本质的途径，是人类自我理解的原生状态，是人类存在的基本模式。伽达默尔认为预先判断是一切理解所必需的方式。偏见说明我们只能从某个特定的“视界”来理解世界，该视界为我们提供了思想和行为的起点。只有当人们能够相互间展开交谈，产生不同视界的“融合”，形成新的共识，人与人之间的理解才是可能的。

解释学是在 20 世纪 80 年代被介绍进入中国的。随着解释学在中国的传播和研究的日益深入，作为一种具有普遍意义的文本诠释的方法，越来越受到学术界的重视。试图在普泛化理解的背景下，把解释学和中国传统思想的研究结合起来，并尝试建立具有中国特色的解释学体系和解释学方法，最具有代表性的有傅伟勋、成中英、黄俊杰、汤一介等，其中尤以傅伟勋的“创造的解释学”方法论最为典型。这种创造的解释学既吸纳了现代西方哲学方法论，又融会了中国传统的考据学和义理之学的方法。他还用这种方法解读了《老子》《坛经》《大乘起信论》等经典著作，在中国解释学的发展中具有举足轻重的地位。

（四）解释学与教育叙事

传统研究理论认为，教育过程只有一种绝对的独一无二的意义，研究者只是对这种意义的审美静观。在这种理论的驱使下，教育研究成了专职研究者独自表演的舞台。与之相反的解释学则希望将研究从习惯的预设化、模式化的狭小单一的研究空间里解脱出来，由研究者与被研究者一起发挥想象，对研究过程进行个性化的理解和表述。解释学对外语教育叙事研究的影响，就在于对“理解”的认识或认同上。

教育叙事研究作为“质的研究”的表现形式，一个主要目的与功能就是“理解”。教育研究与自然科学研究有着本质的不同，正如被誉为“解释学之父”的德国哲学家狄尔泰所言:“自然需要说明，而人需要理解。”[55]海德格尔通过对“此在”的时间分析，把理解作为存在的方式来把握，他认为“此在”正是借助理解而获得生命力，理解被视为人意识活动的基础。根据德国当代哲学家伽达默尔的观点:“只有在理解过程中才能实现由无生气的意义痕迹向有生气的意义转换”。“解释”受历史、文化和语言的制约,解释者自己的“前设”和“先见”是“理解”的基础。[56]

由此可见，解释是在“前见”的基础上进行的，合理的“前见”能产生积极的理解，理解就是“视界融合”的过程。阐释学认为对特定对象的持续阐释是两个不同的视野相互接触、对话、交会，相互拓展而又限制的过程，伽达默尔称此过程为“视野的融合”。王岳川教授在《后现代主义文化研究》一书中是这样理解的:“伽达默尔认为，理解者与他所要理解的对象都各自具有自己的视界。文本总是含有作者原初的视界（亦称‘初始的视界’),而去对这文本进行理解的人，具有现今的具体时代氛围中形成的视界（亦称‘现今的视界’)。蕴涵于文本中的作者的‘原初的视界’与对文本进行解读的理解者‘现今的视界’之间存在着各种差距，这种由时间间距和历史情景变化引起的差距是任何理解者都不可能消除的。伽达默尔主张，应在理解过程中，将两种‘视界’交融在一起，达到‘视界融合’，理解正是从现今视界起步迈向初始视界，从而使理解者和理解对象都超越原来的视界，达到一个全新的视界。”[57]

解释学认为任何一种新的知识的获得都是过去的知识与一种新的环境的重新组合，是一种新的“视域融合”。解释学对于叙事研究的启示在于：强调在研究中获得对被研究者的理解，确立研究者与被研究者之间主体间性的关系。研究者也是行动者，不仅只是客观地收集事实资料，而且要切身体察被研究者的行为、思想和情感；研究是研究者与被研究者彼此互动、相互构成、共同理解的过程。教育叙事研究是研究者的视界与教育的视界相互对话的过程，研究者在描述中解释，以理解他人的理解。在此，“视野的融合”形象地说明了研究者与被研究者的纽带关系。

解释学作为一种解释事物本体的哲学，对教育叙事研究产生了重要影响：解释学的核心是“理解”，正确理解使表达具有了意义，使分享成为可能，使个体生命体验得以延续和扩展，使人类精神世界得以沟通和联结。解释学的任务在于从作为历史内容的文献、作品文本出发，通过体验和理解，复原它们所表征的原初体验和所象征的原初的生活世界，使解释者像理解自己一样去理解他人。理解不是去把握一个事实，而是去理解某种存在的潜在性和可能性。理解也不是为了寻求新的知识，而是为了解释我们存在的世界。解释学的这种思维和表达的模式，为教育叙事研究提供了有益的借鉴。教育叙事研究力求通过叙事，在展现教育真实的同时达到视域的融合，在对话中获得理解，从而建构起一种以意义解释为核心的教育经验的理论方式。教育理论研究运用理解或解释的方法，对超越现代性思维的局限，对超越认识论的束缚都具有重要的借鉴作用。通过理解，可以实现现实与历史的对话。理解本身就具有历史性和具体性，理解活动的进行绝不是无前提、无背景的。通过理解，还可以实现理论研究者之间的沟通与对话，对打破权威话语机制，以及实现不同观点之间的公正、平等地位或身份具有珍贵的解放意义。通过理解，还可以给教育实践工作者更多的根据自己的教育经验或亲身的教育现象诠释教育理论的权利与机会，实现理论与实践的真正沟通；借鉴解释学关于“理解”的方法，以对话为目标，可以使介入教育现象中的“当事人”相互理解，促成教育理论与实践的双重繁荣。如果说现代认识论指导下的教育问题的探讨，是为了追逐并占有教育真理，那么，在解释学的方法指导下研究教育问题，则是通过语言的中介来理解或诠释教育理论。正如解释学所推崇的那样：谈论事物的方式比占有真理更重要。

第二节　接受美学理论

一、接受美学理论概述

解释学与接受美学都是西方文艺理论中“人本主义”思潮的重要组成部分，其核心在于从读者理解和接受的角度研究文学。解释学和接受美学在理论上给了读者以极大的审美理解自由。

“接受美学”（receptional aesthetic）这一概念是由德国康茨坦斯大学文艺学教授姚斯（Hans Robert Jauss）在 1967 年提出的。接受美学的核心是从受众出发，从接受出发。姚斯认为，一个作品，即使印成书，读者没有阅读之前也只是半成品。

在接受理论中，文学文本和文学作品是两个性质不同的概念：

（1）文本是指作家创造的同读者发生关系之前的作品本身的自在状态；作品是指与读者构成对象性关系的东西，它已经突破了孤立的存在，是融会了读者即审美主体的经验、情感和艺术趣味的审美对象。

（2）文本是以文字符号的形式储存着多种多样审美信息的硬载体；作品则是在具有鉴赏力读者的阅读中由作家和读者共同创造的审美信息的软载体。

（3）文本是一种永久性的存在，它独立于接受主体的感知之外，其存在不依赖于接受主体的审美经验，其结构形态也不会因事而发生变化；作品则依赖接受主体的积极介入，它只存在于读者的审美观照和感受中，受接受主体的思想情感和心理结构的左右和支配，是一种相对具体的存在。由文本到作品的转变，是审美感知的结果。也就是说，作品是被审美主体感知、规定和创造的文本。

关于接受理论，有不少知名人士都作了相关的阐释：法国文学批评家圣伯夫曾经说过："最伟大的诗人并不是创作得最多的诗人，而是启发得最多的诗人。"费尔巴哈谈到音乐时说："当音调抓住了你的时候，是什么东西抓住了你呢？你在音调里听到了什么呢？难道听到的不是你自己的声音吗？"法国作家法朗士在《乐图之花》中曾经说过这样一段话："书是什么？主要的只是一连串小的印成的记号而已，它是要读者自己添补形成色彩和情感，才好使那些记号相应地活跃起来，一本书是否呆板乏味，或是生机盎然，情感是否热如火，冷如冰，还要靠读者自己的体验。或者换句话说书中的每一个字都是魔灵的手指，它是拨动我们大脑的琴弦和灵魂的音板，因而激发出来的声音却与我们心灵相关。"这段关于作品文本和读者理解之间存在着差异和互相补充而阐发的精彩议论，形象而生动地道出了接受理论的主旨。[58]

二、接受美学的发展

20 世纪 60 年代末、70 年代初在联邦德国出现了美学思潮。联邦德国的文学史专家、文学美学家 H.R. 姚斯和 W. 伊泽尔提出，美学研究应集中在读者对作品的接受、反应、阅读过程和读者的审美经验中，以及接受效果在文学的社会功能中的作用等方面，通过问与答和进行解释的方法，去研究创作与接受和作者、作品、读者之间的动态交往过程，要求把文学史从实证主义的死胡同中引出来，把审美经验放在历史—社会的条件下去考察。[58]

（一）接受美学理论基础

接受美学理论家反对 19 世纪兰克的历史客观主义，反对文学作品有客观的永恒不变的含义或意义。他们认为历史研究是一种随着认识的增长而不断变化的对经验的研究。历史研究者同样受历史条件的制约。这一历史观是接受美学文学史观的基础。始自 W. 狄尔泰、M. 海德格尔，由 H.G 伽达默尔确立，P. 里科尔予以补充的新解释学哲学，为接受美学提供了哲学基础和方法论。新解释学的"解释循环""效果史""水平融合"等概念成为接受美学的主要概念。受马克思的政治经济学原理启发，接受美学把作者、作品、读者作为生产者、产品、消费者，置于交往动态关系中去考察。H. 马尔库塞、E. 布洛赫、阿多尔诺、J. 哈贝马斯的西方马克思主义的意识形态文化批判，以及结构主义美学的共时断面、"关系概念"、文本理论等也被接受美学批判地吸取。姚斯把结构思想与历史思想结合起来，认为作品结构是更高级的结构，它是在作品的历史系列与公众态度系列之间的矛盾运动中产生的一种过程。姚斯还引进了科学哲学家 K.R. 波普尔的"期待水平"的概念，为接受美学划定了一个新的独特的研究范围。

（二）接受美学理论先驱

20 世纪 30 年代，波兰现象学美学家 R. 因加尔登在他的文学作品《解剖学》中已涉及读者问题。他认为:“读者在阅读过程中虽应遵从作品预先确定的特征结构，但必须采取创造性的态度去使作品‘具体化’。通过读者确定作品中被表现世界的‘不定点’，人物、背景、事件之中就充满了读者在一次具体的阅读中所增附的主观性杂质。”被称为结构主义美学之父的 J. 穆卡洛夫斯基（1891—1975）认为:“作品只是一个物质成品，只有潜在的审美价值，在读者的理解和解释中，它才表现出实际的审美价值。美学客体是读者的集体意识与作品中模式的融合。”解释学哲学家伽达默尔以文学艺术哲理的代言人自居，毕生追求艺术经验的哲学真谛。他认为解释学包括美学，它沟通心灵间的距离，并揭示与其他心灵的疏异性。法国解释学哲学家里科尔把现代诗学作为解释学的一项重要课题来研究，认为诗与具有认识和发现信息价值的新参与性有密切关系。[58]

（三）接受美学理论原则

姚斯指出:“美学实践应包括文学的生产、文学的流通、文学的接受三个方面。”[59]

接受是读者的审美经验创造作品的过程，它发掘出作品中的种种意蕴。艺术品不具有永恒性，只具有被不同社会、不同历史时期的读者不断接受的历史性。经典作品也只有当其被接受时才存在。读者的接受活动受自身历史条件的限制，也受作品范围限制，因而不能随心所欲。作者通过作品与读者建立起对话关系。当一部作品出现时，就产生了期待水平，即期待从作品中读到什么。读者通过期待建立起一个参照条，读者的经验依此与作者的经验相交往。

期待水平既受文学体裁决定，又受读者以前读过的这一类作品的经验决定。作品的价值在于它与读者的期待水平不一致，产生审美距离。分析期待水平和实际的审美感受经验,还可以了解过去的艺术标准。接受者有三种类型,即一般读者、批评家、作家。此外，文学史家也是读者，文学史的过程就是接受的过程，任何作品都在解决以前作品遗留下来的道德、社会、形式方面的问题，同时又提出新的问题，成为后面作品的起点。文学的社会功能是通过阅读和流通培养读者对世界的认识，改变读者的社会态度。

艺术的接受不是被动的消费，而是显示赞同与拒绝的审美活动。审美经验在这一活动中产生和发挥功用，是美学实践的中介。

伊泽尔提出:“文学作品的显著特征在于作品中所描绘的现象与现实中的客体之间不存在确切的关联作用。”[58]一切文学作品都有某种程度的不确定性。读者由于个人的体验发现的也正是这一特性。读者有两种途径使不确定性标准化:

以自己的标准衡量作品，或者修正自己的成见。作品在现实生活中没有完全一致的对应。这种无地生根的开放性使它们能在不同读者的阅读过程中形成各种情景。

（四）接受美学的实践情况

姚斯的《提出挑战的文学史》（1969）和伊泽尔的《文本的号召结构》（1970）是接受美学实践的开山著作。以后大致有接受的历史研究和接受实验分析两类实践方向。接受的历史研究着重研究历史上对神话的接受及其演变。接受实验分析则多半说明接受分析可以建立在实验基础上，由此能将更多、更不相同的读者纳入讨论。接受实验分析不像接受的历史研究，把自己基本上禁囿在文学圈里，而是利用读者生活经验的影响。鲍尔及其同事的实验是这样进行的：把一首短诗分发给若干组读者，要他们对之作语义分析。分析的基础一方面是自由联想，另一方面是问题单上给予的有关语义鉴别的若干规则。实验的目的是多样的，有的在于弄清所谓的“潜在读者”，有的则将对同一作品的两种不同的批判态度并列，从而揭示各自批评的先决条件。

接受美学的研究方法和开拓的美学研究新领域，引起了德国和苏联美学界的重视，并在这一方面有进一步发挥。接受美学反对孤立、片面、机械地研究文学艺术，反对结构主义化的唯文本趋向，强调文学作品的社会效果，重视读者的积极参与性接受姿态，从社会意识交往的角度考察文学的创作和接受，具有积极的价值。反映了在结构主义思潮之后，人文思潮的又一次抬头。但它仍然回避美的本质、艺术的本质等基本美学问题，表现了它的局限性和理论弱点。

三、接受美学理论与教育叙事

接受美学“不是美学中的美感研究，也不是文艺理论中的欣赏和批评研究，而是以现象学和解释学为理论基础，以人的接受实践为基础的独立自主的理论体系”。[58] 从接受美学的视角看，“任何文学文本都具有未定性，都不是决定性的或自足性的存在，而是一个多层面的未完成的图式结构”，即把作品看做一个开放式的、充满多种可能意义的、等待读者以自身的经验去发现和接受的意义整体；同时，接受美学承认读者的能动力，认为读者对文本的接受过程就是对文本的再创造过程，并给这种创造以充分而广阔的自由天地。

在当代文学研究中，接受美学理论起到了革故鼎新、拓宽视野的作用，它把文学研究的重点转移到读者接受和阅读活动上，改变了以往以文本为研究中心的视野，引起了整个文学观念的巨大变革。接受理论认为文学作品并不是对于每一个时代的每一个观察者都以同一种面貌出现的自在的客体，并不是一座自言自语的宣告其超时代性质的纪念碑，而是像一部乐谱，时刻等待着阅读活动中产生的不断变化的反响。只有阅读活动才能赋予语言材料以生命。作家创作文本时留下了许多“不确定性”和“空白”,召唤着读者去寻幽探微,从而完成作品意义的建构。换言之，读者的参与才使一个文本变成真正意义上的作品。无疑，这种理论承认了读者的能动创造性，提升了读者的地位，对读者是一种肯定、激励、尊重。在这一点上，它完全与教育叙事研究的理念宗旨相吻合，给了我们这样的启示：在叙事研究过程中，教师也是研究者，他们与理论研究者站在同一高度。研究中不仅应该承认他们的主体地位，还应该促使他们富于个性地去叙说各自不同的教育故事，展示他们丰富多彩的人生体验。

教育叙事研究与接受理论的暗合点就在于教育叙事研究是一种特殊的接受活动：它是教师参与教育实践和解释行为意义的、以接受外语教育理念为终极目标的双向互动的接受过程。具体来说，接受理论对教育叙事研究有三点启示：

（1）“空白”理论。接受理论认为，有多少个不同的理解，就有多少个空白点可以允许参与者发挥想象力来“填充”。接受美学中的“以意逆志”是孟子解释学的经典话语:“说诗者，不以文害辞，不以辞害志，以意逆志，是为得之。”[60]说诗，就是解释诗句。文，指文字；辞，指语句；志，指诗作之原意；逆，意为迎。读诗切不可拘泥于语言文字，误解诗意，而应当以我之意，来推度诗歌言外之意，只有这样，才能正确理解诗歌之蕴义。诗中存在有“不确定性”，所以古今理解诗者总是仁者见仁，智者见智。只有按孟子说的“以意逆志”解诗，充分发挥解诗者的想象力，来填补一个个“空白”，才“是为得之”。就是让教师以自己的经验和情感去参与研究，理解研究的价值，从而把研究中的“不确定性”和“空白结构”联系起来，并按照自己的理解给予组织，以获得自己对研究意义的阐释。

（2）“问题与展望”。“问题与展望”是美国接受美学家霍拉勃的《接受美学与接受理论》这部著作最后一个章节的标题。正如作者所言：“接受理论的基本假设，一经逻辑延伸，困境便接踵而至”。在叙事研究过程中产生的一系列后续问题，迫使人们重新思考众多的传统预设是否可行。“问题意识”对教育叙事研究来说，是一个不可或缺的重要因素。问题的解决、困境的打开，为我们未来的研究开辟了一条坦途。[58]

（3）“期待视野”。“期待视野”是德国接受美学创始人姚斯的接受理论中最重要的概念,这一理论的核心范畴来源于海德格尔的“前结构”和伽达默尔的“视野”。这一概念给我们在教育叙事研究上以很多启示：首先，发挥教师在叙事研究中的期待视野，使叙事研究既能符合教师的定向期待，又能满足其创新期待。其次，鼓励教师带着自己的期待视野走进叙事研究，在感性认识的基础上，多一些理性思考，形成对研究过程的自我体验。在此过程中，教师原有的知识结构、生活经验、世界观、人生观、文化修养等，都是期待视野形成的重要因素。

接受理论作为美学研究领域的一种新的研究视角，在教育叙事研究中起到了不可低估的理论引导作用。它的理论内核在于将教师置于叙事研究的中心地位，并通过对教师接受参与研究的研究，探求教育叙事研究的价值实现的新途径，以及教育叙事研究与教育发展的关系。它将研究的中心从研究课题转移到研究者审美经验和审美接受的研究上，使研究跳出了狭隘的传统范围。接受理论为教育叙事研究提供了一种全新的思维方式。

第三节　后现代理论

一、后现代主义的界定

现代主义是近现代资产阶级的社会实践在文化、意识领域内的表现。它的核心是人道主义和理性主义，它提倡人道，反对神道；提倡理性，主张用理性战胜一切、衡量一切。相信历史的进步和发展，相信人性和道德的不断改良和完善，相信人类将从压迫走向解放，而实现这一切的基础和力量就是理性。关于“后”与“现代主义”之关系有三种解释：

（1）现代主义之后。“后”即“在……之后”之意。亦即现代主义和后现代主义的概念包含有时间顺序上的前后相继，或后现代主义是现代主义之后发生的事情。

（2）非现代主义。“后现代”是指“非现代”“反现代”，与现代相对立、相对抗。亦即后现代主义要与现代的理论和文化实践、现代的意识形态和艺术风格彻底决裂，反其道而行之。

（3）高级现代主义。“后现代”即“高度现代化”、进一步发展了的现代化、更加完善的现代化。亦即对现代的继续和强化，是现代主义的一种新面孔和一种新发展。

后现代主义（postmodernism）是一个从理论上难以精准下定论的一种概念，因为后现代主要理论家均反对以各种约定俗成的形式来界定或者规范其主义。后现代主义是20世纪70年代后被神学家和社会学家开始经常使用的一个词。起初出现于20世纪二三十年代，用于表达有必要意识到思想和行动需超越启蒙时代范畴。而现在成了一切都是凌乱的，没有中心。一些人认为后现代主义是基督教世界的终结。

从形式上讲，后现代主义是一股源自现代主义但又反叛现代主义的思潮，它与现代主义之间是一种既继承又反叛的关系；从内容上看，后现代主义是一种源于工业文明、对工业文明的负面效应的思考与回答，是对现代化过程中出现的剥夺人的主体性、感觉丰富性的死板僵化、机械化的整体性、中心性、同一性等的批判与解构，也是对西方传统哲学的本质主义、基础主义、“形而上学的在场”“逻各斯中心主义”等的批判与解构；从实质上说，后现代主义是对西方传统哲学和西方现代社会的纠正与反叛，是一种在批判与反叛中未免会走向另一极端——怀疑主义和虚无主义——的“过正”的“矫枉”。

二、后现代主义的产生与发展

后现代主义产生于20世纪初，80年代达到鼎盛，是西方学术界的热点和主流。它是对西方现代社会的批判与反思，也是对西方近现代哲学的批判和继承，是在批判和反省西方社会、哲学、科技和理性中形成的一股文化思潮，其著名的代表人物有德里达、利奥塔、福柯、罗蒂、詹姆逊、哈贝马斯等。

（一）后现代主义产生的社会历史背景

（1）科技和理性的极端发展及两次世界大战的爆发。科技和理性的负面效应得以充分展现正是借助了自然科学的建立，西方资本主义得到了长足的发展，并把科技推向了极端。资产阶级一方面依靠科技建立了庞大的工业生产体系，推动着社会的快速发展；另一方面把科技和理性变成了获得私利和殖民掠夺的工具，从而使国内的危机和矛盾不断激化，也加深了各资本主义国家瓜分世界市场时的不平衡状况，最终导致世界大战的爆发。在两次世界大战中，被现代科技武器灭绝的生命达到7000多万人。不仅如此，科技和战争还陷入了一种恶性发展循环，把科技和理性、西方社会和西方人推向了更加片面化、极端化和畸形化的困境。

（2）人沦落为理性和机器的奴隶。科技本是为人造福的，理性本是人高于动物的本质特征之一。然而，社会历史和现实却使科技和理性走向了人的对立面：理性变成了纯粹的工具理性或科技理性，变成了部分人掠夺他人的御用工具；人道和人权也服从于工具理性，人从理性的主体和人道主义服务的中心对象的位置沦落为工具理性和机器的奴隶。这使得人们不得不用怀疑的眼光重新审视科技理性。

（3）资本主义社会的政治经济矛盾加剧，人们的生存状态更加恶化。随着西方社会的发展，管理和生产的高度机械化、科学化，社会生产和管理变成了更为庞大、严密和无情的机器体系，人成了这个庞大机器的一个部件，人们的生活、消费、思想观念完全商业化了，并且为商业广告、大众传媒所左右，人失去了主体性、选择性，成为“单面人”。[61] 由工人和学生举行的游行示威时有发生，资本主义的社会矛盾和政治矛盾不断激化。西方人在尼采喊出“上帝死了”之后，又不得不感叹“人也死了”！

（4）资本主义对自然的破坏愈演愈烈，威胁着人们生存的自然家园。随着工业的发展，一方面，人们受利益驱动大量开采自然资源，使很多非再生资源几近枯竭；另一方面，大工业又产生大量有害物质和气体，排放到自然界，进一步恶化了自然环境和人们的生活环境。自然界是人类的家园，是人的“无机身体”（马克思语）。环境的恶化直接威胁着人们本身的生存，引起了人们的强烈不满和反思。[62]

（二）后现代主义产生的理论来源

（1）现代西方哲学中的反形而上学倾向。现代西方哲学要么认为形而上学命题是假命题或没有意义的命题，要么绕开形而上学问题大谈其他问题，要么认为形而上学问题是无解的问题。

（2）维特根斯坦的后期语言哲学。哲学的混乱和争论皆源自对语言的误解，源自哲学家说了不可说的东西。因此，哲学就是澄清问题的活动，它的根本任务就是把能用命题和语言说明的与不可说的东西划分开来。这就是西方哲学史上著名的“语言转向”。

（3）尼采的非理性主义和非道德主义观点。尼采要打倒一切偶像，摧毁西方几千年的哲学传统——在二元对立中思维的传统，进行价值重估。尼采抬高意志，贬低理性，宣扬非理性主义。尼采把是否有利于“提高权力感”作为衡量真理和区分善恶的唯一标准。

（4）海德格尔对西方哲学的激烈批判及其关于“存在”“语言”的学说。海德格尔要否定包括尼采和马克思在内的一切持有二元对立的形而上学思维的哲学。他认为对“存在”应该“理解”，理解的实质是人的自我理解；“语言是存在的家”。[62] 这样，海德格尔就瓦解了传统哲学的观念与实在、主体与客体对立的二元论，大大启发了后现代主义者的理论建构。

（5）解释学的发展对传统哲学的冲击。解释学反对传统哲学对本体、本质的追问，否认中心、整体性、认识性、客观性，强调主体对事务、对象的解释、理解，注重从主体出发而发生的主体与对象的意义关系，否认传统哲学对一元论、事物的客观性和意义的确定性的强调，主张多元、主观和不确定。

（6）法兰克福学派、存在主义，以及文本主义的影响。法兰克福学派对现代科学、启蒙遗产及现代西方工业文明的批判，存在主义对人的生存的孤独性、虚无性及不确定性的强调，以及文本主义关于“一切事物都是文本”的观点等，也都从不同的方面，如批判现代性、解构主体性、颠覆客观性等，为后现代主义的产生提供了理论来源。

（三）后现代主义的理论特征

（1）反逻各斯中心主义、反语言中心主义。后现代主义坚决否认本来意义上的形而上学，即现在所说的“形而上”，否认本体论，否认有世界的最终本原、本质存在，否认“基础”“原则”等问题。认为“形而上”的东西只是一种假设；传统哲学还假设人的认识是通过语言来进行的，即认为语言可以反映对象，表述或表达对象，人们也可以通过认识者对世界本质、规律的语言表达去认识、了解世界和事物。后现代主义认为这是一种“元叙述”、一种“宏大的叙事方式”，是应该打破的。

（2）反基础主义、反本质还原主义。传统哲学对事物的认识就是去追寻事物的“始基”，即世界的终极基础，就是还原式寻找事物的终极本质。后现代主义认为“始基”、“终极本质”就是一种形而上学的“在场”，就是“逻各斯”的一种表现形式，应该摧毁和解构这种思想和信念。

（3）否认整体性、同一性。后现代主义否认世界是一个相互联系的整体，否认同类事物之间具有某种同一性，代之以碎片、相对性。认为事物的意义是相对的，事物之间的联系也是偶然的，比如，每一部著作都仅仅是一个文本，没有作者，没有中心思想，不同的人可以读出不同的意义——阅读就是一种误读，因而作品谈不上普遍性、同一性和整体性。

（4）反对中心，寻找差异性和不确定性。中心的存在就意味着有非中心的存在，意味着有主从、本末、内外等二元论存在；意味着本质决定现象、内决定外、中心决定非中心；也意味着人的认识总是要通过非中心揭示中心。这实际上仍是一种“在场的形而上学”和逻各斯中心主义，是理应受到批判和解构的。后现代主义强调非中心、差异性和不确定性，以随意播撒所获得的凌乱性和不确定性来对抗中心和本原。

（5）反对理性，消解现代性。现代性、科学理性破除了奴役、压抑的根源，却又设置了新的奴役和压抑，设置了新的“权威”“本质”“中心”。所以，应拒斥一切现代性的理论，解构和摧毁现代性的观念、理论，以及理性。现代性使主体失去了自主性，现代主义虽然确立了主体和主体性，但随着工业文明的发展，主体越来越失去了自主性，同时，还忍受着内外的压力而焦虑、苦闷、彷徨、忧郁、孤独、无助，随波逐流，无所适从；主体意味着主客二分，主体的存在不仅意味着主客二分的存在，也反观了现代性的缺陷；其实主体只是现代性的一个杜撰，根本不存在。世界没有人和物的关系，只有物和无的关系。

（6）反对真理符合论，强调实用主义的真理观和知识的商品化。事物的本质不是客观的，只是人解释的结果，事物不存在一个先天的本质、基础，等待人们去客观地、如实地反映和把握，事物的本质、意义只存在于人们对事物的阅读和解释行为中，应坚持实用主义的真理观。在后现代社会里，知识不以知识本身为最高目的，只是为销售而生产，因而，知识只是一种商品。

（四）后现代主义的主要人物及其基本主张

1. 罗蒂的“后哲学文化”

理查德·罗蒂（1931 年出生，2007 年 6 月 8 日逝世于美国加利福尼亚州帕罗奥多）毕业于芝加哥大学和耶鲁大学，生前曾任美国斯坦福大学比较文学和哲学教授，是当今英语哲学界中最具影响力的哲学家之一。自 20 世纪 70 年代末以来，一方面，随着《哲学与自然之境》和《偶然、反讽与团结》等系列极具思想冲击力的著作的问世，确立了罗蒂作为新实用主义领军人物的地位；另一方面，由于对反本质主义和反基础主义的本体论、相对主义真理观、最低纲领自由主义政治观、实用主义的女权主义和后哲学文化及政治理论的积极倡导，也使他同时成为了西方学界一位颇受争议的人物。理查德·罗蒂的重要著作包括《哲学与自然之境》（1979）、《实用主义的后果》（1982）、《偶然、反讽与团结》（1989）、《客观性、相对主义与真理：哲学论文第一集》（1991）、《论海德格尔及其他哲学家：哲学论文第二集》（1991）、《真理与进步：哲学论文第三集》（1998）、《立国论》（1998）和《哲学与社会希望》（2001）等。

理查德·罗蒂对传统哲学的批判基本上是在本体论上反对实在论、在认识论上反对基础论、在心理学上反对自我论等三个维度展开的。罗蒂不同于其他的后现代主义者，即不仅仅对现代哲学进行解构、对现代社会进行批判，还在批判与解构中进行重建。这种重建就表现为罗蒂以哲学与文化的关系为基本点，提出了“后哲学文化”。后哲学文化包含以下内容：今日之哲学充当了各学科的法官，获得了与中世纪神学一样的至尊地位。这种哲学追求大写的“真理”“善”“理性”是一种大写的“哲学”，与神学一样，哲学也应该失去至上的地位，进入后哲学文化。在后哲学文化中，哲学仅仅是后哲学文化中的一员，哲学和哲学家是小写的哲学和哲学家，在这里，没有任何特别的科学标准可以遵循，也因此没有人声称他们拥有说明一切的奥秘，没有科学家和学者以为他们的著作具有“普遍的人类意义”和“哲学意义”。

在《后哲学文化》一书中，罗蒂提出“后哲学文化观”：启蒙运动的先知们以哲学文化观代替中世纪的神学文化观，但随着人们对本质主义和基础主义日益增长的怀疑，哲学最终无法成为文化的核心。不论是哲学、科学还是政治，都是平权的文化，不存在“文化之王”和“文化的最后法官”，而民主先于哲学。[63]

罗蒂还反对真理符合论，认为真理是人们相信为真的东西，真理只是指所有真，不表示对事物的说明。因此，真理是我们最好加以相信的东西。

2. 德里达的解构主义

雅克·德里达（J. Jacques Derrida，1930）是 20 世纪下半期最重要的法国思想家之一，法国哲学家、解构主义的代表。他的思想在 20 世纪 60 年代以后掀起了巨大波澜，成为欧美知识界最有争议性的人物。德里达的理论动摇了整个传统人文科学的基础，也是整个后现代思潮最重要的理论源泉之一。主要代表作有《文字语言学》（1967）、《声音与现象》（1967）、《写作与差异》（1967）、《散（san）播（bo）》（1972）、《哲学的边缘》（1972）、《立场》（1972）、《人的目的》（1980）、《马克思的幽灵》等。

解构主义针对结构主义而言。结构主义，顾名思义，就是对世界采取结构式的、系统式的研究。但是，严格意义上的结构主义指的是索绪尔结构语言学兴起之后的思维方式，它所强调的是一个系统的意义，并不取决于外部，而是依赖于系统内部之间的关系。系统个别单位之有意义并不是它们本身具有什么实体性的意义，它们的意义仅仅是由于它们之间相互关系的作用。

德里达解构的对象主要是传统哲学，认为一切都是不确定的。他从语言入手，拆解“逻各斯中心主义”与“在场”，否认本体、本质的存在。事物不存在一个固定的、先在的根本性特征或本质，一切都是变动的、不确定的，意义只存在于解释者的解释行为中，“阅读就是一种误读”，因此本体、在场是不存在的，“逻各斯中心主义”和“形而上学的在场”也是必须解构的。德里达从反“逻各斯中心主义”出发，消解中心与本原，颠覆二元结构和等级结构，使事物之间、等级结构的两极之间变得“自由嬉戏”。德里达认为如果坚持以“逻各斯中心主义”或“在场的形而上学”的观点观察事物、认识事物，则必然会导致形而上学的“二元论”，即认为世界有精神和物质、中心与非中心等二元结构。德里达认为要把一切都放在同一平面上，让各要素之间、等级结构的两极之间进入一个自由嬉戏的范围，根本不用回头想什么源头或根源。德里达还认为言说和文字是一种平等和互补的关系：文字、书写记录言说，是说话的记录形式，说话是文字、书写的补充形式，二者不可偏废。[64] 循着对语言中心主义的颠覆、拆解，德里达一鼓作气，直抵形而上学大厦本身，拆解中心本身的在场与不在场，德里达不顾一切地解构，使其解构主义走向了另一极端，即虚无主义和怀疑主义。

3. 利奥塔的知识合法化危机与元话语、中心的被放逐

法国当代著名哲学家、后现代思潮理论家让·弗郎索瓦利奥塔（1924—1998）。少年时代经历过第二次世界大战和德国纳粹对法国的占领。纳粹的暴行，尤其是奥斯威辛集中营的大屠杀，成了利奥塔不断反思的对象，也令他对黑格尔思辨叙事的前提“凡是存在的都是合理的”产生怀疑，这成为后现代主义的来源。利奥塔的主要理论著作有《利比多经济学》（1974）、《后现代状况：关于知识的报告》（1979）、《公正》（1984）和《多元共生的词语》（1986）等。《后现代状况：关于知识的报告》一书曾经在20世纪80年代初引起西方哲学界有关后现代主义问题的深入论争，至今仍被认为是研究这一课题的经典著作之一。

利奥塔是以“后现代主义理论家”为人所熟知的，何谓后现代主义？利奥塔

称:“我将后现代一词定义为对元叙事的怀疑。”那么,何谓元叙事?利奥塔说:“元叙事或大叙事,确切地是指具有合法化功能的叙事”。[65]

利奥塔后来对“后现代”这一提法不满,因为它容易使人误以为“后现代”是“现代”之后的一个时代,而其实,后现代乃“现代的一部分”,后现代只是对“现代”的预先规定及假设提出疑问,“后现代总是隐含在现代里,因为现代性,现代的暂时性,自身包含着一种超越自身,进入一种不同于自身的状态的冲动”。[66]由于在被认为是后现代主义大家的思想家中,只有利奥塔坦承自己是“后现代主义者”,所以他对“后现代”的解释具有特别的权威性,并基于其立场,利奥塔反复强调“后现代”乃“对宏大叙事的怀疑”,因而应对宏大叙事的霸权予以批判。

利奥塔说:“如果哲学家们帮助了这样一种观点,在不存在权威的地方存在权威,并予这种权威以合法性,那么他们就不再是在真正地思考。”利奥塔还认为:“在普遍适用的宏大叙事失去效用后,具有有限性的‘小叙事’将会繁荣,赋予人类新的意义价值。”[62]

利奥塔不像德里达直接以本体论为批判对象,也不像罗蒂以哲学和文化的关系为基本点,来建构一个后现代理论,而是把对本体论的批判转化为对知识的合法性和知识分子的地位的考察,以此来实现他“去中心”、消解同一性和整体性、放逐元话语的目的。利奥塔宣告:“元话语已经过时,元叙述的社会语境如英雄圣贤、拯救解放、伟大胜利等已散入了后现代知识的杂乱的星空中,人们不再相信伟大‘推动者’、伟大‘主题’,人们只运用‘小型叙事’,只相信后现代世界是一个‘凡人’的世界。”[62]

4. 哈贝马斯的现代性救助

哈贝马斯认为资本主义的科技和理性出现偏差的原因并不在于科技,而在于日益官僚化的行政机构,以及由此而来的文化意识形态防御系统。[67]这就需要人类冲破资本主义的意识形态系统,摆脱思想压制,进行自由交流,重建新型人类关系和新理性。哈贝马斯主张后现代性是不可能的,强调交往和共识,建立“新理性”,“自己能证实一个种类为了生存必须依靠语言交往和合作的结构,理性的活动必然要依靠理性”。

哈贝马斯将人与人之间的交流、沟通、理解和获得共识作为自己研究的重点。他的“新理性”就是一个人们通过交往、交流并对阻碍交往、交流的社会因素进行批判而达到一种具体的共识的过程。

(五)后现代理论与教育叙事

后现代理论作为教育叙事研究的另一理论基础,反复强调观察对象是在与观察者的互动中不断变化的。同时,观察者的参与活动制约着对事物的认识,因此,知识是“社会建构”的。语言、故事、叙事这些与大众日常生活密切联系的活动与词语，成了后现代理论家探讨知识建构、自我建构等哲学话题的关键词。

后现代主义认为，任何一门语言都含有既定社会中社会关系建构的意识形态的痕迹，只有与承载其意义的那个义项和物质的整体联系起来，这个词才能真正被理解。理解语言，在一定程度上意味着对这些语言所蕴含的社会生活的理解，学习语言的过程也就是认识社会生活的过程。后现代主义还认为，叙事主要是通过参与者的行为和相互作用来实施的，整个过程就是参与者的对话和反思，即对自己所获得经验的反思。通过与环境、他人、文化的反思性相互作用，形成自己的观点和自我意识。其目的是在充分反思与对话的基础上形成探索和创造能力。这种“反思性实践”是探索活动的反向思考，它通过回顾历程、总结经验、反复推敲和质疑问难，达到对问题的醒悟、理解和深化。反思性实践由美国学者肖恩提出。他将其定义为师生一起实现“反省性思维（探究思维）”的教育。这一定义后来成为后现代教育理论的一个重要范畴。

后现代主义作为批判西方形而上学和理性主义传统的一种哲学思潮，对教育研究产生的重要影响在于：后现代从否定现代性的思潮倾向出发，反对同一性，拒绝简单化，倡导多元性、多样性、主体性和他者性；它强调各种各样的差异性，寻求各种不同的声音，这些都为教育叙事研究提供了思想和方法的理论基础。教育叙事研究，正是在分析丰富的教育经验、尊重不同的文化差异、讲述独特的生活故事方面吸引了后现代主义的有益视角。后现代教育理论的兴起是对现代教育理论所存在问题与弊端的一个反拨，这就决定了它初始就具有明确的指向性，即对现代教育理论持否定态度。虽然后现代教育理论至今还没有建构起完美的理论体系，也没有赢得普遍的认可，但是它蕴涵于教育领域从理论到操作的各个层面，为教育叙事研究开启了新的思路与视角。

第四节　建构主义理论

一、建构主义概述

建构主义（constructivism）也译作结构主义，其最早提出者可追溯至瑞士的皮亚杰（J. Piaget）。他是认知发展领域最有影响力的一位心理学家。他所创立的关于学生认知发展的学派被人们称为日内瓦学派。皮亚杰的理论充满唯物辩证法，他坚持从内因和外因相互作用的观点来研究学生的认知发展。他认为，学生是在与周围环境相互作用的过程中，逐步建构起关于外部世界的知识，从而使自身认知结构得到发展。学生与环境的相互作用涉及两个基本过程：“同化”与“顺应”。同化是指把外部环境中的有关信息吸收进来并结合到学生已有的认知结构（也称

“图式”）中，即个体把外界刺激所提供的信息整合到自己原有认知结构内的过程；顺应是指外部环境发生变化，而原有认知结构无法同化新环境提供的信息时所引起的学生认知结构发生重组与改造的过程，即个体的认知结构因外部刺激的影响而发生改变的过程。可见，同化是认知结构数量的扩充（图式扩充），而顺应则是认知结构性质的改变（图式改变）。皮亚杰认为认知个体（学生）就是通过同化与顺应这两种形式来达到与周围环境的平衡：当学生能用现有图式去同化新信息时，他是处于一种平衡的认知状态；而当现有图式不能同化新信息时，平衡即被破坏，而修改或创造新图式（顺应）的过程就是寻找新的平衡的过程。学生的认知结构就是通过同化与顺应过程逐步建构起来，并在“平衡—不平衡—新的平衡”的循环中得到不断的丰富、提高和发展。[68]

在皮亚杰的上述理论的基础上，科尔伯格在认知结构的性质与认知结构的发展条件等方面做了进一步的研究；斯腾伯格和卡茨等人则强调了个体的主动性在建构认知结构过程中的关键作用，并对认知过程中如何发挥个体的主动性做了认真的探索；维果斯基创立的“文化历史发展理论”强调认知过程中学习者所处社会文化历史背景的作用，在此基础上以维果斯基为首的维列鲁学派深入地研究了“活动”和“社会交往”在人的高级心理功能发展中的重要作用。所有这些研究都使建构主义理论得到了进一步的丰富和完善，为实际应用于教学过程创造了条件。

二、建构主义学习理论

建构主义源自关于学生认知发展的理论，由于个体的认知发展与学习过程密切相关，因此利用建构主义可以比较好地说明人类学习过程的认知规律，即能较好地说明学习如何发生、意义如何建构、概念如何形成，以及理想的学习环境应包含哪些主要因素等。总之，在建构主义思想指导下可以形成一套新的比较有效的认知学习理论，并在此基础上实现较理想的建构主义学习环境。

建构主义学习理论的基本内容可从“学习的含义”（关于“什么是学习”）与“学习的方法”（关于“如何进行学习”）这两个方面进行说明。

（一）关于学习的含义

建构主义认为知识不是通过教师传授得到，而是学习者在一定的情境即社会背景下，借助学习即获取知识的过程及其他人（包括教师和学习伙伴）的帮助，利用必要的学习资料，通过意义建构的方式而获得。由于学习是在一定的情境即社会文化背景下，借助其他人的帮助即通过人际间的协作活动而实现的意义建构过程，因此建构主义学习理论认为“情境”“协作”“会话”和“意义建构”是学习环境中的四大要素或四大属性。

（1）“情境”：学习环境中的情境必须有利于学生对所学内容意义的建构。这就对教学设计提出了新的要求，也就是说，在建构主义学习环境下，学设计不仅要考虑教学目标分析，还要考虑有利于学生建构意义的情境的创设问题，并把情境创设看做是教学设计的最重要内容之一。

（2）“协作”。协作发生在学习过程的始终。对学习资料的收集与分析、假设的提出是协作过程中的不可缺少的环节。学习小组成员之间必须通过会话商讨如何完成规定的学习任务计划；此外，协作学习过程也是会话过程，在此过程中，每个学习者的思维成果（智慧）为整个学习群体所共享，因此会话是达到意义建构的重要手段之一。

（3）“意义建构”。这是整个学习过程的最终目标。所要建构的意义是指事物的性质、规律以及事物之间的内在联系。在学习过程中帮助学生建构意义就是要帮助学生对当前学习内容反映的事物的性质、规律以及该事物与其事物之间的内在联系达到较深刻的理解。这种理解在大脑中的长期存储形式就是前面提到的“图式”，也就是关于当前所学内容的认知结构。

由以上所述的“学习”的含义可知，学习的质量是学习者建构意义能力的函数，而不是学习者重现教师思维过程能力的函数。换句话说，获得知识的多少取决于学习者根据自身经验去建构有关知识的意义的能力，而不取决于学习者记忆和背诵教师讲授内容的能力。

建构主义提倡在教师指导下的、以学习者为中心的学习，也就是说，既强调学习者的认知主体作用，又不忽视教师的指导作用，教师是意义建构的帮助者、促进者，而不是知识的传授者与灌输者。学生是信息加工的主体，是意义的主动建构者，而不是外部刺激的被动接受者和被灌输的对象。

1. 学生的作用

学生要成为意义的主动建构者，就要求学生在学习过程中从以下几个方面发挥主体作用：

（1）要用探索法、发现法去建构知识的意义。

（2）在建构意义过程中要求学生主动去收集并分析有关的信息和资料，对所学习的问题要提出各种假设并努力加以验证。

（3）要把当前学习内容所反映的事物尽量和自己已经知道的事物相联系，并对这种联系加以认真的思考。“联系”与“思考”是意义构建的关键。如果能把联系与思考的过程与协作学习中的协商过程（交流、讨论的过程）结合起来，则学生建构意义的效率会更高、质量会更好。协商有“自我协商”与“相互协商”（“内部协商”与“社会协商”）两种。“自我协商”是指自己和自己争辩什么是正确的；

"相互协商"则指学习小组内部相互之间的讨论与辩论。

2. 教师的作用

教师要成为学生建构意义的帮助者，就要求教师在教学过程中从以下几方面发挥指导作用：

（1）激发学生的学习兴趣，帮助学生形成学习动机。

（2）通过创设符合教学内容要求的情境和提示新旧知识之间联系的线索，帮助学生建构当前所学知识的意义。

（3）为了使意义建构更有效，教师应在可能的条件下组织协作学习（开展讨论与交流），并对协作学习过程进行引导，使之朝有利于意义建构的方向发展。引导的方法包括：提出适当的问题以引起学生的思考和讨论；在讨论中设法把问题一步步引向深入，以加深学生对所学内容的理解；启发诱导学生自己去发现规律、自己去纠正和补充错误的或片面的认识。

（二）建构主义的教学思想

建构主义蕴含的教学思想主要反映在知识观、学习观、学生观、师生角色的定位及其作用、学习环境和教学原则等六个方面。

1. 建构主义的知识观

（1）知识不是对现实的纯粹客观的反映，任何一种传载知识的符号系统也不是绝对真实的表征，它只不过是人们对客观世界的一种解释、假设或假说，它不是问题的最终答案，它必将随着人们认识程度的深入而不断地变革、升华和改写，出现新的解释和假设。

（2）知识并不能绝对准确无误地概括世界的法则，不能提供对任何活动或解决问题都适用的方法。在具体的问题解决中，知识是不可能一用就准、一用就灵的，而是需要针对具体问题的情景对原有知识进行再加工和再创造。

（3）知识不可能以实体的形式存在于个体之外，尽管通过语言赋予了知识一定的外在形式，并且获得了较为普遍的认同，但这并不意味着学习者对这种知识有同样的理解。真正的理解只能是由学习者自身基于自己的经验背景建构起来，取决于特定情况下的学习活动过程。否则，就不叫理解，而是叫死记硬背或生吞活剥，是被动的复制式的学习。

2. 建构主义的学习观

（1）学习不是由教师把知识简单地传递给学生，而是由学生自己建构知识的过程。学生不是简单被动地接收信息，而是主动地建构知识的意义，这种建构是无法由他人来代替的。

（2）学习不是被动接收信息刺激，而是主动地建构意义，是根据自己的经验背景，对外部信息进行主动的选择、加工和处理，从而获得自己的意义。外部信息本身没有什么意义，意义是学习者通过新旧知识经验间的反复的、双向的相互作用过程建构成的。因此，学习不是像行为主义所描述的“刺激、反应”那样简单。

（3）学习意义的获得，是每个学习者以自己原有的知识经验为基础对新信息重新认识和编码，建构自己的理解。在这一过程中，学习者原有的知识经验因为新知识经验的进入而发生调整和改变。

（4）同化和顺应，是学习者认知结构发生变化的两种途径或方式。同化是认知结构的量变，而顺应则是认知结构的质变。同化—顺应—同化—顺应……循环往复，平衡—不平衡—平衡—不平衡，相互交替，人的认知水平的发展就是这样的一个过程。学习不是简单的信息积累，更重要的是包含新旧知识经验的冲突，以及由此而引发的认知结构的重组。学习过程不是简单地信息输入、存储和提取，是新旧知识经验之间的双向的相互作用的过程，也就是学习者与学习环境之间互动的过程。

3. 建构主义的学生观

（1）建构主义强调，学习者并不是空着脑袋进入学习情境中的。在日常生活和以往各种形式的学习中，他们已经形成了有关的知识经验，他们对任何事情都有自己的看法。即使是有些问题他们从来没有接触过，没有现成的经验可以借鉴，但是当问题呈现在他们面前时，他们还是会基于以往的经验，依靠他们的认知能力，形成对问题的解释，提出他们的假设。

（2）教学不能无视学习者的已有的知识经验，简单强硬地从外部对学习者实施知识的“填灌”，而是应当把学习者原有的知识经验作为新知识的生长点，引导学习者从原有的知识经验中生长新的知识经验。教学不是知识的传递，而是知识的处理和转换。教师不单是知识的呈现者，不是知识权威的象征，而应该重视学生自己对各种现象的理解，倾听他们时下的看法，思考他们这些想法的由来，并以此为据，引导学生丰富或调整自己的解释。

（3）教师与学生、学生与学生之间需要共同针对某些问题进行探索，并在探索的过程中相互交流和质疑，了解彼此的想法。由于经验背景差异的不可避免性，学习者对问题的看法和理解经常是千差万别的。其实，在学生的共同体中，这些差异本身就是一种宝贵的现象资源。建构主义虽然非常重视个体的自我发展，但是也不否认外部引导，亦即教师的影响作用。

4. 师生角色的定位及其作用

（1）教师的角色是学生建构知识的忠实支持者。教师的作用从传统的传递知识的权威转变为学生学习的辅导者，成为学生学习的高级伙伴或合作者。教师应该给学生提供复杂的真实问题。他们不仅必须开发或发现这些问题，而且必须认识到复杂问题有多种答案，激励学生对问题解决的多重观点，这显然是与创造性的教学活动宗旨紧密相吻合的。教师必须创设一种良好的学习环境，学生在这种环境中可以通过实验、独立探究、合作学习等方式来展开他们的学习。教师必须保证学习活动和学习内容保持平衡。教师必须提供学生元认知工具和心理测量工具，培养学生评判性的认知加工策略，以及自己建构知识和理解的心理模式。教师应认识教学目标包括认知目标和情感目标。教学是逐步减少外部控制、增加学生自我控制学习的过程。

（2）教师要成为学生建构知识的积极帮助者和引导者，应当激发学生的学习兴趣，引发和保持学生的学习动机。通过创设符合教学内容要求的情景和提示新旧知识之间联系的线索，帮助学生建构当前所学知识的意义。为使学生的意义建构更为有效，教师应尽可能组织协作学习，展开讨论和交流，并对协作学习过程进行引导，使之朝着有利于意义建构的方向发展。

（3）学生的角色是教学活动的积极参与者和知识的积极建构者。建构主义要求学生面对认知复杂的真实世界的情境，并在复杂的真实情境中完成任务，因而，学生需要采取一种新的学习风格、新的认识加工策略，形成自己是知识与理解的建构者的心理模式。建构主义教学比传统教学要求学生承担更多的管理自己学习的机会；教师应当注意使机会永远处于维果斯基提出的“学生最近发展区”，并为学生提供一定的辅导。

学生要用探索法和发现法去建构知识的意义。在建构意义的过程中要求学生主动去收集和分析有关的信息资料，对所学的问题提出各种假设并努力加以验证。要善于把当前学习内容尽量与自己已有的知识经验联系起来，并对这种联系加以认真思考。联系和思考是意义建构的关键。它最好的效果是与协商过程结合起来。

5. 建构主义的学习环境

建构主义认为，学习者的知识是在一定情境下，借助于他人的帮助，如人与人之间的协作、交流、利用必要的信息等，通过意义的建构获得的。理想的学习环境应当包括情境、协作、交流和意义建构四个部分。

（1）情境。学习环境中的情境必须有利于学习者对所学内容的意义建构。在教学设计中，创设有利于学习者建构意义的情境是最重要的环节或方面。

（2）协作。协作应该贯穿于整个学习活动过程中。教师与学生之间、学生与学生之间的协作，对学习资料的收集与分析、假设的提出与验证、学习进程的自我反馈和学习结果的评价以及意义的最终建构都有十分重要的作用。协作在一定的意义上是协商的意识。协商主要有自我协商和相互协商。自我协商是指自己和自己反复商量什么是比较合理的；相互协商是指学习小组内部之间的商榷、讨论和辩论。

（3）交流。交流是协作过程中最基本的方式或环节。比如学习小组成员之间必须通过交流来商讨如何完成规定的学习任务，达到意义建构的目标，怎样更多地获得教师或他人的指导和帮助等。其实，协作学习的过程就是交流的过程，在这个过程中，每个学习者的想法都为整个学习群体所共享。交流对于推进每个学习者的学习进程至关重要。

（4）意义建构。意义建构是教学过程的最终目标。其建构的意义是指事物的性质、规律以及事物之间的内在联系。在学习过程中帮助学生建构意义就是要帮助学生对当前学习的内容所反映事物的性质、规律以及该事物与其他事物之间的内在联系达到较深刻的理解。

6. 建构主义的教学原则

（1）把所有的学习任务都置于为了能够更有效地适应世界的学习中。

（2）教学目标应该与学生的学习环境中的目标相符合，教师确定的问题应该使学生感到就是他们本人的问题。

（3）设计真实的任务。真实的活动是学习环境的重要特征。教师应该在课堂教学中使用真实的任务和日常的活动或实践整合多重的内容或技能。

（4）设计能够反映学生在学习结束后就从事有效行动的复杂环境。

（5）给予学生解决问题的自主权。教师应该刺激学生的思维，激发他们自己解决问题。

（6）设计支持和激发学生思维的学习环境。

（7）鼓励学生在社会背景中检测自己的观点。

（8）支持学生对所学内容与学习过程的反思，发展学生的自我控制的技能，让其成为独立的学习者。

（三）建构主义的教学模式和教学方法

与建构主义学习理论以及建构主义学习环境相适应的教学模式为：“以学生为中心，在整个教学过程中由教师起组织者、指导者、帮助者和促进者的作用，利用情境、协作、会话等学习环境要素充分发挥学生的主动性、积极性和首创精神，最终达到使学生有效地实现对当前所学知识的意义建构的目的。”在这种模式中，学生是知识意义的主动建构者；教师是教学过程的组织者、指导者、意义建构的帮助者、促进者；教材所提供的知识不再是教师传授的内容，而是学生主动建构意义的对象；媒体也不再是帮助教师传授知识的手段、方法，而是用来创设情境、进行协作学习和会话交流的工具，即作为学生主动学习、协作式探索的认知工具。显然，在这种场合，教师、学生、教材和媒体等四要素与传统教学相比，各自有完全不同的作用，彼此之间有完全不同的关系。但是这些作用与关系也是非常清楚、非常明确的，因而成为教学活动进程的另外一种稳定结构形式，即建构主义学习环境下的教学模式。

在建构主义的教学模式下，目前已开发出的、比较成熟的教学方法主要有以下几种。

1. 支架式教学（scaffolding instruction）

支架式教学被定义为："支架式教学应当为学习者建构对知识的理解提供一种概念框架（conceptual framework）。这种框架中的概念是为发展学习者对问题的进一步理解所提供。为此，事先要把复杂的学习任务加以分解，以便于把学习者的理解逐步引向深入。"

支架原本指建筑行业中使用的脚手架，在这里用来形象地描述一种教学方式：学生被看作是一座建筑，学生的"学"是在不断地、积极地建构着自身的过程；而教师的"教"则是一个必要的脚手架，支持学生不断地建构自己，不断建造新的能力。支架式教学是以苏联著名心理学家维果斯基的"最近发展区"理论为依据的。维果斯基认为，在测定学生智力发展时，应至少确定学生的两种发展水平：一种是学生现有的发展水平，另一种是潜在的发展水平，这两种水平之间的区域称为"最近发展区"。教学应从学生潜在的发展水平开始，不断创造新的"最近发展区"。支架教学中的"支架"应根据学生的"最近发展区"来建立，通过支架作用不停地将学生的智力从一个水平引导到另一个更高的水平。

支架式教学由以下几个环节组成：

（1）搭脚手架。围绕当前学习主题，按"最近发展区"的要求建立概念框架。

（2）进入情境。将学生引入一定的问题情境。

（3）独立探索。让学生独立探索。探索内容为确定与给定概念有关的各种属性，并将各种属性按其重要性大小顺序排列。探索开始时要先由教师启发引导，然后让学生自己去分析；探索过程中教师要适时提示，帮助学生沿概念框架逐步攀升。

（4）协作学习。进行小组协商、讨论。讨论的结果有可能使原来确定的、与当前所学概念有关的属性增加或减少，各种属性的排列次序也可能有所调整，可以使原来多种意见相互矛盾、且态度纷呈的复杂局面逐渐变得明朗、一致起来。在共享集体思维成果的基础上达到对当前所学概念比较全面、正确的理解，即最终完成对所学知识的意义建构。

（5）效果评价。对学习效果的评价包括学生个人的自我评价和学习小组对个人的学习评价，评价内容包括：1）自主学习能力；2）对小组协作学习所做出的贡献；3）是否完成对所学知识的意义建构。

2. 抛锚式教学（anchored instruction）

这种教学要求建立在有感染力的真实事件或真实问题的基础上。确定这类真实事件或问题被形象地比喻为"抛锚"，因为一旦这类事件或问题被确定了，整个教学内容和教学进程也就被确定了（就像轮船被锚固定样）。建构主义认为，学习者要想完成对所学知识的意义建构，即达到对该知识所反映事物的性质、规律以及该事物与其他事物之间联系的深刻理解，最好的办法是让学习者到现实世界的真实环境中去感受、去体验（通过获取直接经验来学习），而不是仅仅聆听别人（例如教师）关于这种经验的介绍和讲解。由于抛锚式教学要以真实事例或问题为基础（作为“锚”），所以有时也被称为“实例式教学”“基于问题的教学”或“情境性教学”。

抛锚式教学由这样几个环节组成：

（1）创设情境。使学习能在和现实情况基本一致或相类似的情境中发生。

（2）确定问题。在上述情境下，选择出与当前学习主题密切相关的真实性事件或问题作为学习的中心内容。选出的事件或问题就是“锚”，这一环节的作用就是“抛锚”。

（3）自主学习。不是由教师直接告诉学生应当如何去解决面临的问题，而是由教师向学生提供解决该问题的有关线索，并特别注意发展学生的“自主学习”能力。

（4）协作学习。讨论、交流，通过不同观点的交锋，补充、修正加深每个学生对当前问题的理解。

（5）效果评价。由于抛锚式教学的学习过程就是解决问题的过程，由该过程可以直接反映出学生的学习效果，因此对这种教学效果的评价不需要进行独立于教学过程的专门测验，只需在学习过程中随时观察并记录学生的表现即可。

3. 随机进入教学（random access instruction）

由于事物的复杂性和问题的多面性，要做到对事物内在性质和事物之间相互联系的全面了解和掌握，即真正达到对所学知识的全面而深刻的意义建构是很困难的。往往从不同的角度考虑可以得出不同的理解。为克服这方面的弊病，在教学中就要注意对同一教学内容，要在不同的时间、不同的情境下、为不同的教学目的、用不同的方式加以呈现。换句话说，学习者可以随意通过不同途径、不同方式进入同样教学内容的学习，从而获得对同一事物或同一问题的多方面的认识与理解，这就是所谓“随机进入教学”。显然，学习者通过多次“进入”同一教学内容将能达到对该知识内容比较全面而深入的掌握。这种多次进入，绝不是像传统教学中那样只是为巩固一般的知识、技能而实施的简单重复。这里的每次进入都有不同的学习目的，都有不同的问题侧重点。因此多次进入的结果，绝不仅仅是对同一知识内容的简单重复和巩固，而是使学习者获得对事物全貌的理解与认识上的飞跃。

随机进入教学主要包括以下几个环节：

（1）呈现基本情境。向学生呈现与当前学习主题的基本内容相关的情境。

（2）随机进入学习。取决于学生“随机进入”学习所选择的内容，呈现与当前学习主题的不同侧面特性相关联的情境。在此过程中教师应注意发展学生的自主学习能力，使学生逐步学会自己学习。

（3）思维发展训练。由于随机进入学习的内容通常比较复杂，所研究的问题往往涉及许多方面，因此在这类学习中，教师还应特别注意发展学生的思维能力。

（4）小组协作学习。围绕呈现不同侧面的情境所获得的认识展开小组讨论。在讨论中，每个学生的观点在和其他学生以及教师一起建立的社会协商环境中受到考察、评论，同时每个学生也对别人的观点、看法进行思考并作出反应。

（5）学习效果评价。包括自我评价与小组评价，评价内容包括：1）自主学习能力；2）对小组协作学习所作出的贡献；3）是否完成对所学知识的意义建构。

（四）建构主义学习环境下的教学设计原则

建构主义学习理论强调以学生为中心，认为学生是认知的主体，是知识意义的主动建构者；教师只对学生的意义建构起帮助和促进作用，并不要求教师直接向学生传授和灌输知识。在建构主义学习环境下，教师和学生的地位、作用和传统教学相比已发生了很大的变化。近年来，教育技术领域的专家们进行了大量的研究与探索，力图建立一套能与建构主义学习理论以及建构主义学习环境相适应的全新的教学设计理论与方法体系。尽管这种理论体系的建立是一项艰巨的任务，并非短期内能够完成，但是其基本思想及主要原则已日渐明朗，并已开始实际应用于指导基于多媒体和互联网的建构主义学习环境的教学设计。建构主义使用的教学设计原则如下。

1. 强调以学生为中心

明确“以学生为中心”，这一点对于教学设计有至关重要的指导意义。因为从“以学生为中心”出发，或是从“以教师为中心”出发，将得出两种全然不同的设计结果。

至于如何体现以学生为中心，建构主义认为可以从三个方面努力：要在学习过程中充分发挥学生的主动性，要能体现出学生的首创精神；要让学生有多种机会在不同的情境下去应用他们所学的知识（将知识“外化”）；要让学生能根据自身行动的反馈信息来形成对客观事物的认识和解决实际问题的方案（实现自我反馈）。以上三点，即发挥首创精神、将知识外化和实现自我反馈可以说是体现以学生为中心的三个要素。

2. 强调“情境”对意义建构的重要作用

建构主义认为，学习总是与一定的社会文化背景即“情境”相联系的，在实际情境下进行学习，可以使学习者利用自己原有认知结构中的有关经验去同化和索引当前学习到的新知识，从而赋予新知识以某种意义；如果原有经验不能同化新知识，则要引起“顺应”过程，即对原有认知结构进行改造与重组。总之，通过“同化”与“顺应”才能达到对新知识意义的建构。在传统的课堂讲授中，由于不能提供实际情境所具有的生动性、丰富性，因而使学习者对知识的意义建构发生困难。

3. 强调“协作学习”对意义建构的关键作用

建构主义认为，学习者与周围环境的交互作用，对于学习内容的理解（对知识意义的建构）起着关键性的作用。这是建构主义的核心概念之一。学生们在教师的组织和引导下一起讨论和交流，共同建立起学习群体并成为其中的一员。在这样的群体中，共同批判地考察各种理论、观点、信仰和假说；进行协商和辩论，先内部协商（即和自身争辩到底哪一种观点正确），然后再相互协商（即对当前问题摆出各自的看法、论据及有关材料，并对别人的观点作出分析和评论）。通过这样的协作学习环境，学习者群体（包括教师和每位学生）的思维与智慧就可以被整个群体所共享，即整个学习群体共同完成对所学知识的意义建构，而不是其中的某一位或某几位学生完成意义建构。

4. 强调对学习环境（而非教学环境）的设计

建构主义认为，学习环境是学习者可以在其中进行自由探索和自主学习的场所。在此环境中学生可以利用各种工具和信息资源（如文字材料、书籍、音像资料、CAI 与多媒体课件以及互联网上的信息等）来达到自己的学习目标。在这一过程中学生不仅能得到教师的帮助与支持，而且学生之间也可以相互协作和支持。学习应当被促进和支持而不应受到严格的控制与支配；学习环境应是一个支持和促进学习的场所。在建构主义学习理论指导下的教学设计应是针对学习环境的设计而非教学环境的设计。因为教学意味着更多的控制与支配，而学习则意味着更多的主动与自由。

5. 强调利用各种信息资源来支持“学”（而非支持“教”）

为了支持学习者的主动探索和完成意义建构，在学习过程中要为学习者提供各种信息资源（包括各种类型的教学媒体和教学资料）。这里利用这些媒体和资料并非用于辅助教师的讲解和演示，而是用于支持学生的自主学习和协作式探索。对于信息资源应如何获取、从哪里获取，以及如何有效地加以利用等问题，是主动探索过程中迫切需要教师提供帮助的内容。

6. 强调学习过程的最终目的是完成意义建构（而非完成教学目标）

在建构主义学习环境中，强调学生是认知主体、是意义的主动建构者，所以把学生对知识的意义建构作为整个学习过程的最终目的。教学设计通常不是从分析教学目标开始，而是从如何创设有利于学生意义建构的情境开始，整个教学设计过程紧紧围绕“意义建构”这个中心而展开，不论是学生的独立探索、协作学习，还是教师辅导，总之，学习过程中的一切活动都要从属于这一中心，都要有利于完成和深化对所学知识的意义建构。

（五）建构主义理论与教育叙事

建构主义理论要求从生命发展的高度、用动态生成的观点去看待教育研究，改变传统的教育研究方式。“教育作为文化—心理过程，所关注的是理想个体的生成与发展。它有这样相互制约、相互联结、相互规定对立统一的基本点，那就是：价值引导和自主建构，亦即受教育者的认识世界是由他自主地、能动地生成与建构起来的，而不是由外部力量依照特定的模型塑造的。”[69] 正如法国教育思想家埃德加·富尔在《学会生存——教育世界的今天和明天》一书中所说：“未来的学校教育必须把教育的对象变成自己教育自己的主体受教育的人，必须成为教育他自己的人。”[70] 但还应该指出的是，这种“自主建构”，并非“闭门造车”式的自我封闭，而是在向生活世界开放的系统中，寻求在人们的相互作用之中建构知识的契机。所有这些给我们的启示在于：由于原有知识积累、生活经验的不同，对同一事物理解的角度、方式不同，因而在教育叙事研究中形成的对问题的解决策略也不同。教育叙事研究，在充分发挥个体的主动性、积极性，尊重对教育事件的独特感悟、个性解读的同时，还应该加强研究者之间的交流与合作，在相互吸收与分享中，使竞争性关系变为富有建设性的同行互助关系。

由此可见，建构主义理论对教育叙事研究的理论支持在于使教育研究观念的转变。这种转变体现在：教育叙事研究应不断地挖掘教师和学生的潜能，更加关注他们明日可能达到的发展水准，而不满足于他们现有的发展水平。

第五节　文学的叙事学理论

叙事学理论发源于西方，以形式主义批判而闻名于世。近年来，随着全球化浪潮的推进，它已逐渐成为充满活力且风行各地的学术思潮之一。

一、叙事学的定义

20 世纪的叙事学诞生于法国。叙事学（法文中的“叙述学”）是由拉丁文词根 narrate（叙述、叙事）加上希腊文词尾 logie（科学）构成的。顾名思义，叙事学应当是研究叙事作品的科学。然而这种定义经不起深究。因为叙事学研究的对象——“叙事作品”的界定并不是轻而易举的事情。新版《罗伯特法语词典》对“叙事学”所下的定义：“关于叙事作品、叙述、叙述结构以及叙述性的理论。”而七卷本的《大拉鲁斯法语词典》对“叙事学”的解释是“人们有时用它来指称关于文学作品结构的科学研究”。[3]

显然，这里的“文学作品”并不只包括叙事作品一种。两种定义颇有出入，但有一点却是共同的，即它们都重视对文本的叙述结构的研究。简单说来，叙述学就是关于叙述文本的理论，它着重对叙事文本作技术分析。

罗兰・巴特认为："任何材料都适宜于叙事，除了文学作品以外，还包括绘画、电影、连环画、社会杂闻、会话，叙事承载物可以是口头或书面的有声语言、固定或活动的画面、手势，以及所有这些材料的有机混合。"[71] 而实际上，叙事学的发展并没有完全遵循这种设想，它的研究对象局限于神话、民间故事，尤其是小说这些以书面语言为载体的叙事作品中。即使是进入到非语言材料构成的叙事领域中，也是以用语言作载体的叙事作品的研究为参照进行的。连巴特撰写的《时装体系》一书也是在研究报纸杂志上关于时装的文字符号。单就神话、民间故事、小说而言，叙事学早期关注的是前二者，主要研究的是"故事"；叙事学发达以后主要研究后者，关心的是"叙事话语"。所以它们是不能同日而语的。这样，从实际发展情况来看，叙事学主要是对以神话、民间故事、小说为主的书面叙事材料的研究，并以此为参照研究其他叙事领域。

"叙事学"一词最早是由托多罗夫提出。托多罗夫在 1969 年发表的《〈十日谈〉语法》中写道："这部著作属于一门尚未存在的科学，我们暂且将这门科学取名为叙事学，即关于叙事作品的科学。"[3] 实际在此之前，叙事学的研究设想和理论轮廓已经相当完整。叙事学的产生是结构主义和俄国形式主义双重影响的结果。结构主义强调要从构成事物整体的内在各要素的关联上去考察事物和把握事物，特别是索绪尔的结构主义语言学从共时性角度，即语言的内在结构上，而不是历时性角度、历史的演变中去考察语言，这种研究思路对叙事学的产生具有重大影响。

二、叙事学的起源和发展

尽管"叙事学"一词在 1969 年才由托多罗夫（T. Todorov）正式提出，但人们对叙事的讨论却早就开始了。柏拉图对叙事进行的模仿（mimesis）/ 叙事（diegesis）的著名二分说可以被看成是这些讨论的发端。18 世纪小说正式登入文学殿堂后，对叙事（尤其是小说）的讨论更加充分全面：从小说的内容到小说的形式，再到小说的功能和读者的地位等。今天人们热衷讨论的一些叙事学范畴，如叙述视点、声音、距离等，也早有人讨论过。如李斯特（Thomas Lister）于 1832 年就利用"叙述视点"来分析小说作品，同时期的另一位学者洛克哈特（John Gibson Lockhart）更是使用这一术语来探讨如何使作者与自己的作品保持恰当的"距离"。后来经过亨利・詹姆斯（Henry James）的全面讨论，福斯特（E.M. Forster）和马克・肖尔（M. Schorer）等的深入发挥，叙述视点成为小说批评（自然也包括叙事学）中最为重要的术语之一。

然而，作为一门学科，叙事学是20世纪60年代在结构主义大背景下，同时受俄国形式主义影响才得以正式确立。它"研究所有形式叙事中的共同叙事特征和个体差异特征,旨在描述控制叙事（及叙事过程）中与叙事相关的规则系统"。[72]从思想渊源看，叙事学理论起源于20世纪20年代的俄国形式主义及弗拉基米尔·普罗普（Vladimir Propp）所开创的结构主义叙事先河。俄国形式主义者什克洛夫斯基、艾享鲍姆等人发现了"故事"和"情节"之间的差异，"故事"指的是作品叙述的按实际时间顺序排列的所有事件，"情节"侧重指事件在作品中出现的实际情况，这些直接影响了叙事学对叙事作品结构层次的划分。他们提出"故事"和"情节"的概念来指代叙事作品的素材内容和表达形式，大致勾勒出其后经典叙事学研究所聚焦的故事与话语两个层面，以此来突出研究叙事作品中的技巧。最直接的影响还是来自普洛普的《民间故事形态学》，这本书被认为是叙事学的发轫之作。普洛普打破了传统按人物和主题对童话进行分类的方法，确立了故事中的基本单位不是人物而是人物在故事中的"功能"，并从众多的俄国民间故事中分析出31个"功能"。[73]他的观点被列维－斯特劳斯接受并传到法国。这个观点不同于传统的叙事理论对作品内容及社会意义的重视，而立足于现代语言学结构主义文化理论，更注重作品本文及其结构分析：注重作品的共性而不是具体的艺术成就；主要研究作者与叙述人、叙述人与作品的人物、作者与读者等相互关系，以及叙述话语、叙述动作等。列维－斯特劳斯主要研究神话之中内在不变的因素结构形式，并试图用语言学模式发现人类思维的基本结构。

到了20世纪60年代，大量关于叙事作品结构分析的作品开始出现。格雷马斯和托多罗夫都开始译介俄国形式主义的论述。1966年,《交流》杂志第8期以《符号学研究——叙事作品结构分析》为标题发表的专号宣告了叙事学的正式诞生。罗兰·巴特正是在这一专号上发表了著名的《叙事作品结构分析导论》，为以后的叙事学研究提出了纲领性的理论设想。在这篇论文中,巴特总结前人成果,并阐发了自己独特的观点。他建议将叙事作品分为三个描写层次：功能层、行为层、叙述层,任何语言单位可能结合到各个层次之中产生意义。[74]也是在1966年，格雷马斯的《结构语义学》问世。格雷马斯主要研究意义在话语里的组织，并编制出符号学方阵作为意义的基本构成模式，进一步深入研究了叙述结构和话语结构。[75]

迄今为止，我们所熟悉的叙事学通常是指20世纪60年代在结构主义思潮这块沃土上结出的"一颗丰硕的果实"——经典叙事学。托多罗夫、热奈特、罗兰·巴特、格雷玛斯、布雷蒙等老一辈叙事学家以对叙事文本的故事及话语的深度剖析为据点开疆辟土，使叙事学经由法国为轴心辐射至世界各地，成为文艺理论大家族中朝气蓬勃的"新贵"。

可见，在叙事学被正式作为一门学科提出以前，它的发展已经蔚为壮观，由神话和民间故事等初级叙事形态的研究走向了现代文学叙事形态的研究，由“故事”层深层结构的探索发展为对“话语”层叙事结构的分析。托多罗夫就是建议在“故事”和“话语”两个大层次上进行叙事作品的研究。他在《〈十日谈〉语法》中，从分析文学作品的语法结构入手来研究其文学性，把叙事分为三个层面：语义、句法和词汇，并把叙事问题划归时间、语体和语式三个语法范畴。通过对《十日谈》的分析，把每个故事都简化为纯粹的句法结构，得出“命题”和“序列”两个基本单位，试图建立一套叙事结构模式。[3]

热奈特吸收了托多罗夫的叙述话语的研究成果。在1972年发表的收在《辞格三集》中的《叙事话语》是他对叙事学研究的重大贡献。该文以普鲁斯特的小说《追忆似水年华》为研究对象，总结文学叙事的规律。他从时间、语式、语态等语法范畴出发分析叙事作品，这些范畴实质上表示的是故事、叙事和叙述之间的关系——他在引论中首先对故事、叙事和叙述作了界定。他的分析以叙事话语为重点，同时注重叙述话语层次与所叙故事层次之间的关系。1983年他又撰写了《新叙事话语》，回答了范·雷斯朵丽特·高安、米克·巴尔等学者对《叙事话语》的批评，对自己的某些论点作了修正或进一步的阐释。[76]

叙事学理论从法国传遍欧洲大陆并发展到英美时，发生了一些变化。布斯的《小说修辞学》、马丁的《当代叙事学》、瓦特的《小说的兴起》等是英美叙事学研究的重要成果。英美学者更多地从修辞技巧入手，研究比较直观，比较经验化。比如布斯在《小说修辞学》中对“隐含”的读者“声音”的探讨，便不是从叙述语法的角度入手，而是以一种修辞学的观点进行了叙事学的分析，同样对叙事学业理论的发展产生了重大意义。

三、叙事学在中国的发展

20世纪80年代中期，叙事学理论开始被逐步介绍到中国，特别是杰姆逊在北大的演讲，带来了中国叙事学的繁荣。1986~1992年是对叙事学译介的最活跃的年份，西方最有代表性的叙事理论作品基本上都是这期间翻译过来的。同时，中国本土化的叙事研究也有了显著成果，具有代表性的有陈平原的《中国小说叙事模式的转变》(1988)、罗钢的《叙事学导论》(1994)、杨义的《中国叙事学》(1997)等。他们在借鉴西方叙事理论的同时，也以中国所特有的文学资源和话语形式展开了自《诗经》以来的包括《山海经》、话本小说、《红楼梦》等古典文学以及现当代小说的叙事研究，丰富了叙事学理论，为西方叙事学理论的中国化做出了自己的努力。

叙事学的发展也给当代小说创作实践带来了重大影响。新时期小说，特别是先锋小说，无疑是一场声势浩大的叙事革命。在他们的小说里，故事真实这一传统观念被打破，作者在叙述中对虚构的故事进行自我颠覆，甚至叙述者直接出面点破故事的虚构过程。马原是这种由故事转向叙事的肇始者，叙事时间因突破了故事时间的自然程序而获得自由。20 世纪 80 年代以来小说在叙事上另一大显著变化表现在叙事视角上，传统现实主义全知全能式的视角转移到叙事者所处的内视角，以“我”的所见、所闻、所感引导叙事，或者采取内外视角交叉、多元叙事视角，达到对全知视角的叛离和超越。

叙事学是在结构主义基础上发展起来的对叙事文本进行研究的理论。最早提出叙事学这个概念并认为这是一门待建立的科学的人是法国当代著名结构主义符号学家、文艺理论家茨维坦·托多罗夫。他在 1969 年出版的《〈十日谈〉语法》中首次提出：“这门科学属于一门尚未存在的科学，我们暂且将这门科学取名为叙事学，即关于叙事作品的科学。”[77] 在此之前，1966 年巴尔特发表的《叙事作品结构分析导论》、克洛德·布雷蒙发表的《叙事可能之逻辑》两篇论文和同年格雷马斯出版的《结构主义语义学》一书，都可以视为当代叙事学的奠基之作。叙事学经过 30 多年的发展，已经自成体系，足以对许多叙事文本或文体进行行之有效的分析。下面对几位结构主义和叙事学大师的理论进行梳理，对叙事学理论进行一次管中窥豹式的理论漫游。

（一）结构主义叙事学的先驱——弗拉基米尔·普罗普

俄国民俗学家普罗普不是一位结构主义者，但他是结构主义叙事学的先驱。他的《民间故事形态学》（1928）一书是整个叙事学领域里的一部里程碑式的著作。他的思想和理论对后来的结构主义学者们，如格雷马斯、托多罗夫、布雷蒙等人的研究产生了直接而深远的影响。

普罗普是俄国形式主义的同代人。俄国形式主义文学批评是 20 世纪 20 年代的产物，也是结构主义的源头之一。各学派以重视作品的形式为特点，分为两个重要中心：莫斯科语言学派（成立于 1915 年）和彼得格勒诗歌语言研究会（成立于 1916 年）。前者的成员主要是语言学家，后者的成员主要是文学史家。这一学派为结构主义开辟了两个主要方向：一是源于什克洛夫斯基提出的叙述文两个方面的区分，这两个方面的区分相当于语言中的“能指”和“所指”，后来又被布雷蒙称为“叙述成分”和“被叙述成分”；另一个是来自普罗普的《民间故事形态学》。

在普罗普的著作里，他以俄罗斯民间故事为原版，总结出一些常见的“行为群”，归纳出 31 个“功能”，并认为这些功能是这一体裁叙述文的基本组成部分。普罗普还依据语言学理论来解剖叙述结构：叙述文结构由替换轴（纵向聚合或同一功能之多种表现形式的等值与交替）和接续轴（横向组合或功能之间的前后连接）两个轴体组成。[3]

尽管普罗普探讨的是叙事体的一种特殊形式——童话，但是他采用的分析故事构成单位及相互关系的方法，对其他叙事文体的分析有着重要的参考价值。它的重大突破在于他确立了故事中十分重要的基本因素——功能，提供了按照人物功能和它们联结关系研究叙事体的可能性。由此，为叙事体结构和要素分析开掘了一条新路。同时，他将故事中出现的动作简化为一种顺序组合，超出了表层的经验描述，使叙事体的研究更趋科学化。他的贡献是巨大的，他所走出的虽然是第一步，但却是开天辟地的第一步。

（二）结构语义学的倡导者——A. J. 格雷马斯

格雷马斯在法国叙述符号学方面占有非常重要的地位。他的主要成就在叙事体的语义方面。他试图按照公认的语言范例来描述叙述的结构，这种范例一方面来自索绪尔关于“语言”和“言语”的理论，另一方面也来自索绪尔和雅各布森的二元对立的基本指示作用的概念。格雷马斯最重要的两部著作是《结构语义学》（1966）和《论意义》（1970）。格雷马斯的成就主要体现在四个方面：

（1）格雷马斯的《结构语义学》发展和完善了普罗普的“功能”说，并冲破了民间故事的范围，就小说人物及叙述句法等一系列问题进行了更具普遍意义的理论阐述。

（2）格雷马斯从语言学理论出发，对符号学的研究对象加以更明确的定义，文学作品作为研究对象是用一种特定的自然语言讲述出来的故事，因此是个意义的整体。也就是说，叙述文是由一个能指和一个所指组成的整体。他认为叙述符号学的主要任务是研究叙述内容（所指）的结构。而叙述内容又分为两个部分：语义和语法。语法构成叙述内容的组合，语义则给组合中的各单位以特定的含义。另外，格雷马斯还强调层次在结构分析中的重要性。

（3）格雷马斯的一个引人注目的成果是“行动素模式”。他把人物按其表现分为六个功能，即相辅相成的三组成分：主体 / 客体、送信者 / 受信者、助手 / 敌手。这一模式有助于对小说人物以及叙述结构进行分类。

（4）格雷马斯发明了关于深层概念模式的“符号方阵”：四个方位分别代表结构发展的四个不同阶段，它们之间的主义关系可按照形式逻辑的对立、矛盾、包含等关系来解释。[78]

格雷马斯的理论可以看作对普罗普最初构想的一种发展和改进，他的主要目的是通过情节结构模式的建立揭示出叙事体深层结构所显示的意义。与普罗普不同的是他把故事视为类似句子的语义结构，注重的是功能之间的关系而不是单个功能。

（三）再造文学观念的人——茨维坦·托多罗夫

茨维坦·托多罗夫，保裔法国人，其理论不仅受普罗普和列维－斯特劳斯的影响，也受俄国形式主义的影响，他在叙事学、诗学和修辞学等方面的研究成就卓著。他在文学观念、文学叙述、文学体裁等结构批评理论方面独树一帜的建树使他成为一位具有世界影响的结构主义文学理论家。

托多罗夫曾任法国国家科学研究中心研究员、艺术与言语研究中心主任，并曾师从于罗兰·巴尔特学习文学理论，还不遗余力地介绍俄国形式主义文学理论。托多罗夫的主要著作有《文学理论》(1965)、《〈十日谈〉的语法》(1969)、《诗学》(1968)、《散文的诗学》(1971)、《象征理论》(1977)、《象征与阐释》(1978)、《话语的体裁》(1978)、《米哈依尔·巴赫金——对话原则》(1981)、《批评的批评》(1984)等。

托多罗夫的理论对叙事学的形成起很大作用，他扩大了普罗普、格雷马斯以来的叙事学研究的范围，使叙事学从神话、民间故事的研究转向叙事体的主要形式——小说，同时，他用语法模式分析故事，把文学中语言的性质摆到了更突出的位置。

（四）符号帝国的代言人——罗兰·巴尔特

罗兰·巴尔特1915年出生于法国瑟堡，在比昂和巴黎长大成人。1939年毕业于索邦大学古典文学系。第二次世界大战后执教于布加勒斯特大学和亚历山大大学；自1960年起，开始在巴黎高等研究实验学院任教；1976年，荣任法兰西学院文学符号学教授。其主要作品有《作品的零度》(1953)、《论莱辛》(1963)、《批评文集》(1964)、《符号学原理》(1964)、《方法体系》(1966)、《S/Z》(1970)、《本文的欢悦》(1975)等。

罗兰·巴尔特的写作充满了叛逆色彩，他的信念就是要反驳一切关于同一性的正统信仰，或许正因为此，他才对充满正统观念的文学批评感到深切的不满，并毫不留情地对那些正统观念和流行看法进行抨击和拆解。总的说来，他对正统文学批评的悖反表现在四个方面：

(1)巴尔特明确反对无历史的文学批评，认为这些文学批评的前提是所研究的文本具有一成不变的道德价值和规范价值，与文本最初写作、出版和阅读的社会性质毫无关系。

(2)巴尔特对职业文学批评所充斥的心理学幼稚病和心理学决定论倾向深感不满。

(3)巴尔特对职业批评家所表现出来的“去符号”(a-symbolia)趋势非常反感。

(4)巴尔特认为传统的文学批评从来不公开说明他们的意识形态是什么，甚至否认自己所从事的批评具有意识形态的特征是非常虚伪的，是一种彻底把历史和文化现象装扮成自然现象的“神秘化过程”，是具有极其邪恶的企图的。[3]

1970 年，巴尔特出版了《S/Z》，“用了一种类似小小的地震方式”，把法国现实主义大师巴尔扎克的短篇小说《萨拉辛》分解成 561 个词汇单位（lexies），即“读解单位”。其中，有些只有几个词，有些是几个句子长短不一，每个单位都是一个分析主题。然后，他又创造性地提出了五个符码：解释符码、行为符码、语义符码、象征符码、指示符码，从而在对巴尔扎克的作品进行了几乎是残酷的分解之后又进行了摧枯拉朽式的分析。

巴尔特对传统文学观念的批判产生了极为深远的影响，这也是他对法国文学乃至世界文学所做的杰出贡献。

四、叙事学理论与教育叙事

叙事研究之“叙事”，如前文所云，它源于文学，叙事是以小说为主的叙事文学的主要元素和手法。叙事学属于以小说为主的叙事文学的理论，“不论它是一座宫殿，还是一处岩洞壁画；不论是一处考古遗迹，还是一座城镇，清单（指 2003 年 9 月世界纪念碑基金会公布的 100 处濒危古迹的名单）上的每一个古迹都诉说着人类的灵感和成就”。[79] 叙事似乎不属于科学这一层面的范畴，正因如此，它被“科学的研究方法”排斥在外。但是，后现代主义对“叙事”给予了新的解释和强调，将“叙事”与“描述”“虚构”“隐喻”等模式相提并论。美国后现代理论家辛普森说，文学中的“叙事”已在历史、宗教、法律等理论学术和人文社会科学中，到处都可以看到。文学是百科之母，没有任何一种写作、任何一种文本可以离开文学,因此也就离不开“叙事”。可见,原属“文学性”的“叙事”，其作用已深入人心且不可或缺。法国后现代思潮理论家利奥塔分析了科学知识与叙事知识的关系，认为科学知识是从原始状态进行的分析，仅仅有关于事实或真理的限定与选择，它的话语是单一的定义指称型的。叙事知识则具有人文学科的多种价值关怀，含有关于效益、正义、幸福及美的价值观念，并且能够通过语言游戏的异质多元化揭示事物。[7] 因此，不能以科学知识为基础来判断叙事知识的成立与否及其效能。这就为叙事方法在文学、艺术之外的领域的引入提供了一种理论基石。特别是教育叙事的兴起使得叙事这一原本文学艺术色彩浓厚的理论，出现在人们的教育视野中，拓展了教育领域的研究方法，也丰富了教育领域的研究成果。

有学者从文学的叙事学角度探讨教育叙事研究的理论基础，认为文学理论是首要的智慧源泉。故事是继承历史和历史哲学的时间手段，历史和历史哲学在本质上都是研究时间的，这一点决定了其在形成社会科学的叙事研究中起到特殊作用。可见叙事的本质是作为话语形式对经验的现实事件或想象的虚构事件，也即文学的描述再现；叙事的价值在于透过时间进程中事件序列的表面提炼并显现出超时间的逻辑真实或者本质意义。

第六节　人类学中的“田野调查”

田野调查是来自文化人类学、考古学的基本研究方法论，即“直接观察法”的实践与应用，也是研究工作开展之前，为了取得第一手原始资料的前置步骤。所有实地参与现场的调查研究工作，都可称为“田野研究”或“田野调查”。田野调查涉猎的范畴和领域相当广，举凡语言学、考古学、民族学、行为学、人类学、文学、哲学、艺术、民俗等，都可通过田野资料的收集和记录，架构出新的研究体系和理论基础。

一、田野调查概述

田野调查又称为田野工作，是指研究者亲自进入某一社区，在一个相对较长的时段内通过参与观察与居住体验等方式获取第一手资料的研究工作。[80]

田野调查特别强调的是调查者本人“亲临现场”的调查，这是人类学研究方法的重要特征。它不仅是一种基本的研究方法，也是田野调查的基本态度。“亲临现场”的目的在于从整体上把握某个文化的结构及其特点，这是文化研究的出发点。只有在对于文化有了一个整体性把握的前提下，研究者才可能理解该文化，从中发现问题和研究问题。因此，这种“亲临现场”并不能简单地理解为一般意义的调研工作。到一个地方收集些文献（例如各种政府报告、统计数据等）、发放问卷是田野调查重要的辅助手段，但并不是田野调查的全部工作内容。

田野调查的基本方法是参与观察、访谈。

参与观察是指人类学者长时段参与研究对象的日常和非日常的活动以获取第一手资料的过程。参与观察的优点在于通过参与到当地文化和日常生活中，可以得到别的途径无法获得的对于该文化的体验与深刻理解、把握。因此，参与观察对于提高田野工作中所收集资料的质量以及提高对该文化的解释力度都有很重要的作用。

访谈主要是指在田野调查中通过向研究对象提问或与之交谈的方式来获取资料。访谈通常可分为非结构性访谈和结构性访谈两种基本类型。非结构性访谈是指人类学者提供一个开放型的主题或问题，由报告人自由阐述。常见的非结构性访谈包括收集生活史、神话、传说故事、宗教和公共活动等方面的资料；结构性访谈是指人类学者根据研究主题事先设计好具体问题，系统地访谈研究对象。结构性访谈的提问应该具有明确的针对性，提问的方式也应当简明扼要，避免因问题冗长而让人难以回答；同时，问题与问题之间也应有关联性。

二、田野调查的基本原则

田野调查中的价值中立是指在调查中要避免先入为主地用调查者已有的价值体系去衡量、观察、评价自己的调查对象。价值中立的原则要求调查者以一种冷静、客观的态度去观察和收集资料，避免过多地卷入当地的社会关系中。价值中立原则强调的是这样一种操作原则：在调查中坚决避免用现有的理论框架来有意识地收集符合该框架要求的资料。这既是一种操作原则，也是一种伦理原则。

（一）整体论

整体论把人类及其所赖以生存的社会当作一个整体来研究，它要求将文化置于特定的时空条件进行全方位的理解，从而力图避免任何一种单一的视角所可能导致的片面。

在田野调查中对于“整体论”的把握，要特别注意文化要素之间的相互关联性。文化是一个由诸多相互联系、相互影响和制约的文化要素有机组合而成的整体。对于某一个特定的文化要素或文化现象的理解只能放在这种有机的结构关系中才有意义。例如，在集约农耕的文化中，定居生活、家庭园圃业、水资源的管理、父系继嗣、对土地的崇拜及其各种仪式等，是如此紧密地结合在一起，以至于我们忽略掉其中任何一个细节都不可能获得对这种文化类型的正确理解。

（二）文化相对

文化是多样性的存在，每种类型的文化都有其自身的价值，都是人类共同文化的组成部分。每种文化都是在其独特的自然与人文长期相互作用下生成、发展的，都有其内在的逻辑。不同文化之间并没有高低贵贱之分，每种文化都有其自身的价值。在调查中将文化不加辨析地划分出“先进”与“落后”，对一些文化想当然地贴上“原始”的标签，极有可能遮蔽文化的多样性及其价值，对于文化的理解，只有把它放在其特定的文化生成土壤中才有意义。

三、田野调查的基本程序

（一）调查课题的选择

田野调查一般分为两种：

（1）全面调查。对一个人口不多的群体或地区进行全面的、详细的调查，最后写成一本描述文化各方面的民族志。

（2）定向调查。对一个或几个群体或地区进行专题调查，用以验证或检查某一人类学理论问题，或解决现实生活中某一社会问题。

（二）调查方案和调查提纲的拟定

（1）调查方案主要包括以下内容：调查地点和对象、调查日期和预计的时间长度、调查课题及其理论意义或现实意义、自己具备的条件及准备如何进行调查。调查地点或目标社区的选择应当具有代表性和典型意义。例如，西南民族教育与心理研究中心目前建立的第一批田野考察工作站，其设立的主要依据是这些工作站代表的不同的经济文化类型。

（2）调查提纲中应列举在调查中准备提哪些问题。调查提纲主要供调查者自己看，帮助调查者全面考虑问题，防止调查中有所遗漏。

（三）调查前的准备工作

（1）了解地理和历史的背景材料。调查以前有必要对所去地区的地理情况，如该地区的自然环境（山脉、河流、矿藏、动植物）、气候条件、交通情况、物品供应等有所认识。对该地区的历史沿革、重大历史事件等历史情况也应该尽量了解清楚。

（2）掌握前人的调查研究成果。对于前人调查研究成果的梳理是拟定调查提纲之前必需的准备工作。只有通过对前人的调查研究成果进行文献分析，才能更好地知道已经有了哪些有价值的调查成果、存在哪些问题。而发现的前人调查的问题往往可能成为进行新的调查的出发点。

（3）调查队伍的组成。好的调查队的组成原则应该是：1）根据调查课题性质，有各方面专家参加；2）由一个有经验的人类学家作为领导；3）调查人员中最好包括女性，便于调查婚姻或与妇女有关的问题。

（四）进入田野

（1）熟悉环境。初到一个陌生的地方，首先要向相关人员说明来意，并尽快熟悉当地的环境。除了在向导人员陪同下熟悉环境外，调查中最好先绘制一份你所在社区的地图。

（2）查阅地方文献。地方文献主要包括保存在当地未曾发表的文献资料，如地方政府档案、家谱、契约、民间故事、歌谣等。假如取得许可，应择重要者予以复制。

（3）基本信息采集。基本信息采集是进行深入调查的基础，主要包括该地区的人口（包括性别比、年龄分层等人口统计基本数据）、面积、生计类型、生活状态、物产、自然等各方面的内容。

（4）试点调查。试点调查的目的在于检验预先设计的调查提纲，发现问题，及时修改调查方案和提纲。

（5）正式调查。正式调查开始以后，也意味着一段比较艰辛的文化理解与沟通之旅的开始。其中充满了各种各样的不适应，也充分享受到了许多文化之旅的乐趣。在调查中我们建议应该准备两个本子：一个用来记录调查内容，一个用来每天坚持撰写调查日志。

四、田野调查与教育叙事

田野调查又译为田野工作或实地考察，是一个描述原始资料收集的概括术语，其所应用的领域包括民俗学、考古学、生物学、生态学、环境科学、地质学、地球物理学、古生物学、人类学、语言学、哲学、建筑学及社会学等自然或社会科学领域。与其他在实验室准控制状态下环境的研究相比，田野工作主要于实地进行。

根据研究对象的生亡与否，以及它们的存在地点（位于居住栖息地或埋于土下），田野工作的实质内容也会有所差别。化石与考古遗址的挖掘均包含田野工作，其他如访问或观察人们以学习他们的语言、民俗和他们的社会结构等过程也都包含在内。某些状况，尤其是研究的主题为人类本身的时候，工作的拟定必须经过设计，以避免观察者效应或是过度理论化或过于理想化该文化活动的风险。

有的研究者认为，人种志研究的“方法论”是胡塞尔的“回到事实本身”。任何方法都应以尽可能地接近社会现象本身为原则，研究者应将视角转向日常生活，在大众的街头巷尾的俗语中捕捉普通人的心态，探询普通人建构实体的方式。局内人的本土观点是人种志研究的核心。人种志研究试图以局内人的身份与观点，用局内人的语言与意义体系来解释这一切。人种志研究不是快镜拍照的方式，那样只能提供表层上的详情与细节，其研究的真正兴趣是表层之下内隐的一种主观看法，或许包括另类的看法与别人的看法。典型的人种志研究是高度细节化的，认为片段化的、细节的个案所拥有的丰富意义足可穿透环绕其四周的文化之盾。

人种志研究的第二个重要方法论原则是“描述”取向，那就是使现象成为“可见”的。人种志研究者试图摒弃所处的情境赋予的任何前见，进入“田野”，按照事物的自然状态来观察，通常也作为组织与群体的一员参与其中。“非结构化”“深度”“进行着”等术语，标志着研究是在日常化的、大量随机的事件中展开的。这一时期，叙事研究风格开始从“写实主义”向自我反省基调转变，研究者的自主意识不断增强，对被研究者的个人经验和意义建构作解释性理解，对自己的“前设”和“偏见”进行反思，达到了解自我与理解对方的境界。

教育叙事研究借鉴人类学中的人种志方法，这种方法要求研究者长期与“当地人”生活在一起，通过自己的切身体验，获得对“当地人”及其文化的理解。

人类学的一个重要的术语就是“田野作业”，要求研究者走向田野与社会，进行实地观察与研究，其中参与观察是最重要的研究方法。这里的社会范畴也有两层意思：一是我们必须关注现实社会，要懂得从现在推延到过去或者由过去推延到现在；二是从学科的角度来讲，从事社会史研究的，应该有敏锐的“问题史学”意识，从探求过去的社会事实延伸到对现实社会进程的关怀，也是其应有的含义。

教育叙事研究秉承了人类学研究的主要特征，即从整体上考察研究对象，以敏锐的“问题意识”，始终关注活生生的经验本身的丰富意义，并采用“田野作业”的方法及交叉文化分析的特点，深入研究对象，进行耐心的“田野劳作”。叙事研究，其实就是要回归各种各样的教育生活，这是教育研究的活水源头。

五、社会学中的实地考察

教育叙事研究运用实地考察的方法进行研究，不仅要求研究者有明确的研究目的，选择合适的研究对象，更要求研究者进入研究现场，亲历研究，在实地考察中通过观察、倾听、询问、交流和体验等方式收集相关信息。在对研究对象真实、客观、系统认识的基础上，提炼研究结果并进行理论归纳。在实地考察或现场调查中，需要研究者尽量学习调查区域的语言，先期了解当地文化教育概况，仔细阅读与考察对象相关的原始资料。要求研究者身临其境，清醒地认识自己在调查中的参与程度，从而客观、真实、翔实、系统地把握研究主题。由于在实地考察方法的具体运用中存在着“贴近感知经验”和“遥距感知经验”“局内人”和“局外人”“内部眼光”和“外部眼光”等观点的对立，所以，运用实地考察的方式进行教育叙事研究，需处理好这几对矛盾之间的关系。局部与整体关照相结合；与其他学科交叉合作，进行综合调查研究；实地考察过程与结果体现研究者的价值取向与教育关怀。

除此之外，教育叙事研究还吸取了其他多种研究理论，使它成为一种多元文化视角下的研究方法。

外语教育叙事研究是在外语教育研究过程中运用的一种研究方法，这种研究方法是建立在教育叙事研究方法之上的。从第三章起，本书重点围绕外语教育叙事研究来展开阐述。

第三章　外语教育叙事研究设计

设计，是人类所独有的智慧。马克思说："蜘蛛的活动与织工的活动相似，蜜蜂建筑蜂房的本领使人间的许多建筑师感到惭愧。但是，最蹩脚的建筑师从一开始就比最灵巧的蜜蜂高明的地方，是他在用蜂蜡建筑蜂房之前，就已经在自己的头脑中把它建成了。"[81] 劳动过程结束时得到的结果，在这个过程开始时就已经在劳动者的头脑中存在着，即已经观念地存在着。《诗经・鸱鸮》云："迨天之未阴雨，彻彼桑土，绸缪牖户。"[82] 明朝朱柏庐据此诗意说道："宜未雨而绸缪，毋临渴而掘井。"[83]《礼记・中庸》有言："凡事预则立，不预则废。"[84]《论语・述而》也说："临事而惧，好谋而成。"[84] 上述内容都是说的事前思定，则临事不困；善于谋划而事竟成。这"预"与"谋"，就有设计之意。因此有人说中国上下 5000 年社会发展的文明史就是人们不断进行设计并把它付诸实施的历史。

教育作为关系到人类生存和发展的一项十分复杂的活动，其核心环节的"教学"，更需要对每个环节、每个步骤做出周密的思考和设计，于是"教学设计"便应运而生。20 世纪 50 年代，西方就开始了教学设计研究。至 80 年代，以加涅为代表的"第一代教学设计理论"已趋于成熟。我国的研究者围绕这一领域的研究而建立起来的"教育设计学"，就是融合多门学科的重要理论而形成的独立的知识体系，成为研究多学科教育系统设计的一门应用学科。

外语教育叙事研究也需要应用教育设计学科的研究成果，设计出清晰的研究步骤。因为叙事研究首先要有"事"可"叙"，既需要观察、选择、收集、整理故事，又需要对"事"进行"研究"，这必然需要理论的准备和理性视角的关照，需要对研究成果进行撰述。而撰述需要具备流畅洗练的语言表达能力和简洁明快的文字写作功力等。

第一节　外语教育叙事研究的要素与类型

一、外语教育叙事研究的要素

教育叙事研究是一种新的研究方法，它将教学过程、体验、反思融合在一起，从而发现教学经验，既关注教育的“理”与“逻辑”，又关注“事”与“情节”，还关注“反思”。外语教育叙事研究面向普通人的日常生活故事，从事实本身寻找内在的“结构”意义，努力恢复被科学话语遗忘和压制的声音。这种研究意在转变教师的教育观念和教育行为，让他们去细心观察、留心自己的教育生活，避免失去宝贵的真实教育故事。

外语教育叙事研究以教育主题或结构为灵魂，以外语教育事件或经验为研究对象，避免个人的主观先见或臆测，去叙说有情节的真实之事，并在诠释中理解教育思想。

外语教育叙事研究，具有以下四个要素。

（一）外语教育思想

新一轮大学英语课程改革是一场深刻的教育思想的变革。哈贝马斯曾经将人类的认识兴趣分为由浅入深的三种形态：技术兴趣、实践兴趣和解放兴趣。[85]课程改革需要教师突破对技术兴趣的过分迷恋，自觉地站在教育理念的高度，追求更深层次的实践兴趣与解放兴趣。在外语教育过程中，要求教师打破“经验参照”的传统思维模式，立足教育理念进行反思，从而消除保守的“心智模式”对外语教育改革的束缚。

每个人的思想和行为都受自己“心智模式”或者“内隐理论”的影响，“心智模式是根深蒂固于心中，影响我们如何了解这个世界，以及如何采取行动的许多假设、成见，或图像、印象”。许多改革之所以进展缓慢甚至中途夭折，就是由于心智模式的影响。一些新的想法无法付诸实施，正是因为它与深植人们心中的陈旧、保守的心智模式相抵触。

外语叙事研究首先需要研究教师的教育思想的“心智模式”。教师具有怎样的教育理念，秉承怎样的教育信仰，决定着教师在外语教育活动中的一系列行为准则。民主、平等的教育理念，意味着教师会以宽容之心，关爱学生、呵护学生、尊重学生的独立人格，并在言行举止中事事处处从学生的立场出发，考虑学生将怎样看、怎样想，从而选择有益于学生成长和发展的态度与行为；多元理解的教育信条，意味着教师会重视学生独特的理解、感受与体验，允许学生对同一个问题持有不同的看法，甚至得出不同的结论，用不同的语言方式表述同一个结论，也允许暂不作结论，从而增强学生的主体意识，发展创新思维，以期顺利地达到教育目标。

在德州学院大学外语教学部老师们的课堂上，群言堂代替了独角戏、一言堂，体现了一种民主、平等教育思想。

4月27日周三，我与H老师进行了结对式同伴观摩。经协商，我对H老师的综合课进行观摩，授课班级为医学院2014级护理学二班，授课时间为第三节；

H老师对我的视听说课进行观摩，授课班级为2014级语教专、公管专，授课时间为第五节。

我们的同伴观摩包括三个环节：课前协商，确定观摩点；课上，就观摩点进行观察与记录；课后点评与交流。

经课前协商，我和H老师确定了两个观摩点，我们彼此观察对方的课堂设计及师生互动。

此后，我们进行了第二环节——听课观摩。H老师主要讲授的内容是第五单元的active 1的课文解析。H老师的教学步骤包括复习环节、新授环节、概括总结环节以及布置作业环节，教学结构完整。在新授课环节中，H老师主要分析了课文结构、词汇讲解、长难句解析、写作特点以及幽默的写作风格、文本解析；教学内容重点突出、由浅入深、层次分明、衔接紧凑、过渡自然，取得了极好的授课效果。尤其是在文本解析环节，H老师解释得清晰到位，诙谐幽默，彰显了一位年轻“老”教师深厚的文学修养与文化底蕴。在师生互动方面，H老师做得也非常到位，她教学方法灵活多样，主要采用启发式教学和任务型教学法，组织同伴以及小组讨论等活动，鼓励学生之间的合作学习。教学过程中，H老师激情饱满，面带微笑，鼓励学生发言，使学生有安全感，课堂气氛轻松活跃，学生参与度高，学生都能够认真听课、记笔记、积极思考、讨论并回答老师提出的问题，充分体现了“以教师为主导，以学生为主体”的教学理念。

下午H老师对我的视听说课进行了观摩与指导。我讲解的内容是第四单元Outside View部分。我主要设置了导入、听力技巧训练、完成听力任务以及口语输出任务等授课环节。我的理论支撑主要有两个：输入与输出理论，建构主义的支架式教学理论。每个听力输入任务完成后，我都会设置一个相关的口语输出任务；针对较难的输入与输出任务，我会先给学生设置一些简单的任务，为学生完成更高级的任务搭支架，取得了良好授课效果。在课堂组织方面，我主要采取任务型教学法和启发式教学法，采取小组讨论的教学形式，鼓励学生之间的协作学习，学生非常积极地参与课堂活动。

最后，我们进行了第三环节——课后点评与经验交流。我们都非常诚恳地肯定了对方值得学习的优点，同时指出对方有待提高的方面。

通过结对式同伴观摩，我和H老师均感到受益匪浅，我们彼此都受了对方的启发，为今后教学能力水平以及课堂管理能力的提升奠定了良好基础。

总之，同伴观摩是我部打造教师共同体项目的一个重要构成要素，教师通过同伴观摩活动，能够在教学和课堂管理方面取长补短，促进个人专业化发展，从而促进团队的发展；同时，同伴观摩活动打破了以往“关上门”上课的封闭模式，教师们通过观摩前后的交流与互动，增进了彼此之间更深刻的了解，为个人与团队的发展创造了良好的气氛。

从以上案例可以看出，两位教师的民主教育思想体现在她们的教育教学行为当中，表现为教师崭新的教育理念、先进的教育认识和科学的教育方式等。

教育叙事是处在先进教育思想与实际教育活动之间的一种“中间状态”，是将理论与实践结合起来的“样本”和“范例”。它通过对先进教育理念指导下的教育实践的观察与反思，将理论与实践有机地结合起来。它在理论与实践之间发挥着津筏作用，使专家们“倡导的理论”能够真正成为教师“采用的理论”，用理论指导实践，在实践中检验和修正理论。外语教育叙事研究并不拘泥于某种具体的理论，强调的是回归教育教学实践本身，通过对日常教育教学生活的观察与反思，归纳出科学的见解与结论。

（二）外语教育主题

外语教育叙事的目的在于通过叙述揭示某个主题，探索其中的意义。主题是什么？外语老师可能会说主题是文艺作品中所表现的中心思想，是思想内容的核心。但是外语教育叙事研究者各有各的回答——“主题是对意义的需求或渴望”，“主题是我们可以获取事物意义的意识”，“主题是对事物保持一种开放性”，“主题是创造、发现和揭示意义的过程”，“主题就像一颗颗星星，构成了我们生活于其中的意义的星空，靠着主题之光我们能遨游并探索这个星空”。这些主题是事件的焦点，是概念的内涵，是教育故事的意义逻辑，是叙述文本的意义所在。它通过某种内在的结构呈现出来，为叙述展示了价值所在。

外语教育叙事研究并不是各种教育事件的随意拼凑或链接，而是依照研究者的理解，按照某个主题嵌入构成的。通过主题的串构，使散见于教育活动中的片段事件具有可以描述和解读的价值，使偶尔掠过教师脑海中的零散想法具有理性和逻辑的意义。因此要求讲述的故事要有结构、有道理、有意义、有价值。它以事件为本，却以主题感动人心；它以师生们熟悉的教育活动作为开端，把熟悉的教育场景和事件用“陌生化”的手法表达出来；它蕴涵着丰富的教育主题，却又在含而不露的叙述中让读者自己去寻找隐匿其中的道理。只有如此，主题才能具有灵魂的意义。

外语教育叙事案例要有主题。主题是案例所要反映的核心理念和观点，是案例的精髓和灵魂。叙事案例首先要考虑所要反映的主题是什么，譬如，说明如何开展自主、合作、探究性学习；描述如何利用阅读期待、阅读反思和阅读批判等来拓展思维空间，提高阅读兴趣；介绍如何组织小组活动、探讨作文的选题等。主题像一条主线把叙事案例故事串联起来，并以其独特的视角、严密的结构、丰富的情节吸引读者，引起大家对外语教育教学中带有普遍性、倾向性问题的关注。

“问题”是案例主题的主脉。有了问题，就会产生心理困惑，有了心理困惑，才会有研究的动机。问题解决的动机因素取决于问题主题，无论是问题的提出，还是问题情境的建构，都须有明确的主题。也正是这些故事有鲜明、深刻的主题或引人入胜的问题，才会引起读者普遍的共鸣或认同。因此，案例的主题要有指导意义，可以从新的大学英语课程理念、外语教育教学观念、教育教学组织过程的设计、教育教学中各种关系的处理、师生主导与主体作用的发挥、新的学习方式的实施等方面来确立主题。案例的主题要具有现实意义，反映当前外语教育教学中亟待解决的焦点问题，能满足教师专业发展和素质提高的需要。

以下为一则教学案例：The Notorious Jumping Frog of Calaveras County（《英美文学名篇选读》，外语教学与研究出版社）。

教师读微信上关于小学生日记的笑话（3 月 30 日，天气晴，今天一天没有出太阳，金鱼被淹死了……），引出本节课主题：幽默及撒谎。

教师指出撒谎（cheating）是文学主题之一，而且人一生都是生活在谎言中，学生对此表示很赞同。教师举例说明谎言无处不在：老财主得一女儿，别人道喜的故事；是否告知癌症患者真实病情。同时指出谎言还是有作用的。

1. 文本解读（87min）

Para 1~3（35min）

结合课本中关于作者及作品的简介，介绍文章背景，并与学生共同找出故事发生的时间：19 世纪后期，地点：美国的西部，人物："I", Jim Smiley, Simon Wheeler。

学生立刻联想到美国西部的牛仔文化。教师指出当时美国西部的人民劳动非常艰苦，生活很艰辛，并由此引出中美两国对于劳动的不同态度：美国尊重劳动，而中国鄙视劳动（劳心者治人，劳力者治于人），举例说明：学校的一名实验老师打扫实验室却不被学生尊重，一名美国油漆工人在公交车上得到尊重。

教师点出中西方文化对比的重要性，学习外国文学时应先了解外国文化，然后才能进行反思。

教师引导学生体会第一段中 infamous，tedious，useless 等词所体现出来的幽默，并指出文学是人类生活的重要组成部分。

教师发现学生们没有带译文，指出学生还是不知道学习的方法，只做老师让做的事情，并不能积极主动地学习。此时教师请一位学生及吴老师现场展示如何在网络上搜索资源，详细指导学生更好地利用网络资源。

之后，教师提问学生这是什么学习方法，一位男生（在前两次课中不积极，上课低着头，没有学习兴趣，经过教师的一次表扬后，变得越来越主动）答出是查阅文献的学习方法，教师给予表扬。

Para 4（15min）

这一段的描述不仅体现了作者的语言风格，而且塑造了一个嗜赌成性的 Jim Smiley 形象，是对人性的描写。

教师由此引出赌博的巨大危害，举澳凼大桥（也叫自杀大桥）的例子，告诫学生毒赌不能碰；同时指出彩票其实也是一种赌博，只不过是国家允许的。另外，麻将作为一种娱乐方式，在某些时候也会成为赌博。

Stranger 与 Jim Smiley 打赌的部分（37min）

通过对小说中外乡人语言的分析,吴老师提出了一个论文题目——《马克·吐温小说中的外乡人》。

教师带领学生阅读分析这一部分，得出 Smiley 败在对于陌生人的轻信，再次点出 cheating 这一文学主题。

教师提出一首诗的翻译问题，这首诗是描写趵突泉的：

不哭　不哭

不哭

热血沸腾的民族

汇歌如注

这里的三个“哭”暗示着趵突泉有一眼泉，泉水突突地往外冒，有人将其译为 Don't cry…，但并不能表现出这一含义。因此，翻译是一大难题，也是很重要的，如何将中国文化更好地传播到国外?

带领学生看下载的论文，发现一篇文章说当时美国西部人民的精神空虚，教师表示不赞同,小说主人公其实是以赌为乐。教师指出学生应学会批判性地学习，用批判的眼光来阅读。

2. 作业（3min）

观看电影《死亡诗社》，下节课进行讨论。明确看电影的要求，时间不能太早或太晚，可以两三个人一起看，要关闭手机，看完可以查资料，等等。

展示上述教学片段，其目的不是简单地再现钟玲教授的这一教学过程，而是在于通过描述，让读者了解教师在外语教学中体现出来的现代教育理念和生动活泼的教学风格。

教师利用微信上的一则小学生笑话引入新课，缩小了师生间的情感距离，活跃了课堂气氛，营造了良好的教学氛围。当看到有的学生没有带译文时，老师并没有急于批评，而是及时修正自己的教学计划，指出学生还是不知道学习的方法，只做老师让做的事情，并不能积极主动地学习。此时授课教师请一位学生及吴老师现场展示如何在网络上搜索资源，详细指导学生更好地利用网络资源，进而引导学生认真品读文章、领悟作者的思想情感。这一过程就是主题再现的过程，也是叙述这一教学片段的价值所在。

外语教育叙事研究不仅仅只是叙述某一教育教学过程，而是借助于叙事研究提升教育理论的学术水平。教育叙事研究一方面需要深入了解某种教育现象，另一方面又要有足够的理论视角。只有这样，在叙事的过程中，才知道如何组织事件，才知道事件组织起来后能够表达什么样的教育主题。

“一篇成功的现象学描述会让我们频频点头，因为我们发现那所描述的体验，我们曾经拥有或可能拥有过。换句话说，一个成功的现象学描述是对生活经验的收集和回忆——它为生活体验所佐证，反过来，又佐证生活的体验。”教育事件所蕴涵主题的揭示，其意义正在于它能引起人们的共鸣，唤起人们的同感，从而影响和改变人们的教育观念。

（三）外语教育情节

情节性是叙事研究区别于其他研究形式的重要特征。对外语教育事件的具体情节进行描述，不仅有利于叙事者生动、形象地讲述故事，而且有助于研究者对特定故事的变化和经过进行详细的叙述，并能够更深入地分析事件发生的深层原因。

外语教育叙事研究最明显的特征是既包含有反思性的理论内涵又具有典型的、真实的故事情节。正是通过这样的情节，阅读者才能从叙事案例中看到有如现实生活的教育教学场景，从而获得一种感动与启示。因此，对教育教学事件富有情节性的描述，在外语教育叙事研究中显得非常必要与重要。

请看德州学院大学外语教学部吴颖芳老师《为学生喝彩》这则案例故事：

早上，去教室路上，教师忽听一女生跟同学说：“好雨知时节。”

走进教室开始上课，教师问学生昨夜是否听见下雨的沙沙声。有的说 No，有的说 Yes。对于说 No 的学生，教师恭喜他们睡了一个好觉；对于说 Yes 的学生，教师进一步追问夜间听雨的感受以及如何表达这种感受，学生们自然而然地背诵了杜甫《春夜喜雨》中的后四句：好雨知时节，当春乃发生。随风潜入夜，润物细无声。

师生译诗 PK 赛。然后教师告诉学生即将进行一场译诗比赛：师生同时在 10 分钟内将《春夜喜雨》的前四句译成英文。学生以自己所在的学习小组为单位进行合作翻译并由各自小组的发言人展示作品，之后教师展示自己的作品。学生参与的积极性很高，纷纷举手展示。在展示的同时，教师通过师生互动的形式讲解了译句所属句型、句型的构成和特点，并以译句为例，指导学生如何在自己的写作中运用这些句型，同时介绍简单句向其他句型转换的技巧案例。另外，教师还评价了学生译句中用词的优缺点。

师生译句 PK 赛。接着，教师引导学生朗读本单元的补充材料，即 Ralph Waldo Emerson 的诗歌：What Is Success（英文诗）。阅读前教师对 Emerson 的生平做了介绍：Emerson 生于波士顿，是美国的思想家、文学家，是确立美国文化精神的代表人物，被称为“美国的孔子”“美国文明之父”。教师要求学生在 10 分钟内英译上述句子，提醒学生：第一遍运用刚学的句型知识，逐个翻译单句；

第二遍根据句意的逻辑关系，使用结构词整合或转换所译句子，以体现英语句子长短交杂、错落有致的特点；第三遍与同学交流作品，并讨论英汉语在组词成句、排列组合方面存在的差异。最后进行作品展示和讲解，方式同上。部分学生的句子翻译得很漂亮，几乎无可挑剔；学生翻译中的典型问题是句子之间所使用连接词不恰当，原因是学生没有注意分析句子间的逻辑联系。

学生译文：

Nice rain knows the time/
The spring comes and it comes/
Follows the wind /
And goes into the night/
Watering everything peacefully/

杨宪益、戴乃迭译文：

A good rain knows its season/
And comes when spring is here/
On the heels of the wind it slips secretly into the night/
Silent and soft，it moistens everything/

教师译文：

The precious rain is always coming timely/
It is often falling in the spring/
And the rain is approaching quietly during the night/
Showering everything in silence/

通过对比以上三组翻译，可以发现，虽然较之杨、戴译文和教师译文，学生译文在形式上略显单薄稚嫩、直截了当，却也在其简洁的用词造句中完整地表达了原诗的内涵和意境（三组翻译的单词数分别为22、30、27）。在短短的10分钟内能够做到这一点，对于普通高校的非英语专业的大学一年级学生来说，非常难能可贵。

课后的学生在日志中写道：

“（student 1）老师这个想法非常奇妙，而且老师总是想（出）一些非常鲜活的方法（来）教我们学习，希望老师继续下去，那样才有意思，上课也有了兴趣；（student 2）这两个小活动，老师是想为我们提供新鲜、轻松的学习氛围。在刚刚接触到这两个活动时，我也被这两个活动深深吸引；（student 3）通过这两次的趣味翻译，我有许多感受，虽然翻译的内容不多，也很容易写，但通过同学们的翻译和老师的讲解，我能学到很多东西；（student 4）翻译诗歌和句子是一个比较好的英语学习方法，这样可以提高学生组织语言的能力。在翻译的过程中，学生可以相互讨论，这不仅可以提高学生的合作能力，而且可以做到共同进步；（student 5）

上完这节课，我收获很大，感觉还是蛮不错的，通过这两项练习，我发现了自己的诸多缺陷所在，使我明确了努力的方向，对我以后的英语学习很有帮助；(student 6)用英语表达对我们(来说)确实是一次新鲜的尝试与挑战，我觉得这很新颖，(同学的)翻译(有)很多版本，这才体现了同学的不同的思维逻辑能力和对英语的理解能力；我觉得以后要多多开展类似的活动，充分调动同学们的学习热情，以取得更大的进步；希望在今后的日子里有您的陪伴，我们的英语能更上一层楼”。

这个案例所描述的事件蕴含着教育教学中的某种矛盾，并导致矛盾的激化、观点的对立。这些矛盾与对立构成了曲折而生动的故事情节，这正是“教育道理”、“教育规律”的寄居之地。一个故事是否能够给人带来启迪，乃至震动，除了它在感情上引起共鸣、认同之外，更重要的是让人从这些教育矛盾、教育困境中领会教育道理。精彩而有意义的教育故事，总是悄悄地把教育道理隐藏在教育矛盾之中。

（四）外语教育反思

“反思”在现代汉语里的意思是“思考过去的事情，从中总结经验教训”。用通俗的话说，就是“回过头来想想”。这里至少包含三层意思：一是回顾自己的经历，二是对已有认识的质疑，三是用新的视角重新思考。

“反思”是教育叙事的灵魂。“外语教育反思”作为叙事研究的一种呈现方式，就是对自己的教育经历、教育行为、教育实践中存在的问题进行反思性认识、批判性思考。它是外语教师以自己的教育实践活动为思考对象，对自己在教育实践活动中所做出的行为决策，以及由此而产生的结果进行的审视和分析。美国学者认为，“反思是立足于自我之外的批判地考察自己的行动及情境的能力”。[86]外语教育叙事研究实质上就是种反思性研究，需要教师对自己的教育教学活动本身做出多角度的审视深思、探究与评价，把教育教学行为的成功与失败提到理论层面进行分析思考，以此来积累经验，吸取教训。离开反思，外语教育叙事研究就会变成为叙事而叙事，也就失去了它的真正目的和意义。

教师在开展外语教育叙事研究时，需把日常的教育经验编制成具有价值的和具有现实意义的事件，使每天发生的平凡碎小、单调重复的教育活动具有一种独特韵味。在这个过程中，教师不断审视自己的教育行为，反思自己的实践活动，查考自己的理想、信念、价值观，以此促进自身的专业成长，并把自己过去接受的抽象理论置于实践和理性的观照之下，使理论接受实践的检验和评价，也使实践获得理论的启发和指导，从而使外语教育理论和外语教育实践二者在相互的融合过程中得到丰富和提高。

在外语教育叙事研究中，反思是一个重要组成部分，“一部好的教育叙事研究，不仅是教师自身心路历程的真实反映，同时也是其他教师借以反思自身的基础和对照学习的镜子”。[87] 从这个意义上说，外语教育反思既是外语教育实践的理性体现，又是自我提升的起点。如果说外语教育理念为教师提供了反思的方向，那么外语教育叙事则为教师提供了反思的平台。

教育叙事研究通过教师讲述自己的教育故事来反思自己的课堂教学，反思的目的在于解决教育教学中的实际问题。教师在日常工作中，每天都身处各种各样的问题与情境中，会逐渐积累许多应对问题情境的策略和经验。这些经验是教师在长期的教学生涯中自然地、无意识地积累起来的，是不断尝试的结晶。不少教师对改进自己的教育行为表现出一种主动、积极的态度，即有意识的、自觉的实践反思。这种自觉的实践反思，使零碎的教育经验得到梳理，并上升为一种理论认识。

下面的《老师和你打个赌》是德州学院大学外语教学部 Z 老师讲述的教育故事及她的教育反思。

刚接手这个班，面对新的教育环境、新的教育对象，我竟像孩子那样充满了好奇和兴奋。可两天后，这欢快的进行曲里却掺杂了一些不和谐的音符。

班上有个学生不爱做作业。任你苦口婆心地劝说，他总是口头答应，却依然我行我素。

其实，S 这孩子脑子挺灵的，上课回答问题的时候常常会冒出一些别人想不到的妙语。说实在话，我对他真是又爱又恨，恨铁不成钢。

“我敢打赌，你输定了！”瞧，课下他又在拍着胸脯对同学吹牛。

打赌，又是打赌，打赌能代替做作业吗？想到这儿，我忽然灵机一动，何不也与他来打个赌：

“S，老师也来和你打个赌，你看怎么样？”

他愣愣地看着我，好一会儿才半信半疑地问道：“老师，你是真的要跟我打赌？”

“当然是真的啦！”我问他，“怎么，不敢跟我打赌？”

“行啊！”他蛮有把握地说，“打什么赌？肯定还是我赢！”“那可不一定。”我也毫不含糊地说。

“老师，你快说说打什么赌！”S 有点迫不及待。

“假如你赢，我就送你一本《三体》。”我以缓对急，故意卖关子。

他没有想到，竟有这等美事！几乎高兴得手舞足蹈。可见，科幻小说对他的诱惑力之大了。

“假如你能这学期每次准时完成作业，就算你赢了。”我言归正传地说。

“这呀，其实也很容易。”他又拍起了胸脯，“嗯，老师，我敢打赌你输定了。”

我笑眯眯地看着他，没有说话。

想不到 S 还挺守信用，一个学期真的没落过一次作业。虽然有时做得比别人质量差一点，有时书写得差一点，但是没缺过一次。让他订正或重写，也没有异议。我当然也履行了自己的诺言，把我心爱的科幻书送给了他。那一刻，他显得异常激动，几次欲言又止。

一个学期之后，我什么也没再说，而S每次的作业都完成得很好。我好几次注视他，他总会用眼神告诉我他的自信与骄傲，告诉我他的感激与信任。

我知道，这一次学生赢了，我也赢了。

教育反思：记得卡耐基曾经说，“使一个人发挥最大能力的方法是赞扬和鼓励”。这件事使我感触颇深，假如我当初对学生一味地批评，可能会使他失去信心。而今我利用他爱打赌和争强好胜之心，因势利导，给他个上进的机会，让他体验到了成功的喜悦，享受了成功的快乐。

这件事对我今后的教育教学工作很有启发：要心中装着学生，想学生之所想。首先需体贴他，从学习、生活、家庭及心理等方面去了解学生，始终把自己的目标定位于培养学生的健全人格，真正做到一切为了学生，善于发现学生身上的闪光点，针对他的爱好、兴趣、性格等特点，找到开启学生心灵的钥匙。

Z老师记述了一个生动的富于情节的教育故事，并通过自己的教育反思，记录下了她的教育智慧、教育机智、教育灵感，以及师生共同的创新见解背后所体现出的新的教育理念。通过这样的反思，可以对教育有更为清晰的理性认识。

现代教师专业发展的研究认为，经验加反思是教师专业成长的有效途径。外语教育叙事研究，为教师在已有经验基础上展示自己的反思成果搭建了一个舞台。“教师成为研究者”是时代提出的要求，因此，着力提高教师反思实践的能力，是教师所要达到的能力目标之一，正被越来越多的教师所理解和接受，成为教师成长的不竭动力。

反思性教育研究在国际上十分流行。美国肖恩倡导在以案例为对象的反思性思考中把握原理，并提出教师要成为“反思性实践者”。亨得森要求教师作如下的反省：通过多视角的探究，更多关注他人的工作及他人的思维与情感的多维度特性，通过探究不同的观点来挑战自我，拓展自己的视野，明白这个世界不是围绕着自己的观念转的，明白观念的多样性是教育工作的基本特征。[88] 教育部《关于加快建设高水平本科教育全面提高人才培养能力的意见》中也强调教师对自己教育行为的分析与反思，要求教师经常反思自己的日常教育教学工作，努力探索有效的教育教学的策略与途径。

二、外语教育叙事研究的类型

“在人的身上，有许多表现是非理性的，用理性、知性与道理无法说明，却是实实在在能感觉到的东西。”教育本身就是一个人性灵动的领域，很多东西无法用明晰的理论和严谨的思辨说清楚，教育叙事的过程实质上就是角色人物的感觉与文本读者的感觉交汇，通过对人身上这种“能感觉到的东西”的描述与挖掘，让这种“能感觉到的东西”自己站出来说话，也就是“让事实本身来说话”。

那么，“谁的事实在说话”，“什么样的事实在说话”，“所有的这些事实是通过什么样的方式去说话”，由于选择人与选择方式的差异，叙事也就呈现出多种多样的情景。

上海师范大学的岳龙博士指出：叙事角度可以灵活多变，随心所欲地转换，这是教育叙事研究的一大特色。叙述可用听闻、查阅文件、采访、转诉等方法来调度。[89]

具体来说，外语教育叙事研究的基本形式主要有两种。

（一）教师自身充当叙事者和记述者

教师担当“叙事者”和“记述者”的方式又称为教师“自我陈述式”，主要是教师通过自我陈述故事来反思自己的教育实践，并在反思中改进自己的教育方式和教育结构，重建自己的教育生活。

教师作为“叙事者”来讲述自己的外语教育故事，在讲述过程中，改变了在以往教育研究中的“被动”地位，成为一个直接面向自己教育实践的、积极主动的思考者和研究者。教师直面自己的教育现实，通过讲述故事的方式，从自身经历的教育生活中梳理与寻找自己的教育故事，对自己的经历重新进行咀嚼、回味和反思，在整理自己思考所得的过程中，获得对某种教育思想的豁然贯通。正如《大学》之朱熹补阙文所说：“至于用力之久，而一旦豁然贯通，则众物表里精粗无不到；而吾心全体大用无不明矣。”[84]在此，教师通过自己的叙事，由表及里直达个人和他人的内心世界，把所有的概念、原理、规则都归隐在所叙之事的背后，让其思想和所蕴之理通过叙事显现出来。

教师作为“记述者”，用个人传记或教育手记、教育札记等来汇集自己的教育故事。这些用类似于“自传”的方式叙述的教育故事，是教师个人的教育实践，是教师个人的用力探索，是求得解决方法的教育问题，而外语教育叙事实质上就是一种行动方式。在后续的研究中发现，叙说的关键是叙说之前的行动。如果教师不改变自己的行动，他将无话可说。教师叙说教育故事的目的，是通过自己的教育故事来“反思”自己的教育教学，这不仅是一个叙事的过程，也是一个叙事的行动研究过程。这种研究方式意味着教师开始以自己的生命经历作为研究背景，来观察和发现教育世界，形成一种自我认识、自我完善、自我建构的良好状态，并以此作为教师转变教育观念和教学行为的重要契机与突破口。

教育叙事研究作为行动研究的方式之一，需要有行动者（高校教师）参与。如果仅由专家学者主持，而不是教师参与实施，或是在教育研究者的指导下进行，这项研究就不能称为行动研究。行动研究是为了改进教师的教育教学实践，而不仅仅是去验证某种理论假设和结论。以叙事为特征的教育行动研究，既不同于一般的教育实验研究，也有别于一般的经验总结。它按照教师参与的方式和程度，可分为以下三类。

第一类是教师对某个教育问题的解决过程直接记录。由于行动研究强调研究的主题就是解决某个具体教育问题的过程，所以行动研究就意味着教师的教育行为或学生的学习行为获得某种改进。如一位教师在一则教育日记《爱的关怀》中这样写道：

每个学生都需要爱，特别是有某种学习缺陷的学生，他们更需要教师的关爱与呵护。我们班的晓喻同学有些口吃，说话、读书常引起同学们的哄笑，使他几乎不敢在大家面前说话，学习、做事都没有自信，自卑心理很重。针对这个特殊的个体，我思考良久，觉得他最需要的是别人对他的理解和宽容。如果不想办法帮他改进，不仅会影响他今后的学习，还会影响他性格的健康发展。首先，我告诉班上的学生不要嘲笑他，要多关心他、帮助他。于课余时间，我经常找他交谈，让他不要胆怯，大胆地说，不要着急，想好了再说。在外语课上，我有意给他一些发言的机会，这样坚持做了一年多，他进步很大，上课也敢主动发言了。面对此情此景，我感到无比欣慰。当学生出现某些问题或偏差时，他最需要的是爱的关怀。应尽量避免伤害学生的自尊心，造成其心理障碍。应想方设法给予学生尽可能多的爱护和帮助，为他提供一个改正错误的宽松环境。

第二类叙事是教师对某个教育事件的反思。有些时候，某个教育事件最初没有引起教师的注意，但它在发展过程中会受到教师的关注，于是教师应回头思索、记录整个教育事件的发生与发展过程，并从中得到某种启示，比如，F老师在和一名学生发生矛盾后，写了一篇反思手记《用心交流》。手记中这样写道：

我初次踏上工作岗位时，担任了大学一年级艺术班的大学英语的教学工作。在这个班中，我第一次感受到了大学生的自由不羁，他们有着强烈的自主性和自尊心。在这一群孩子中，有一个最特别、最具个性的学生杨萌，她在班上有很强的号召力，也很受学生们的欢迎，但她是老师最难说服的一个学生。

我刚开始教这个班时，还没有从一个大学生的角色完全转变过来，所以特别能体会到学生的一些感受，很快就与学生们打成了一片，因此也受到学生们的喜爱。我与学生的交情越来越深，与杨萌同学也结下了很深的师生情与朋友情。但是随着时间的推移，我的脾气越来越有些急躁，我曾经最信任的得意门生也开始对我有意见，甚至不听我的话了。

我与她的第一次正面“交锋”，是在一次英语写作课上。那天，我为了检查学生们遵守纪律的自觉性，在教室来回走动。这时，作为班干部的杨萌居然当起了学生的“密探”，注意起我的行动。我快到一个同学的座位时，听见她在小声提醒一个在看手机的同学说：“来了，来了。”我一听，顿时火冒三丈，气不打一处来，当着全班学生的面冲她说了一句：“你就是这样当班干部的吗？”

面对我的严厉诘问，杨萌没有说话。

下课后，我把所有的气都撒到了她身上，厉声说道：“杨萌，你这样做对吗？平时我对你够不错了吧！你有什么问题或困难，只要向我提出来，我都会尽力帮助你解决。我并不期望你回报什么，最起码你也不该像今天这样。作为班干部，看到班上的同学出现学习不认真的苗头，你就应该帮着做同学的思想工作，而不应该起相反的作用。你太不像话了，我对你太失望了！”

这是我第一次如此重地批评她，而且是采用了非常极端的方式。然而压力越大反力越强。她突然顶撞我说：“我对你也很失望。你现在总是认为我们不听话，动不动就对我们发脾气，你不再像以前那样，会静下心来听我们说什么，不愿多听一句我们的解释。我们出一点错，你不问缘由就是一顿批评，一顿训斥。你想过我们的感受吗？”

听她一番肺腑之言，我意识到了问题的严重，也知道了问题的症结所在。但是我不愿失去老师的尊严，说道：“你不要找别的理由，应该从你自身去找找原因。你是学生，我是老师，你不要和老师比高低。”杨萌听了我这番话，不再说什么了。

这之后，我发现杨萌对我的态度完全不一样了。以前什么话都跟我说，现在是什么话也不跟我说了。

事后我冷静下来，也开始有点后悔，自己年轻气盛，有时是在跟学生计较、斗气。对学生说话只想着痛快、解气，并不认真考虑一下前因后果。

前事不忘，后事之师，我想重新找回以前的我。经过多次的努力，将心换心地去对待杨萌，我们之间的关系渐渐有所缓和。于疑无路中又见柳暗花明，她又开始主动接近我了，我第一次感到了学生的单纯和善解人意。

又是一次下课后，她来找我，对我说：“老师，那天是我做错了，您批评我是对的，我顶撞您，是我太不懂事了。我并不是成心的，看到您发脾气，说出那样伤人的话，我一时接受不了。心想原先那个理解我们、体谅我们的老师不见了。老师，我们真的很喜欢您，有时候说的话是想引起您的注意，让您多关注我们。反正那次是我错了，以后再也不会发生这样的事情了。”

说完，她默然地走了。她的话深深感动了我。

与学生的交往也是一门学问，学生的心就像一颗晶莹的露珠，是那样的脆弱，又是那样的剔透。当我把对他们的“宽容”变为“呵斥”的时候，学生们对我已不是喜欢，而是反感了。在一定的条件下，事情会向着相反的方向发展啊！我认识到了问题的症结所在，决心从头开始，用“心”去和他们交流，慢慢地学生又恢复了往日对我的热情。这件事给我留下了极其深刻的教训，作为一名教师，首先要有一颗平常心，不能老是想着用教师的权威压制学生，师生人格平等；教师的职业原本就该不期望任何回报，学生的点滴进步和成长，就是教师最大的快乐。

最重要的是教师要有一个宽容的胸怀，不能拿成人的眼光去要求学生，应该善待每一位学生。“有时宽容引起的道德震撼，比惩罚更为强烈。”我记起了苏联教育家苏霍姆林斯基说的话。

第三类是自传叙事，是有关个人如何成长或自我如何演变的故事。在某些情况下，自传作者并不打算描写一个他人已经知道的自我，而是去探索另一个自我。这个自我尽管有所变化，却是从一开始就存在于作者自身，等待着一次自我发现。

江苏大学吴鹏老师撰写的《优秀大学英语教师的成长历程与反思：一项叙事研究》一文中讲述了一名英语教学名师——邹老师的专业成长的故事。[90] 邹老师曾三次获得校级教学质量成果奖，两度获得校级优秀教师称号，科研成果丰硕，主持三项省部级课题，是位优秀的教学、科研并重型英语教师。邹老师近 20 年“跌宕起伏”专业成长历程可以用“懵懂”“迷茫”“明朗”“无奈”和“坦然”五个关键词来概括。这五个具有“本土概念”意义的词语非常贴切地诠释了邹老师专业发展历程的五个重要阶段。

1.“懵懂”：1992~1996 年

走上教师岗位的前三年是邹老师“最繁忙的三年”。作为新教师，他与其他年轻教师一样被安排了大量的教学任务，“如何站稳讲台”是他最为关切的问题。“那时认为教师的任务就是上课，能站稳讲台就不错了。刚毕业那会儿没有任何教学经验，学校又没有专门的新教师培训。只能去图书馆借一些教学技巧的书来自学，有时还买一些英语幽默大全什么的，上课穿插讲上几个，学生很喜欢。后来我又连续半年抽空去听了十多位老教师的课，做好笔记，回宿舍后仔细研究哪些方法我也可以使用。”

可见，对于那时没有接受过任何系统职前培训的邹老师而言，教师这个职业的全部内涵就是给学生“上好课”，而能把课上好的最主要方法就是要知道如何组织课堂并灵活使用各种教学技巧。当问起为什么会有这样的想法时，邹老师这样说道：“教研室那时有三四个工作很多年的老教师，他们都得过好几次教学优秀奖，有的甚至年年都是优秀。每次教研室开业务讨论会都是他们在介绍教学经验，他们就是我们这些年轻老师的榜样嘛，那还不跟着学啊？跟我差不多时候进校的同事好像整天琢磨的也就是怎么上好课的问题。再说，我们上大学时最喜欢的好多老师从来不做什么研究，也不发表文章，就是课上的精彩，会调动课堂气氛，学生都崇拜他们。我刚工作那会儿就想成为这样的老师。”这说明，邹老师早期的专业观与职业观主要受到周围的工作环境及其本人所受教育的影响。其中，同行前辈（包括有经验的老教师以及他自己的大学老师）的做法对他的专业行为有着很强的示范作用。

2.“迷茫”：1996~1997 年

工作三年多之内，邹老师都在“紧张忙碌之中度过”，几乎没有时间停下来思考“接下来的路应该怎么走”。1996年6月的几场讲座让他第一次认真地思索自己的专业发展。“学期末我和另外两位老师一起到南京去参加教育厅组织的英语教师培训，有幸聆听了四位著名专家激情洋溢的讲座。讲座中，我听到了‘教师作为研究者’‘专业成长’‘专业发展’这些新鲜词，给我造成了很大冲击。原来大学英语教师的任务绝不仅是上好每一节课，还要去研究语言，研究文化。只有这样才能让自己的专业知识和技能得以发展，也才能真正地上好课。回想过去的三年，简直忽略了自己的学习与进步，这样下去不是荒废了吗？”专家的讲座让邹老师对“大学英语教师”的丰富内涵有了初步的认识，明白了教、学、研三者统一的必要性和紧迫性。但是真正实践起来，他才发现问题很多。“回来后我查了很多关于教师职业发展和教学研究的文献，对如何学习和研究有了些许认识。但实践起来有困难，很多方法都是理想化的，语言也晦涩难懂，一些教学法对我来说就像‘空中楼阁’，跟我们的实践相距甚远。感觉他们好多研究跟大学英语教学基本没啥关系。我似乎又回到了原点，很迷茫，能做到教、学、研相促进吗？”

邹老师1996年和1997年的工作日志上详细地记录了他当时阅读过的文献。我们发现，这些文献或是单纯的理论引介，或是国外理论的生搬硬套，既没有扎根于中国的外语教育实际，也没有涉及大学英语教师亟须解决的问题。正是这样的研究格局让邹老师对以研促教的可行性产生了怀疑。

3.“明朗”：1997~2003年

为了“增长学识，开阔视野”，同时也为了找到“教、学、研的结合点”，1996年年底，邹老师报考了硕士研究生并以优异的成绩被江苏省某重点师范大学录取，从此开始了三年的在职读研生活。邹老师认为这是他“至今为止最为重要的学习经历”。“看了很多国外的语言习得研究，知道如何去发现和解决问题，也亲身体验到教学与研究真的不能分。只有去研究教学过程中真正存在的问题，研究才有实际的价值与意义，对教学的帮助才能体现出来。我当时就发现很多学生英语写作经常带有中文遣词造句的痕迹，后来我就针对这种语言迁移现象做了一项实证研究，还根据研究结果设计了新的写作教学方式，效果确实很好。”研究生阶段深入广泛的学习让邹老师真正理清了教学、学习与研究三者之间的关系，也让他明晰了自己的发展方向。毕业后的三年里，邹老师逐步确定了自己的研究方向，在教学和研究两个方面都取得了“较好的成绩”，顺利晋升为副教授。对于毕业后如何走上“独立发展”的道路，邹老师是这样说的：“我先试着每上完一天课，就把课堂上注意到的现象及时记下来，一段时间后再集中起来综合思考就能发现不少有意思的研究问题，我会带着这些问题采访学生，摸清他们的看法，然后通过各种途径搜索国内外的相关文献，研究透彻之后就在教学中试验一下，看看能否加以改进或创新。就是通过这种方式，三年里我在外语类核心期刊发表了五六篇应用语言学论文，教学方法和手段上也有很大突破，还连续两次拿到了教学质量优秀奖。”由此可见，在教学反思中发现研究问题、在研究中解决教学问题是邹老师较快走上自主发展道路的主要途径。从1999年开始到现在，邹老师基本上每两天就有或简或繁的教学记录和教学感悟。他认为，这些及时、持续的教学反思为专业成长立下了“汗马功劳”。

4.“无奈”：2004~2005年

2004年8月，邹老师以优异的科研和教学业绩被选聘为外国语言学及应用语言学专业的硕士生导师。对于这一殊荣，邹老师并未兴奋太久，因为他感觉自己的专业发展似乎“走入了死胡同”：“那两年大学生特别多，每周要上十七八节课，每天最少4节课，而且还是不同的教材。白天忙上课，晚上忙备课，还要照顾一家老小，特别疲劳，根本提不起精神去学习、充电，更别提做啥研究了，感觉很无奈。2004年9月开始我还要指导两个硕士生的学习和研究，压力就更大了，当时整天后悔做硕导，甚至打了退堂鼓。”过于繁重的教学任务挤压了邹老师原本用于学习、反思和研究的时间，生活的天平几乎都倾斜到了上课这个教学环节。在此重压之下，邹老师的教学热情“受到了不小的影响”，“课堂教学质量也在下降”。令他觉得“雪上加霜”的是学校那时推出的科研制度：“学院下半年规定副教授每年完成200个科研业绩分，也就是说我一年得在核心期刊上发表三篇以上的文章才能完成工作量。你也知道，我们大学英语是基础课，课时多，不像专业英语老师有那么多富余时间，很多研究的周期都是半年以上，一年能磨出一篇高质量的论文就不错了。这就像跳远，尺度标得太高，看不到希望，我就懒得跳了。”“生硬”的量化指标挫伤了邹老师的研究积极性，但考虑到职称晋升、奖金发放，他又必须“硬撑着往下做”。这让他觉得自己就像个“耍把戏的猴子”，整天都被这些制度和规定“牵着鼻子走”。邹老师2004年11月27日工作日志上的一句话真实地反映了他无奈的工作状态：“××提的意见也有道理（作者注：该同学在课后向邹老师提出最近的上课进度有点快，好些语言点没讲透彻）？教学上疏忽了？教学还是科研？学生还是职称？恐怕都搞不好。无奈。”

5.“坦然”：2006~2010年

“沉寂”了近一年之后，邹老师决定重新理顺自己的工作与生活。促使他跳脱无助、无奈局面的是对学生、工作和专业的那份责任感。“2006年寒假快开学时翻开教材准备备课，看到以前留下的密密麻麻的备课笔记和学生的问题记录，真的感慨万千，以前那个认真、负责的我到哪里去了？想想过去一年浑浑噩噩的日子，我有点后怕，这还是大学老师吗？再这样下去，肯定要被淘汰！”

经过认真的思考和规划，邹老师在开学时退掉了近一半的教学任务，并用节省下来的时间将自己的两名研究生和八名青年教师组织在一起成立了英语教学研究小组，定期召开讨论会，共同探讨教学和科研中遇到的问题。“成立研究小组的想法其实源自我对研究生阶段学习的记忆。那时我们导师每周都组织一次讨论会，就每人的研究进行深入探讨，冒出好多有意义的想法。现在看来，小组的成立让我们受益匪浅，群策群力的效果是‘单干’永远赶不上的。”四年中，小组成员在邹老师的带领下制作了四册的教学课件，还合作发表了近20篇文章。邹老师认为，目的明确、任务式驱动是这个科研小组能够得以成功运作的主要原因：“最重要的就是大家都有明确的目的：把自己的专业做上去。组员都有各自的任务，每周开会时汇报一周发现的教学问题，然后对这些问题各抒己见，探讨怎么解决。此外还要做读书报告，分享阅读体会。这种任务式的合作让大家都能真正参与进来，效果不错。”回顾过去的四年，邹老师认为自己在专业技能、素养和心态上较之以往都有了不小的进步，正在“趋于成熟”。“跟四年前相比，我对自己的专业前景有了十分明晰的把握，也可以说比较坦然了，基本不会因为一些外在干扰而打乱自己的发展计划。在教学和科研上也算是游刃有余，很多时候我都在享受做教师给我带来的那份从容与坦然，乐在其中吧。”

正是在像邹老师这种自我发现、自我反思的叙事过程中，教师才有可能构建自己个性化的教育理论。

在教育叙事的行动研究中，教师以参与者而非旁观者的姿态、以当事人而非局外人的角色去捕捉问题、提出问题，进而解决问题。行动研究鼓励教师从自己亲身经历的教育生活中清理、寻找出自己的教育故事，在清理、寻找自己的教育故事的同时，形成自己的独特眼光。

肖恩提出的教师成为“反思性实践者”的理念，直接推动了外语教育叙事行动研究的发展。肖恩将这种行动研究的任务概括为三个方面：一是理解教育事件的意义并作出反应；二是进入教师的思维方式，记录或展现教师的看法；三是用这些办法使教师更少有抵制倾向。[29]

教师叙述并记录下自己的教育故事，是自己的教育经验的一种表达方式。现在大学英语教师最常用的教育研究方法是“经验总结法”。但教师在用这种方法对自己的教育事件描述和分析时，更多地是只有“总结”而没有“经验”，教师的经验人为地与总结剥离，而把“教育理论”硬塞进去，结果经验总结变成了一种他人理论的复述。实际上，不同的教师即使总结出同一方面的经验，也是在不同的教育情境中提炼出来的，其中最有价值的东西，是那些具体的教育场景中真实的事例。这些生活故事是真实的、丰富多彩的，也是平凡普通的。但正是这些平凡而普通的故事，用它的真情实感拨动着读者的心弦。“当教师不直接谈论教育理论，只反思教育生活中发生的教育事件时，教师的教育理论常常蕴涵其中，而且这些教育理论已经不是一般意义上的理论，它已经转化为教师的教育信念。”[91]教师讲述并记录自己的故事，用独特的思维去把握故事中自我和他人的转化过程，并从中体悟出一些感受，就可以形成独具个性的理论和风格。

（二）教师叙说，教育研究者记述

教师只作为叙说者的方式，又称为“他人记述式”。这种叙事方式是教师叙说，由教育研究者以教师为观察和访谈的对象，以教师的想法或所提供的文字资料等为“解释”的对象。

“叙说者”主要是教师，也包括学生、家长、学校管理者等“人的述说”和档案资料、校风校训等学校历史文化及日记、自传材料、图片、信件、音像等资料的“物的述说”；教育研究者是一个“解说者”，解说者就是讲故事的人，他所解说的是正在发生的故事；解说者通过叙事而使这一事件得以呈现，又在解说中使故事的主线和研究者的分析交叉出现，这样所叙之事，通过研究者的解读，具有了特殊的意义。解说的目的是使人们理解某些事物及教育信念。下面是发生在三位大学英语教师身上的故事，由研究者创作并加以解说。

虽然很多学生喜欢民主型教师，但是也有个别同学希望教师能够加强对学生的管理，有些学生甚至偏向于权威型的管理，主要是一些男同学。J 男同学相对权威型教师和民主型教师，对放任型的教师抱着强烈的反对态度。

比如说，Y 老师，一天上午最后 10 分钟，不少学生坐不住了，窸窸窣窣开始收拾东西。老师生气地说：“还没有下课，下课前几分钟，你们就收拾书包，不到 12 点不许回去！”

学生们立刻安静下来，老师停顿片刻，继续刚才正在布置的作业，然后就说：“自由下课。”这时离 12 点还有整整 5 分钟。老师自己说的话就不算数，怎么能令行禁止呢？后排的两名学生边收拾书包边交谈，一个说：“刚才老师布置的作业说什么时候交？我没听清。”另一个说：“你急什么，老师虽然说后天交，但老师每次布置的作业，不都只是课堂上提问抽查吗？”现在学生非常“精明”，他们能分辨出哪些话是老师随便说说，哪些话是必须令行禁止的，也能分辨出每个老师做事的风格。老师应该对每件事都有具体的安排，绝不能让学生有令不行，有禁不止。[92]

研究者通过实地观察，对 Y 教师本人，以及学生和她的同事进行访谈收集事实材料。在此基础上构建“故事”。从故事中发现和整理教师的行为“惯例”，由这些“惯例”推断其行为背后隐含的个人教育信念，并在研究者和教师之间多次沟通对话，力使观点趋于一致。而在相互保留个人意见的部分，则将双方的观点一并转述之。

这种研究方式有一个重要的前提，就是研究者与述说者之间必须坚持开放性、平等性和相互信任的对话原则。对话原则以研究者与述说者心理世界的开放为特征，以双向互动为方式，通过语言交流、心灵交融的多元对话，达到世界的融合，使双方都能从对话中获得道德和理性的升华。

在以往的教育研究中，研究者和被研究者之间常常缺少平等的对话。研究者往往以权威的面目出现，并利用各种先入为主的暗示引导被研究者，没有必要的沟通与交流，无法获知或真正理解研究对象的真实态度与体验，得到的研究成果也就不能有力地指导教育实践。所以，研究者和被研究者之间必须首先建立一种相互平等、相互信任的对话关系。

首先，对话要在民主、平等中体现主体性。教育叙事研究中的对话原则，不仅仅是狭隘的语言交谈，而且也是双方各自向对方敞开心扉和互相接纳的过程。因此，对话需要建立在最基本的平等和民主的关系之上，研究者和教师之间，不能是研究与被研究、限定与被限定的关系，而应是平等的民主的、和谐的、充满信任的双向交流的关系。在这样的关系中，教师是具有独立意义的人，主体意识觉醒,会使他们主动交流自己独特的感悟。只有这样,研究者才能探究到一个真实、真诚、自由的心灵世界，收集到真实的材料，梳理出叙述者的实践经验，研究者才能建构起一个相对完整的教育故事,从而实现教育实践和教育理论的某种契合。

其次，对话是在互动合作中实现生成。外语教育叙事研究是合作的艺术，成功的合作有利于双方持续不断的发展。互动合作是对话的基本手段，研究者与教师在互动过程中实现着多种视界的对话、沟通、会聚、融合，不断产生新的视界，让教育理念的探求不断增加新的内容。对话本身具有一种自我生长的内在机制，它指向更深邃、更新颖、更富有启发性的对话。建构主义认为："对话超越了单纯意义的传递,具有重新建构意义、生成意义的功能。来自他人的信息为自己所吸收,自己的既有知识被他人的视点所唤起，这样就有可能产生新的思想。"这种在合作氛围中的对话，当然会超越传递信息的功能，生成或建构新的认识和观念。

最后，对话激励机制在反思、探究中创新。对话原则的核心是问题意识，没有问题就没有对话。传统的教育研究以得出结论为第一目的，教师和学生成了为研究而存在的工具，研究过程重认知而不重情感，丧失了内在人格意志和精神世界的丰富性。对话原则改变了以往单向输出的研究模式，使教师成为合作研究的主体，成为"反思的实践者"和自主探究者、发现者。在这个"研究共同体"中，在各种思维的碰撞中，不断加以自省，获得完善自身、自我超越的动力，最终成为能动的、创造的、富有对话理性的研究者。

第二节　外语教育叙事研究的内容与方法

一、外语教育叙事研究的内容

外语教育叙事研究的范围是"事"，这些"事"是教师教育教学之事，是教师生活的“故事”。教育叙事研究就是研究教师在日常的教育教学活动中所遇到、所经历的各种事件。这些事件会长久地影响着学生的发展，影响着教师的生存，影响着学校的教育教学。因此，外语教育叙事研究无论对教师本人、对学生或是对教育事业乃至对社会来说，都具有深远的意义。

外语教育叙事主要是从外语教育思想、外语教育活动、外语教育对象几方面来进行研究的。

（一）研究外语教师的教育思想

外语教育的表层之意，是使学生准确和熟练地使用外国的语言和文字。欲做到这一点，除了很好地学习语法、阅读和写作之外，还须深入地了解包含于其中的思想、伦理和审美等方面的内容。也就是说，在进行知识教学的同时，不能忽略其中的人文性教育。否则，是无法全面地完成外语教育任务的。外语教育更为深层的意义，是关注人的生命的升华与完善，即“立德树人”，这也是社会主义教育的根本任务。这种具有根本意义的努力和追求，无疑是每一位从事外语教育的老师都应该达到的自觉境界。这种境界来自教师的素质教育思想。

教育思想是从具体的教育实践中提炼、概括、总结出来的。比如，唐朝韩愈的教育思想首先体现在他对教师问题的见解上。韩愈在《师说》中提到：“古之学者必有师。师者，所以传道、授业、解惑也。”[93] 这是教师必须担当的任务。韩愈还认为：“生乎吾前，其闻道也固先乎吾，吾从而师之；生乎吾后，其闻道也亦先乎吾，吾从而师之。吾师道也，夫庸（岂）知其年之先后生于吾乎？是故无贵无贱，无长无少，道之所存，师之所存也。”[93] 无论社会地位是高或是低，无论年龄是长或是少，谁掌握了“道”，谁就是师。如果教师没有“道”，那就不能称其为教师。学生“从师”，即“从师道”。为人师，必须忠于道，必须传道卫道；而传道又是通过授业来实现的。所以衡量教师的标准首先是“道”，其次是“业”。具备了“道”与“业”，方可为人师。既然把“道”与“业”作为教师的标准，那么，谁先得“道”，谁有学问，谁就是师，所以“弟子不必不如师，师不必贤于弟子，闻道有先后，术业有专攻，如是而已。”由于对“道”的某方面的造诣不同，由于对“业”的某方面的专攻有殊，学生不一定处处不如教师，教师也不一定处处比学生高明。总之，韩愈在阐述教师的任务、教师的标准及师生关系的问题上，看到了道与师、道与业、师与生之间的既矛盾又统一的关系，其中包含了可贵的朴素的辩证因素。他的这一教育思想，影响中国教育甚巨，对今天的素质教育也具有很高的认识价值。

教育思想包括教育观、教学观和学生观。教育思想决定教师进行教育教学活动的目的、内容和方式，影响着教育教学活动的水平和效果。教师只有树立正确的教育观，才能够以开放的姿态对待每一位学生，才能具有学而不厌、诲人不倦的职业道德情感。

教育实践活动是在一定的教育思想指导下进行的。教师的教育思想具体体现在他们的教育教学行为当中，表现为教师的教育理念先进与否、教育认识独特与否、教育方式科学与否。教师教育的理想、认识、看法、见解渗透于日常的教育教学活动中，指导着教师的教育教学行为。教师具有怎样的教育思想，秉承怎样的教育信念，直接决定着教师在教育教学活动中采取的一系列做法。

德州学院大学外语教学部W老师基于对外语教育思想的体验与研究，在教育教学中探索出的多种形式与方法，也是一个很好的典例。她强调“情感教学”，认为教师教学要“声情并茂”，要“体作者之情，察作者之意，文脉、情脉双理清”；要“选准动情点，以情激情，满怀激情启发、提问、讲述、剖析”；教师要鼓励学生用自己的眼睛去发现语言文字的美，要重视学生的朗读训练，把课文中的重要段落、关键词句反复朗读，把无声的文字变成有声的语言，读出感情，读出气势，如出自己之心，亦如讽诵自己的文章。她还强调“教师的教学用语要规范、生动、流畅、悦耳，能在学生心中弹奏。”

有人评价她的教学说，寓教于情，声情并茂，教出趣味，活而有致，即激发一个“趣”字,不忘一个“新”字,揪住一个“情”字,铸就一个“活”字。“趣”，就是讲课要有趣味性。她认为趣味性与知识性、科学性、思想性应紧密相连。“新”就是要有新鲜感。认为学生具有好奇与好胜的心理，新异的刺激物能引起他们的定向探究活动。“情”，就是外语课要“披文以入情”。一篇篇名文佳作，都凝结着作者的思想感情，凝聚着心血。她根据作品中的具体形象，或展开想象，或唤起联想，或联系自己的生活经验和知识，让学生在咀嚼语言文字中把作者寄寓的情思化作学生自己的真情实感。她有时还适当安排有一定深度和难度的内容，使学生体验克服困难获取成功的喜悦。“活”，就是“从心所欲不逾矩”。W老师把传统的教育艺术发挥到了极致，在教育实践和理论探索中，形成了自己独具特色的外语教育思想。她说:“我当了十几年教师，教了一辈子外语，深深地体会到‘永不满足’是必须遵循的信条。正如《浮士德》诗剧中主人公浮士德所说:‘要是有那么一刹那，对我说：停住吧，你是多么美好！那时也就敲响了我的丧钟。’浮士德上天下地求索经历了爱情的悲剧、事业的悲剧，什么都是一场空，但是他没有灰心。最后，他在一块荒芜不毛的海滩上建立起人间的乐园，心里光明，情不自禁脱口而出:‘停住吧，你是多么美好！’这一刹那，浮士德倒地死去。满足意味着生命的结束。”总之，锲而不舍，永不知足，是W老师独特的教学风格与教育思想形成的关键。

外语教育教学是师生共同构建、共同创造的过程，教师对学生应充满信任与希望，充满创新与追求。这样，就会消解教师的权威地位，建立师生之间平等的关系，教师与学生真诚沟通、相互融合，在充满爱与信任希望的和谐合作中不断完善新型的师生关系。倘或相反，教师一言堂，无视学生，提倡知识本位，追求所谓标准答案，就会导致教师面对学生的各种见解和要求无动于衷，造成师生情感的隔膜和师生关系的疏远。因此教师的叙事研究，首先要研究教师的这些日常的教育教学行为背后所隐含的教育思想、教育理念，以为教师的教育教学行为奠定坚实的理论基础。

（二）研究外语教师的教育活动

教育关注人的发展，关注人的个性发展，考诸教育史，应该说这并不是一个新话题。苏联教育家巴班斯基说："教育与个性发展相统一和相互联系，是教育过程的规律。"[94] 有人又说："外语教育是传递以外语课程形式组织的人类生活经验、并以掌握语言为中介进行文化创造，来促进人类个体发展的教育活动。"外语教育是以确立学生的主体地位、尊重学生的主动精神、开发学生的智慧潜能、形成学生的健康个性为根本特征的学科教育活动。它依据人的发展和未来生活的实际需要，通过教育全面提高学生的整体素质。

基于此，在外语教育实践中，有相当多的外语教师善于实施开放式的外语教育活动，他们为学生创设广阔的外语学习环境，让学生在课内课外各类外语活动中不断地积累、揣摩、体悟，从而丰富知识，提高能力，激发蓬勃的创新精神。

优秀外语教师的教育实践证明，在日常的外语教育教学活动的过程中，开展形式多样、丰富多彩的课堂活动的确可以收到外语教育教学事半功倍之效、德才兼收之功。外语教育叙事应该立足于对外语教育活动的研究，使之真正成为教师与学生展现自我、塑造自我、充实自我、成就自我的绚丽多姿的人生舞台。

概括出外语教育活动研究的五个要点如下：

（1）了解社会，把外语教育改革建立在对现代社会科学分析的基础之上。

（2）研究人，把外语教育改革建立在对教育对象个体和群体深入研究的基础之上。

（3）研讨外语教学的任务，使学生具有获取新的知识的能力和运用知识于实践的能力。

（4）通过语言文字的学习与训练，提高对生活的认识能力，增强思考能力和感受能力，外语教学人文化反映了现代外语教育活动的根本意义。

（5）下功夫学习现代哲学、现代教育学、语言学、心理学、社会学，关注文学艺术上的讨论和进展，使外语教育理论与实践有更多的参照系统，提高理论和文化素养。

（三）研究外语教师的教育对象

马克思认为："人的本质并不是单个人所固有的抽象物，在其现实性上，他是一切社会关系的总和。”[9] 人的本质是人的社会性，是各种社会关系的总和，人的本质是发展变化的。马克思主义关于人的本质问题的论述是研究外语教育对象的重要理论基础，为科学认识外语教育对象，正确把握外语教育研究的根本目的和任务提供了基本理论依据。

教师职业的对象是具有思想、感情和主动性、独立性、发展性的活生生的正在成长中的青少年，他们构成了教师职业劳动的主要部分。他们以纯真无邪的思想，以充满好奇的目光，以无所羁绊的想象展示着生命的灵动。外语教师的叙事研究当然离不开对这些具体的教育对象的研究。

具体的教育对象就是指具有不同观点、作风、情趣、个性的学生。这些独特的个体，由于各自的生活环境、社会经历、受教育程度，以及身心发展水平的差异，而各具其特点。教育研究者应准确把握不同类型、不同层次的教育对象的特点和差异，提出恰当的要求，采取有针对性的措施，有的放矢地解决不同教育对象的思想矛盾和学习中的问题，达到外语教学的预期效果。

有人说，过去很长一段时期，教师面对的教育基本上是“师本”教育，而不是以学生为本的“生本”教育。“师本”教育认为教育对象缺少主动性，缺少学习潜能，缺少发展的应然因素。因此，“师本”教育模式把教师的职能与学生的本性相对立，以教师的教为主，剥夺了学生自我自主、主动发展的权利。

当前的外语教育改革，就是要重建“学生为本”教育，重建和谐的、民主的、平等的师生关系，为学生创设宽松的、愉悦的学习环境和民主和谐的学习氛围，使每个学生的潜能得到最大限度的发挥，让课堂焕发生命的活力。

来看《由“插嘴”想到的》给我们的启发。

刚一上课，我就向学生提出一个问题：“昨天请同学们预习莎士比亚诗歌，今天大家一起欣赏一下，Thou | dost | beguile | the world |, unbless | some mother,”话未说完，就听见下面有个响亮的声音：“老师，您读错了，应该读‘Thou dost | beguile | the world |, unbless | some mother。”我愣了一下，当众被学生指出错误，不免有些尴尬。备课时竟然没有留意古诗的读法，不免又为自己的疏忽感到愧疚。怎么办？看着他那自信的样子，我改变了主意，不作解释，也不寻因饰窘，说道：“好！请你给大家讲讲你对这首古诗的理解，好不好？”

在一阵热烈的掌声中，该同学落落大方地走上讲台，将诗的作者、题目的含义到写作背景，以及诗中所表达的思想感情，都生动流利地讲了出来，真是令我吃惊！当问及是谁教给他这么多的知识时，他自豪地告诉大家是他的爸爸。我说：“谢谢，也谢谢你的爸爸。”

班上再一次响起了热烈的掌声。从这掌声中，我仿佛得到了某种补偿与慰藉。

经过这件事，我发现该同学听课更加认真、专注，回答问题也特别积极了。以往我一直认为，学生上课“插嘴”，会影响正常的教学秩序，对学生的“插嘴”

不是以冷漠对之，就是加以训斥，不知伤了多少学生的自尊心，也挫伤了他们发表自己见解的自信与勇气。当我换个角度，换种方法来尝试处理这个问题时，却惊喜地发现这样做，居然带给学生一个充分展示自己的新的发展空间。

学生敢于提出不同意见本身就是主体地位的张扬。教师允许学生上课“插嘴”，无疑改变了过去以教师为中心的师生关系。这样的教法，使学生真正体验到平等、自由、尊重、理解和宽容，也受到了鼓舞和鞭策。只有这样做，才有利于感化和引导学生，实现教学目的，也才能取得学生的信任，引导学生不断前进。

每位学生都是一个独特的个体，这“不仅越来越多地体现在接受教育的学习活动中，而且体现在自我教育中，体现在对教育活动的积极参与中”。学生具有自我意识，为教育准备了不可或缺的条件。外语教育教学，最后总是通过学生的自我内化，来完成知识的获得和人格的建树，学生正是在独立把握客观世界和主观世界的过程中逐渐成长起来的，他们都具有成长的旺盛活力，外语教育就是要促进学生发挥自我的潜能和创造性，使他们在德、智、体、美方面不断地提高，全面地发展。

教师的叙事研究就应该研究学生的认知特点、情意特点、人格特质，研究学生的个性差异、行为特征。当研究将学生生活的真实世界展现于我们面前时，我们就获取了与学生对话、沟通和交流的可能。这样的教育才是真正属于师生的共同世界。

教师今天所面对的教育对象，对教师提出了更高的要求。古人说过“经师”易得，“人师”难求，如何做一个合格的“人师”，时代赋予了更为深广的内涵。做一个更高层次的“人师”，理解和容纳教育对象的存在，让他们依靠自身的潜力来全面健康地发展，这是外语教育的“灵魂”所在，也是外语教育研究的核心问题。

二、外语教育叙事研究的方法

美国课程研究专家艾斯纳提出的“个人知识”或“个人化实践知识”的知识观术语，已逐渐在教育领域中确立了它的合法性。不要认为只有客观的、概念化的知识才是知识，或者认为只有在书本中才能找到知识。如果通过教育叙事来认识自我，那么关于我们自己的实践经验，即“个人化实践知识”，便是一种情感知识。因为“经验是感受性的、附带价值的和值得欣赏的”。为了有效地关注教师的“个人知识”或“个人化实践知识”，学者们倡导采取一系列教师叙事的方法，比如记日记、写传记、讲故事、写信、同行对话、教师访谈、参与式观察等。

（一）记日记

日记是记录个人每天所做的事情和所遇到的事情。非关于个人事情的日记，则多称日志。日记有时兼记对事情的感受，所以有人说它是心灵的花絮。日记是纪实的，因此又被看作人生的史册。如宋人黄庭坚的日记，就被称为“家史”。陆游说：“黄鲁直（黄庭坚）有日记，谓之家乘，至宜州犹不辍书。”乘，于此读圣，即史册或史书之意。陆游本人也有记日记的习惯。顾炎武的《日知录》也属于日记性质。[95]

古今中外许多人都喜欢记日记，加拿大的曼古埃尔的《阅读日记》，运用心灵细读许多作品，优游于经典之中，表达自己的人生思考，也给读者带来了“珠玑满目，美不胜收”之感。鲁迅投身文学事业30年，坚持天天记日记，从未间断过，直至逝世前十几个钟头，还用日记保存下了极为珍贵的史料。日记使人得到的帮助和受益不少。其一，是思想上的帮助。日记像知心好友，它能及时提醒你“做了什么、怎么做的、做得怎样”，使人有个明确的追求目标。日记还像一面“人镜”，时刻照出自己的得失，使人随时拂拭心灵上的尘埃使灵魂得以净化。其二，有广积资料的作用。无论是瞬间感受，还是读书偶得，都可写成日记。做文章时，信手拈来、左右逢源。

教育生活日记，则是对教育实践以及实践反思的即时记录。当你重读几天或几个星期以来的日记时，这些基于日常行为的反思可为你洞察自己的内隐知识提供帮助。养成写教育日记的良好习惯，不仅能培养自己对教育人生的观察、思辨、感悟的能力，通过在日记中的反思、自省，加强师德修养，培养高尚的情操，而且能为外语教育叙事研究积累第一手材料。教育日记虽然只是留下教育生活的斑斑点点，但其意义和价值是不可低估的。

教师须时时留心身边的事物，善于观察外部世界，敏于感知，勤于思考。古人云：“风声，雨声，读书声，声声入耳；家事，国事，天下事，事事关心。”在我们的教育生活中，面对的是一个个富于活力的生命个体，他们时时在变化，每天都是新的，今天和昨天就不一样。他们每个人身上都蕴涵着新奇的故事。这些生动活泼的人和事，全凭我们去感知、去揣摩。一花知春，一叶知秋，一事一物都必然有前因后果，不仅需要观察记录，还需要发掘其内在的意义，在发掘与研究过程中，必然渗透着自己的观点。文成于思，思源于识，没有对周围生活的观察、思考，就不能发现鲜活的日记素材，也不会为外语教育叙事研究带来不竭的动力。

过去的有些教育日记固然有记“流水账”的现象，但不能因此就否定日记的价值和作用。教育叙事就是在教育日记基础上的一种发展。教育叙事虽然有流水账化，但是教师可通过这种形式的“专门”记录，来思考、研究自己身边的“故事”。它所描述之事对作者自己具有崭新的思想意义，比如新观察到的教育现象、新发现的教育事实、新接受的教育思想。所谓“新”，不一定对他人是新的或全新的，有一些叙事作品对别人可能没有特别的新意，对人类文化也没有创新性的发展，对教育研究也没有典型意义，但对参与叙事者可能是一种“新”。教育工作者正是在对自己“新”的观察过程、反思过程中获得成长的。

（二）写传记

传记或自传是一个很有助于反思个人化实践知识的方法。教育自传是自述教育经历。作者为了让别人了解自己所走过的教育生活道路，把自己一段时期中经过的历史，系统而又有重点地介绍出来，融入时代背景周围的环境、人物，以及自己当时的思想状态、所作所为等。教育自传不能写成掺杂虚构成分的自传体小说，否则，就会影响它的真实性和准确性，也会削弱它的历史价值。

教师应尝试用传记来讲述自己身边的教育故事，它是积累叙事研究素材的一个很好的方法。传记也可通过记录别人的教育生活故事，向优秀人物学习，汲取富有教益的营养，充实人生。

传记允许在基本事实和骨干情节真实的基础上，带有某些想象的细节描述。写作传记必须遵循以下原则：

（1）传记须在考察、研究、分析本人或他人的生活情况，所遇到的典型事件及独特表现的基础上，确定传记的主题思想。

传记不同于一般史料，不是纯客观的生活记录，无论写得详繁或是简略，都要表现一种思想倾向，告诉一个道理，或者给人们一定的启发。为此，传记作者须认真观察和了解传主的生活，占有大量材料，科学地研究分析材料，认真地处理与组织材料，给传记确立明确的主题。如果只是材料的堆积，事无巨细的罗列，而无一条主线贯穿始终，就不可能成为真正意义上的传记。

（2）传记须从所写人物的生活中总结出经验教训。这种经验教训最好不要干干巴巴地用说教口气讲出来，而应寓理于叙事之中，让读者自己去品味，去咀嚼。

（3）传记写作中须实事求是，在写作过程中要始终贯彻“不虚美，不隐恶”的“实录”精神，坚持不夸大、不缩小、不编造。传记作品要完全真实，包括时间、地点、人物、事件乃至细节描写。一个重要细节的失真，就会动摇全篇传记的价值。

（三）讲故事

讲故事能在人们的脑海中留下一个丰富而鲜明的形象，善于讲故事能把人带入一个可触可摸的真实环境中，潜移默化地影响人的发展。讲故事是用最通俗、浅显的方式，来表达深刻的道理，借讲故事来诉说事件、诠释相关思想。正如人类学家布鲁纳所说：“故事一开始就已经包括开始和结束，因而给了我们框架，使我们得以诠释现在。”[96] 讲故事是容易引起人们的兴趣、产生较深远影响的一种活动。

讲述自己的教育故事，可以对个人的实践经验进行反思，表达自己的教育理念。不论是成功的经验，还是失败的教训，都可以讲述出来和大家分享，一同受益。因此，把讲故事的方法运用于外语教育叙事研究，可以促使教师敞开心扉，达到教育思想传承的目的。

讲教育故事，是为了向别人传达一件自身经历的教育事件。心理学家认为，讲故事可以改变自己。因为在重新叙述自己的故事中，可以发现新的视角，产生有益的认识，从而产生新的重建力量。简单地说，好的故事可以产生洞察力，或者使得那些本来只是模糊的感觉与生命力得以彰显。面对日常生活的困扰，从不同的角度来“重新编排”成一个积极的人生故事，有可能改变自己的心境。

哲学家萨特说过：“人类一直是一个说故事者，总是活在他自身与他人的故事中，也总是透过这些故事来看待一切的事物，并且好像在不断地重新述说这些故事中生活下去。可以说，故事创造一种世界观、一种人生价值。”[97]

好的故事不仅可以从中寻找自信和认同，而且通过令人愉悦、感动的隐喻故事，可以重新找到面对烦恼的现实状况的方法，找到一个继续努力、面向未来发展的深层动机和强大动力。“为了创造生活的意义，人就面对了一项任务，那就是他必须安排自身实践经验的时间顺序，建立自己和周遭世界前后一致的一份记录。他必须把过去和现在以及未来预期会发生的事件经验连成线性顺序，才能够建立这一份记录。这一份记录可以称为故事或自我叙事。这个叙事如果成功，人对生活就会有连续感，觉得生活有意义。简单地说，若要创造生活的意义，表达我们自己，经验就必须‘成为故事’。”[98]

叙事故事所引发的不是封闭的结论，而是开放的感想，教育叙事研究既有细致翔实的故事描述，又有基于事实的深刻分析。故事里有真情，故事里有真理，故事里有“真我的生命”，通过讲故事可以让教师从中寻找新的教育意义与教育发展方向。

下面是德州学院大学外语教学部G老师的一则教育故事《西方的爵位》，很有情趣与教益。

上午，上读写教程，涉及西方文化中的爵位，我谈到主要有公、侯、伯、子四种。一个学生站起来神情严肃地问道：“我在一些资料上看到应该是五种。”

大家一听哄堂大笑，我有些生气地说：“你想到哪里去了，就是四种。”其他同学听了，笑得更起劲了。那个学生一脸尴尬，神情沮丧地坐了下去。我们又继续上课。

课间休息后，我走进教室，刚才在课堂上提出问题的那位同学手中拿着手机兴冲冲地跑到我面前说：“老师，我找到了确切的资料，你看。”

我一愣，接过手机细瞧，维基百科详细说明了五种爵位！

呜呼，我的脸一下子红了，现在轮到我陷入了尴尬。

上课了，我首先向同学们读了这段资料，并向那位提问的同学诚恳地道歉："对不起，老师错怪你了。我应该表扬你知识面宽广。"他不好意思地笑了，我也不好意思地笑了，同学们都笑了。

从这个故事可以看出，只要善于捕捉，这些鲜活的故事是唾手可得的。这些故事又会给人留下深刻的印象和深深的教益。

荀子《劝学篇》中有一句名言："不积跬步无以至千里，不积小流无以成江海。"[99] 这句话说的正是善于积累的重要。当诸如此类的叙事故事积累到一定量的时候，就会发生质的变化，就可能会提高一个人的素质。

有个"笨人吃饼"的故事,说有个人肚子饿了,便去买烧饼吃。吃了一个不饱，又买一个,还不顶事,再买一个,一连买了6个,还感到没吃饱,就又买了第7个，结果只吃了一半儿就饱了。他后悔地说："我这人真愚蠢，前面吃的6个烧饼都白吃了，要知道这半个就能顶饱，何必吃那6个呢？"没有量的积累，哪来质的飞跃，这个笑话揭示了一条普遍的真理颇具哲学意义。懂得这一点，去不断地积累一个个教育故事，就会使自己的叙事研究产生质的飞跃。

（四）写信：同行对话

同行对话是一种非常愉快的经历，在信中，教师与同行一起分享精彩的教育故事，一起反思有关课程内外的当下经验，相互启发，相互帮助相互砥砺，会对各自的教育实践产生不同的认识和启发。包括电子信件在内的书信是某一位教师和另外一位教育实践者进行的对话。书信中选择着对话的主题，选择着对话的表述方式，并决定是否回答同行的问题及意见。教师同行之间的对话是有助于反思的一种有价值的方法。

（五）教师访谈

还有一种"教师与教师之间的对话"可称之为"教师访谈"。这种访谈是教师作为研究者通过与研究对象或其他有关人员面对面地交谈，直接收集材料的一种方法。其特点是能使研究者及时得到反馈信息，随时调整谈话内容，有充分的机会观察对方的反应，并作必要的反思。"通过这些反思的、支持性的对话，指导教师的实践原则，将能更加清晰地被确认出来"。[40]

教师之间的访谈虽是一种自由式谈话，仍然需要有明确的目的、访谈的主题，以及选择恰当的时间、地点与人员进行访谈。尤其需要提出一些开放性的问题，这些问题应该是课程关注的中心问题，诸如教育情境、教学设计、教材内容、教师信仰，以及教与学的过程等。正如有人所说的那样："我们发现一些诸如让教师描述一天的教学之类的问题，对于打开谈论的话题很有帮助。"访谈的问题应该是开放的、个人化的和具体的。访谈的资料要有丰富的实践细节。

（六）参与式观察

参与式观察一般被界定为"参与其他班级的正在进行的课堂活动，同时观察学生和教师的活动、对话、使用的教学工具、课堂发生的事件等；同时也包括观察自己的活动"。

为了使参与式观察对反思有用，教师必须参与正在进行的活动。或者让另外一名老师作为参与式观察者，到你的班上参与观察一段时间，这是非常有用的。同样，作为参与式观察者到别的班级去参与观察，也有利于学到关于自身实践所需的东西。从事过教育教学工作的人，如教育管理者、专家顾问，或者大学研究者，到班中作为参与式观察者也是有益的。运用以上几种方法开展外语教育叙事研究，还需把握以下研究策略：

（1）学习教育叙事研究的理论。这是研究的理论支撑，是提升叙事研究的奠基石，也是激发教师研究智慧的源泉。

（2）开展相关的教育叙事研究。没有研究，往往会走入"死胡同"，会令资源枯竭。须积极关注教育经验，关注学生每一天的发展变化；并注重教育叙事方法的研究与运用。

（3）要注重收集教育叙事的相关故事。教师独具慧眼，善于发现和收集教育历程中鲜活的故事，必会从中受益。

（4）及时将现实故事转变为文本故事。1）现场笔录。通过与故事中的角色自然接触，掌握第一手情感交流的感性材料。2）整理文本。将特定教育情境中发生的教育故事，用文本的形式呈现出来。3）研究文本。面向现实生活，把真实的教育生活淋漓尽致地展现出来，并到众多具体且蕴藏变化因素的现场剖析故事现象所隐含的更为重要的价值。

第三节　外语教育叙事研究的基本过程

外语教育叙事研究包含的基本过程：确定研究问题，选择研究对象，进入研究现场，进行观察访谈，反思行动过程，整理分析资料，撰写研究报告，测验研究质量。

一、确定研究问题

确定研究问题是进行研究的前提和不可或缺的准备。教师问题研究的范围很广泛，教育观念、教育机智、日常生活、体态行为、课堂教学等都可以成为研究的问题，也应该成为研究的问题。

（一）教师的教育观念

教育观念是人们在理性思考和亲身体验基础上形成的关于教育本身及其规律和价值实现途径的根本性判断与看法。在我国改革开放的历史新阶段，实施素质教育，全面提高学生的素质，首先需要更新观念。只有教师思想观念发生了根本变化，外语教育改革才能得以深化，素质教育的实施才能真正到位。因此更新教师思想观念，用以指导教育教学是应予关注的重要问题之一。

国家教育发展研究中心的蔡克勇教授强调，教育要顺应21世纪经济社会发展的需求和蓬勃发展，必须实行改革。而任何重大的社会改革，都要求首先转变思想观念，教育改革也要求以转变教育思想观念为先导。为此，他提出六个方面观念的转变：

（1）转变以继承为中心的教育思想，树立培养创新精神的教育观念。

（2）转变以学科为中心的教育思想，树立整体化知识教育观念。

（3）转变以发展智力为中心的教育思想，树立智力与非智力协调发展的教育观念。

（4）转变注重硬件设施的教育思想，树立重视营造学术良好环境的教育观念。

（5）转变以做事为中心的教育思想，树立做人做事相结合的教育观念。

（6）转变专注智育的教育思想，树立重视学生身心健康发展的教育观念。[100]

（二）教师的教育机智

教育机智是教师在教育教学活动中的一种特殊定向能力，是指教师对学生的各种表现，特别是对偶发事件所做出的及时灵敏的判断或反应，并采取恰当有效的措施解决问题的特殊能力。教育机智实质就是教师观察的敏锐性、思维的深刻性和机变性、意志的果断性等在教育教学工作中有机结合的表现，是教师良好的心理素质和高超的教育技能的体现。

教师在教育教学过程中面对意想不到的突发问题，能否发挥因势利导，随机应变地对症下药，幽默风趣而又能恰当地掌握分寸等教育机智，必然会受到教师自身各种因素的影响。

教育机智是教师对教育教学情境的整体把握，对教育教学活动的敏感以及教师在教育教学活动与环境中经过磨炼与感悟而逐渐获得的。“它是教师在精神上成熟的结果，是教师为掌握专门知识和养成与学生交往的技能而做了大量工作的结果。”这样的教育机智很难直接用语言传达出来在这里，“重要的是经验，但这里还要以某种匠心为指导”。[101] 在外语教育教学活动中，每个教师都会遇到各种各样的困难和必须及时加以解决的问题，如果教师不能灵活巧妙地处理这些问题，就会造成冰冻局面，阻碍教育教学活动的顺利开展。

因此教育机智对于教师来说是十分重要的。苏联教育家苏纳波林说:“教师缺少了所谓的教育机智，无论他怎样研究教育理论，永远也不能成为一名优秀的实践的教师。”[102]

(三) 教师的日常生活

教育叙事的基本精神是“面向教育事实本身”或“面向教育日常生活”。如果把教师的日常生活划分为校内日常生活和校外日常生活两部分，那应该承认教师的校内日常生活处于非常强势的地位，这决定着教师的研究内容更多地关注校内生活，关注各种教育事物，关注教育同伴，关注教育对象，关注各种教育现象，等。有专家这样认为，教师以何种心态理解生活，就将以何种方式对待教育教学。教师对日常生活的理解，尤其是对学校日常生活的理解，比对具体的“教学问题”的理解更丰富，更“有话要说”。可是为什么相当多的大学英语教师身处其中，却往往无法很好地讲述自己的教育故事？这里的关键问题就在于：他们虽然一直居于教育日常生活之中，但并没有真正“面向教育日常生活”。而“真正真实的面向”,意味着能从日常的教育生活中发现、识别某些“教育问题”或“教育矛盾”,意味着正在观察、注视某个“教育冲突”。而凡有“教育冲突”，就一定隐含着相关的教育故事。

教育日常生活中会不断出现教育冲突，有些教育冲突可视可感，有些教育冲突在某些时候却潜伏在日常生活的背后，处于遮蔽状态，一时不易被觉察。只有那些有着教育“敏感”的教师，才会见微知著，有所察觉、有所警醒。

这种“敏感”,实际上是一种教育“视觉”,一种教育的“理解力”和“判断力”。一位教师是否具备这种“视觉”取决于他是否已经形成了自己的“个人化的教育理论”。如果具备了“个人化的教育理论”，那么他对教育实践就有了自己的理解和判断，就能够“慧眼”识冲突，并能识别处于隐形中的冲突。

在平淡的日常教育生活的深处隐藏着什么，只有揭示出其中的“奥秘”，才能真正地理解教育。因此，外语教育叙事研究就是要“面向教育日常生活”，走进教育日常生活的深处，去更好地认识与探索教师的“教育思维”。

(四) 教师的体态行为

体态行为是指眼神、表情、姿势、动作等，有人把它称为无声语言。美国心理学家霍尔说:“无声语言所显示的意义，要比有声语言多得多。因为有声语言往往把表达意义的大部分，甚至绝大部分隐藏起来。”[103] 信息内容只有 1/3 左右是靠有声语言获得的，其他都是通过无声语言行为来传递的。无声语言行为以其形象性、情感性、审美性和丰富性的特点，决定着它在外语教育教学中的特殊作用。因此也就成为教育叙事研究的问题之一。

（五）教师的课堂教学

课堂教学是各种问题集中的场所，因此，外语课堂教学也就成了外语研究的一个关键问题。

研究外语课堂教学，在关注教学过程中的科学性、实效性、生活性开放性、互动性等的同时，尤其需要关注它的外语性。林语堂先生认为：外语学习的本质是“交流、表达与文化”。外语教学的一切设计都是围绕“学生与外语的接触”来进行的，外语教师的作用就是为实现“学生与外语的接触”给以帮助，指导学生完成这个过程。这就是课堂教学的“外语性外语教学必须让学生接触文本，任何脱离文本的教学，都是同外语教学的原则相违背的。在新的外语教育理念下，强调外语回归生活，强调师生互动合作，强调结合文本的人文性教育。”

下面这个外语教学案例，在一定程度上表明了对外语本位的疏离。

上课铃还没响，教室里就响起了英文歌曲的声音。铃声一响，老师播放电影《刮痧》中剪辑下来的关于文化冲突的片段，因为这堂课是上《The Tale of Cultural Translator》。学生的情绪是高昂的，整堂课除了看录像就是讨论许大同是怎样一个人，讨论得很热烈，这堂课在又一次电影片段中结束。令人遗憾的是，学生在整堂课中没有读课文，有的同学连书本也没有打开。

从上例可以看到，教师在努力突破传统外语课堂教学模式的同时，却脱离了外语课的文本。而脱离文本的教育，恰恰是外语教育研究容易走进的一个误区。

此外，课堂教学还有一个很重要的研究问题，就是教学评价。

大学英语课程标准明确指出：“外语教学的评估要符合外语学科的特点，遵循外语学科自身的规律。”因此，在教学中适时地、正确地运用评价手段对激发学生的学习兴趣、营造宽松和谐的学习气氛、全面提高课堂教学效益，都会起到积极的促进作用。所以研究如何优化外语课堂教学的评价，也是一个值得关注的问题。[32]

著名教育评价专家斯塔佛尔比姆强调：评价“不在于证明，而在于改进”。[104]在外语教学的每个环节，应充分发挥教学评价的功能，教师以激励性评价为主，引导学生参与评价，实现平等对话，使课堂学习成为学生流连忘返的殿堂。

二、选择研究对象

选择研究对象是研究得以顺利进行的保证。研究对象指研究者希望了解的人物、事件、行为、过程、意义的总和。校外的研究者的研究对象是特定的教师和学生，而教师本人以学生或其他教师为研究对象。了解他们中间发生的教育事件，可以对他们的某些教育行为做出文化透视，理解他们由一系列交往过程的经历所构成的实践经验的意义。而“意义”是隐含在所有的叙述事件和行为过程之中的，只有对这些事件和行为做出合理的诠释，经历和实践经验所蕴涵的意义才会逐渐被领会和把握。

由于这样的研究充满着对教师的日常教育生活的关怀、对教师过去及现在的生活故事的关注、对教师课堂教学与教育实践的感受，因而需要研究者与被研究者的互动与合作。实现互动与合作，还须具备如下几个条件：

（1）研究者要有敏感的心灵，能够细致入微地把握特定研究环境中的研究对象。任何事情都与环境相联系，与环境有着交互作用，研究与环境的关系也同样如此。研究依赖于它周围的情况和条件，环境可为研究提供开发与利用的资源。

要建构良好的教育研究环境，首先需要营造一个研究与实践紧密结合的客观环境，使教师不断地获得教育研究的信息，了解教育研究的新动向，从而逐步实现教师成长为研究者的理想。其次需营造一个教育研究的人文环境。充满人文精神的研究环境，无疑会极大地影响着一个人的思想和行为。研究关系的和谐体现在真正了解研究对象的想法、意图、行为方式等。只有真正理解了研究对象，取得了良好的研究环境，才能赢得研究对象的信任和合作。所以欲取得理想的研究成果，就须构建一个平等互助、团结向上、成果共享的民主化、生活化、个性化的人文研究环境。

（2）研究者对研究工作须有足够的热情。研究是一门实实在在的学问，需要热情与细心。有人说，冒险加热情才会成功。一位渴望成功的教师，应全身心地投入外语教育研究之中，并根据自己的研究兴趣确定研究范围，从教育理论的发展和教育实践的改善中寻找问题，不断激发自己的探索欲望和研究热情。

（3）研究者的研究活动要想得到被研究者的认同、理解与支持，还需选择彼此心契、相得益彰的合作伙伴，这也是与研究对象形成互动关系的重要一环。如果说选择研究对象会直接影响到研究者与被研究者的关系的话，那么选择理想的研究合作伙伴，便可通过与参与者建立不同程度的亲近关系，来一同磋商、记录和思考问题。如此即可取得事半于人而功必倍之的效果。

三、进入研究现场

现场是研究者的考察对象，研究现场是研究者观察了解研究对象的真实环境，是教育叙事研究获取真实资料的直接来源。进入研究现场是指研究者进入具体场所对研究对象的体验。在这一阶段研究者要注意两个问题：

第一个问题是研究者与被研究者的关系。

与传统研究方法要求研究者保持距离以保证客观地观察不同，叙事研究要求研究者尽量避免带着“先见”或“前设”进入研究现场，不能人为地干扰或改变研究现场，也就是说不将已有的理论框架、概念范畴、测量手段等强加于研究过程。研究者只作为一个观察者、访问者或参与者、行动者深入到教育活动的全过程之中，通过全面深入地了解来获取资料，并对这些资料作具体详尽的描述，使之真实地再现于读者面前，由读者自己做出体悟和判断。

第二个问题是研究者不仅要考察所研究的教育现象，而且应从整体上对这一现象所产生的包括历史文化背景在内的各种影响因素进行考察。进入研究现场就意味着走进教师活动的空间，把教师教育教学活动的内容作为教育叙事研究的主题。因此，与其他研究方法相比，叙事研究更具有弹性、灵活性、多样性。

有人说大学英语教师是"研究资源和实践资源"的最大占有者和浪费者，但一个相当普遍的现象，是大学英语教师身处研究的第一现场，却感觉找不到可说的话题、可研究的课题。这是由于教师长期忙于超负荷的教育教学工作，对各种问题缺乏敏感，甚至变得熟视无睹的缘故。处处留心皆学问，只要教师时时处处留意身边的问题，关注身边的事情，就可以找到很多可以用于开展叙事研究的问题。

进入研究现场的方式是多种多样的：可以在自然状态下进入，也可以创设特殊的情境融入，或通过他人介绍，在观察中逐渐走进现场，这些应视课题内容而定。

徐莹老师的《大学生课外英语阅读现状的调查分析》，讲述了怎样进入研究现场的真实情景。

要想使学生养成良好的课外阅读习惯，必须要有教师的正确引导和帮助。由于学生英语水平层次不一，学习环境、学习习惯、文化层次的殊异，需要我们给予有效的指导。为此，我们进行了《大学生课外英语阅读现状的调查分析》的课题实验。该研究在一所普通高校开展，问卷设计时除了一些基本情况（如阅读时间、材料、目的等）外，还增加了有关学生阅读策略及实际需求的题目，希望更加全面地了解学生的课外英语阅读情况，其间规律性的成果可对同类家庭和学生起到一定的借鉴作用。因为关系到要调查学生课外阅读的情况，所以必须走进学生的家庭。我们设计了"大学生课外英语阅读现状调查表"，对学生家长的职业、学历、成员结构、家庭月收入、学生课外书籍数量、家长对孩子的期望值等方面进行调查。通过访谈，和家长就课外阅读问题进行沟通交流。我们的调查得到了家长热情的支持和配合，获得了较为圆满的结果。[105]

无论采用何种方式进入研究现场，都必须事先征得研究对象的同意，得到研究对象的认可，这不仅是研究伦理的要求，也是叙事研究需要研究对象多方合作的要求。研究者还须明确地把自己的研究计划告诉被研究者，必要时应作出对所有的信息不随意外露，或在一定时期内予以保密的承诺。

四、进行观察访谈

观察访谈是研究现场收集资料的过程是理清研究者的纷繁思路、使研究更加清晰明确的过程，也是促使研究逐步走向深入的过程。

（一）观察

观察是教育研究中最常用的一种方法，它贯穿于研究过程的各个阶段。深入实地观察是获得感性材料的重要途径。对于教育叙事研究来说，在课堂、操场、校园内进行的自然情境下的观察，可为其积累来自真实场景的宝贵的第一手资料，也为研究带来真实感、情境感、现场感，是叙事研究不竭的源泉。实地观察分为参与式观察和非参与式观察。

在参与式观察中，观察者参与到被观察者的工作、学习，以及生活当中去，与被观察者建立比较密切的关系，以缩短双方的心理距离，在相互接触与直接体验中倾听和观察对方的言行。如参加学校、班级的教育教学活动，与老师一起探讨有关问题，随时向教师询问自己想要了解的问题等。这样，观察者既是研究者又是参与者。

而非参与式观察，是观察者不直接进入被观察对象的日常活动，而是以“旁观者”的身份观察他所置身的教育场景，来了解教师和学生的交往互动行为，了解教育事件发展的动态过程。在条件允许的情况下，观察者可以采用录音录像的方式对现场进行观察。非参与式观察操作起来比较容易，也易于获得较为“真实”的资料。

参与式观察和非参与式观察，都须观察者设计出清晰的观察步骤：

（1）明确观察的目的和意义。观察中要了解什么情况，收集哪些方面的事实材料，确定观察对象、时间、地点、内容和方法。

（2）收集观察对象的文献资料，对所观察的对象有一个初步的认识。

（3）编制观察提纲。对观察问题进行明确分类，并确定观察的重点。

（4）实施观察。做到有计划、有步骤、全面系统地观察。

（5）记录积累资料。采用“实地笔记”，专门记录观察者看到和听到的事实性内容；采用“个人笔记”，用来记录观察者个人在实地观察时的感受和想法；采用“理论笔记”，用于记录观察者对观察资料进行的初步理论分析。

（6）分析资料，得出结论。

（二）访谈

访谈是通过与被询问者的交谈，收集客观的、不带任何偏见的事实材料，是研究者与研究对象进行的有目的的谈话。双方可以轻松愉快地在教室、走廊、办公室、小树林里围绕着专门问题进行交谈，使研究者在观察中获得的感受得以深化，使研究由表及里、由外至内地进行，从而使叙事研究向着纵深发展。

采用访谈法收集信息资料非常容易和方便，但是也必须讲究一些访谈技巧。

（1）事先做好准备。先用非正式谈话沟通感情，赢得被访者的信任和合作；

掌握好发问的技术，拟订好访谈问题；选择谈话进行的方式；规定对调查对象所作回答的记录和分类方法。

（2）把握主题，善于提问，以开放的、具体的、清晰的问题为宜，创造一个畅所欲言的氛围。

（3）访谈前尽可能收集有关被访者的材料，对其经历、个性、地位职业、专长、兴趣等有所了解；访谈时要善于洞察被访者的心理变化，善于随机应变；分析被访者能否提供有价值的材料。

在访谈过程中，研究者做认真记录的同时，还可采用"重复"（复述原话或关键词）、"反问"等方法来强调谈话重点。为清晰地说明所要了解的问题，研究者可根据被访者的需要随时解释"问题"的含义。因此，访谈过程并非被访者个人的独白，而是研究者与被访者互相交谈的过程，研究者始终引导着谈话的主题和方向，而引导的目的是使谈话更趋近于研究目标。

观察访谈是围绕着研究问题进行的。观察应力求客观，尽量搁置研究者先前已有的主观见解；访谈应力求开放，使被访者在研究者设计的系列问题中轻松思考并作出回答。观察访谈主要是获取尽可能多的信息，因而研究者一方面要具有敏锐的观察力，能够捕捉有意义的事件；另一方面要具有亲和力，能较快地为研究对象所接受，使访谈顺利进行。

五、反思行动过程

行动研究的实施过程，是一个不断发展和改进的过程，也就是"计划—行动—反思—调整—再行动"的过程。即以大量事实和调查资料为前提，形成研究者对问题的认识，综合有关理论和方法，做出研究计划，按照目的和计划展开行动。然后将行动过程中的各种现象加以归纳整理，描述出研究过程和结果，并做出分析解释与判断评价，进而调整下一步的行动计划和工作构想，再实施新的行动方案。

在这个过程中，反思作为行动研究的第一个循环周期向另一个循环周期过渡的中介，实际上贯穿于行动过程的始终，可分为行动前的反思、行动中的反思与行动后的反思。

（一）行动前的反思

行动前的反思的具体包括是说课、试教、评教等，通过相互交流教育教学设想计划实施方案，估计活动中会产生哪些问题，该如何做出回应；教育内容的选择是否符合学生的兴趣、需要及实际水平；活动过程的设计是否能引起学生探究的积极性；如何从学生的经验出发创设问题情境等。

行动前的反思侧重研究学生的认知规律、个体差异和课程资源的开发利用，能够使研究者对各种可能的选择仔细地思考，从而决定行动路线，做出可行性的计划。

（二）行动中的反思

行动中的反思包括对学生认知过程中学情、学力的分析；对教育教学题的调控措施及效果的分析；对自己满意的教学方式和教学机智的分析等。

行动过程中以“问题”引导和开拓反思路径，把握和提升反思内涵能更好地提高反思的有效性和指导作用。

（三）行动后的反思

行动后的反思主要是分析优点和不足，客观评价教育教学任务是否完成，困惑问题是否得到解决，教育目标是否达到，教育方式是否恰当，教育策略应做哪些改进，以及整个教育过程中的收获与缺失等。

总之，教师作为教育实践者，要乐于反思、勤于反思、善于反思，在不断尝试“反思性教育”中，形成对教育及教学活动过程的反思习惯，不断提高自己的教育教学艺术。

六、整理分析资料

资料有它自己的生命，只有当我们与它待到一定的时间，与它有足够的互动以后，它才会相信我们，才会向我们展现自己的真实面貌。外语教育叙事研究离不开对所收集资料的整理与分析。整理分析资料的过程，就是与文字资料中沉默不语的生命进行对话的过程。每一次归整资料、阅读资料，都是研究者与资料人物、事件的接触。每一次接触都会令研究者产生新的感受和新的体悟，进而产生新的认识与理解。

（一）收集资料

资料收集是否真实而全面，直接关涉教育叙事的研究结果。研究资料收集的方法体系是开放的、多元的，除观察、访谈之外，还包括文献分析、实物分析、个案调查、行动研究等。

1. 文献分析

文献分析是教育研究中最基本的方法之一，需要专门对所收集的文献资料进行分析研究。对文献资料分析研究的方法，有广义和狭义之分，狭义的文献分析仅指定性分析；广义的文献分析既包括定性分析，又包括定量分析。

（1）定性分析一般是对文献中所包含的信息进行分类，选取典型的例证加以重新组织。

定性分析的特点是：1）它不注重文献资料的数量、特征和完整程度，仅注重对文献的性质做出分析研究，目的在于探索事物的特殊性和规律性。所以，只要该文献中包含着所研究课题的重要思想和内容，便满足了研究的要求。2）文献的定性研究的一个重要方面是个人文献研究，包括对信件、日记的分析研究，它注重文献的个案，允许研究人员选择足以证明某一观点和问题的案例进行分析研究。

文献研究满足于对文献的性质、特征和属性做出描述和分析，难免具有主观臆断性。因此，要揭示其逻辑关系，即揭示客观的规律性，还必须对文献中各个因素间的数量关系作出研究，即进行定量分析。

（2）定量分析又叫内容分析，是对文献内容作客观而又系统的量化并加以描述。它已成为教育研究领域内一种重要的文献分析方法。

定量分析主要用于趋势分析、比较分析和意向分析等。趋势分析是分析某种现象或思想观点的发展过程、演变规律及今后发展趋势；比较分析是通过对同一中心问题不同对象间的教育思想、教学效果及工作方式等进行差异比较；意向分析是对某一对象在不同问题或不同的场合的文献资料显示的某种意向进行分析。定量分析具有明显的客观性、系统性等特点。依据原始材料进行研究分析有助于读者判别研究结论的真实性，所以研究者应尽可能收集丰富的第一手资料。这就要求研究者深入被研究对象的内部展开实地研究。通过与被研究者的交往与互动，从当事人的角度来描述、分析个体或群体的心理和行为，全面地理解某种心理现象的社会文化背景和行为方式的深层意义。

2. 实物分析

观察法研究的对象是实事、实物，是现时场景中的教育现象。实物分析法的研究对象是文献资料中的现象、事件等教育信息。

3. 个案调查

个案研究可以作静态的分析判断，也可以做动态的跟踪调查。个案调查是通过研究个体来反映总体。个案调查以某个具体的个体或群体为研究对象，通过对研究对象的一些典型特征的全面、深入地考察和分析，总结出规律性的东西，作为研究相同、相似或相对的问题的范本加以借鉴。这样被考察的具体对象就是一个个案，即一个案例。好的案例研究能集中、全面地反映同类事物的共同属性或事物发展趋势的特殊个体，并通过深入的解剖和分析，弄清楚事情的来龙去脉与问题的前因后果，从而为同类的人和事提供有益的参考。

4. 行动研究

顾名思义，行动研究就是在具体的行动中开展研究，其主要目的是解决教育实践中遇到的问题，所以应特别强调教师直接参与研究过程，以改善和革新自己的教育实践。行动研究目标明确、易于操作、形式灵活，也易于修正，能够解决实际问题，激发教师的参与兴趣。行动研究把教师的教育教学实践与教育研究结合起来，成为一种融教育叙事研究和教育教学实践活动于一体的研究方法。这一方法正日益受到教育研究者的关注。研究者在研究过程中应尽量收集研究中必需的、详尽的、完备的、真实的材料。

（二）整理资料

资料的整理就是将获取的信息资料分门别类地加以归纳，使原来分散的、个别的、局部的、无系统的信息资料，变成能说明事物的过程或整体，显示其变化的轨迹或状态，论证其道理或指出其规律的系统的信息资料。

资料的整理一般可分为两步。第一步是根据信息资料的性质、内容或特征进行分类。首先，将相同或相近的资料合为一类，将相异的资料区别开来。资料的分类，要按一定的标准将研究课题的有关信息资料分成不同的组或类。然后，按分类标准将总体资料加以划分，构成系列。第二步是进行资料汇编。汇编就是按照研究的目的和要求，对分类后的资料进行汇总和编辑，使之成为能反映研究对象客观情况的系统、完整、集中、简明的材料。

（三）分析资料

进行资料分析就是运用科学的分析方法对所占有的信息资料进行分析，研究特定课题的现象、过程及内外各种联系，找出规律性的东西，构成理论框架。

研究者通过从教育生活中获取大量资料，对这些资料作出批评性评价以后，再进行综合分析，最终从中得出研究结论。

在整理分析资料的过程中，研究者一项重要的任务就是从所收集的大量资料中找出那些能够表达被研究者的观点和情感的语言，用来表达他们自己看待世界的方式的概念，使叙事研究具有独特的“个性”特征，避免似曾相识的千人一面。因此，整理分析资料需特别注意避免研究者原有的偏见的影响。

七、撰写研究报告

撰写研究报告是在前面所述的一系列工作的基础上进行的总结归纳。它夹叙夹议，既包含研究者对所观察到的“事”的故事性描述，也包含研究者对“事”的论述性分析。

（一）故事性描述

故事性是外语教育叙事研究区别于其他研究方式的最显著特征。教育叙事研究必须有故事，而且需要具有很强的故事性。教育生活不乏具有曲折离奇情节的故事，但它需要的不是一般的故事，而是含有“问题”或“疑难情境”的真实发生的教育事件，描述乃是再现从问题发生到解决的完整的研究性教学过程。故事是教育叙事研究的基础，研究是故事的升华，它是通过研究发生在真实情景中的教育故事，在故事的基础上进一步研究教育问题，揭示教育的真谛，从而推动教师努力去改善教育的一种研究行为。它不仅体现在故事本身是教师“行动研究”的记录，而且还有教师对故事进一步的反思和感悟。从目前研究现状来看，有不少的研究不是故事“味”太浓，冲淡了研究，就是“主题先行”，故事性不强，给人以生搬硬套之感。

（二）论述性分析

描述性研究报告是一种旨在说明研究对象是什么，发生了什么；论述性研究报告旨在阐明研究对象的本质及其规律性，它用论述性的语言来分析，以典型材料作例证，并由材料中提炼出观点。

叙事研究所分析的依据来源于事件，论述过程也是对事件的论述，所以分析须持之有故，才可言之有理。因此，论述时宜细致，不宜粗疏。叙事研究强调细致的描述和深刻的分析，写作采取人类学的深描、工笔画般的繁复翔实的叙事方式力图在具体的偶然的多变的现场中透析种种关系。

叙事研究报告既要详尽描述，又要整体分析，特别是需要创设一种“现场感”，把教师的生活展现在读者面前，从而使教师以理性的目光来审视自己的生活。

八、测验研究质量

外语教育叙事研究理论的建构方式是自下而上的，即对原始资料进行描述；根据资料特性建立初步的理论框架；按照理论框架对资料进行系统分析，得出研究者自己的认识或结论。检测研究质量，提升教育理论，就要关注理论的效度、信度、推广度、推论和伦理问题等。

（一）效度问题

在教育叙事研究过程中，研究者首先要确认自己的研究效度和信度，即验证研究的正确性和可信性程度。

1. 效度的判断与分类

效度问题是指教育叙事作为质的研究的表述方式之一，其研究结果是否真实可靠。扎根理论的首倡者 Strass 和 Corbin 提出四项判断标准：资料的有效性、可靠性和信誉度；对理论自身的判断；产生、阐释、测试理论的研究过程是否完善；结论的得出是否扎根于经验的数据。学者们还援引量的研究的“效度”概念，用以表明质的研究中，研究结果和研究的其他部分（包括研究者、研究的问题、目的、对象、方法和情境）之间的一致性。[106]

陈向明将研究的效度分为四类：描述型效度——对外在现象或事物所作描述的准确程度；解释型效度——研究者了解、理解和再现被研究者对事物所赋予的意义的真实程度；理论性效度——从研究结果中建立起来的理论是否真实地反映了所研究的对象；评价效度——研究者对研究结果所作的价值判断是否真实。[26]

质的研究不应进行随机抽样，不能将来自样本的结论推广到总体，不具有量的研究那样严格的“外部效度”。但是可以测查研究结果的“内部效度”，即将从样本中获得的结果推广到样本所包含的时空范围。

2. 检验效度的方法

检验效度的方法主要有侦探法、证伪法、相关检验法、反馈法、参与者检验法、比较法等。

（1）侦探法。不断地对研究的各个层面和环节进行搜寻，找到有关问题的线索，然后将各种可能影响效度的因素进行对比，制定出最佳的处理方案。

（2）证伪法。与量的研究的证实法不同，证伪法是在建立一个假设之后，想尽一切办法去证明这个假设是不真实或不完全真实的，并将假设予以修正或排除。

（3）相关检验法。这种检验方法是将所得结论用不同的方法，在不同的情境中进行检验，以求获得结论的最大真实度。

（4）反馈法。反馈法是指在得出初步结论之后，广泛地听取他人的意见，从更多的角度理解和分析研究结果。

（5）参与者检验法。将研究报告反馈给被研究者，了解他们的反应，根据反馈信息对研究结果作必要的修改。

（6）比较法。将研究结果与学术界普遍认可的理论进行比较，确定结论是否能够成立等。

应该设法收集丰富的原始资料，以便为结论提供充分的依据，进而提高效度。

（二）信度问题

信度概念来自量的研究，指的是根据相同的测量步骤重复测量同一个现象时，会得到与先前测量相同的结果的可能性。大多数的质的工作者都认为，信度的概念对质的研究并无实质意义，因为质的研究将研究者当作研究工具，强调研究者的独特性和唯一性，就算同时、同地、同一问题、同一人群所做的研究，其结果也有可能因研究者殊异而有所不同。

信度和效度是两个相互关联的衡量标准。信度是研究结果显示的一致性、稳定性程度，也是对研究结果一致性和稳定性的评价。效度是一个研究程序的性质和功能，也是对研究结果正确性和推广性的评价。信度是效度的基础，是不可缺少的必要条件，但不是充分条件，有信度不一定有效度；效度是信度的目的，是信度的证明，有效度必定有信度，效度高，信度必定也高，二者既有区别，又有联系。

（三）推广度问题

推广度指研究结果是否可以推广到类似的情境中或个体那里。

关于质的研究的推广度问题，与量的研究推广度不同，质的研究不采用可控制性推广，而是采用认同推广。由于研究采用的是个案研究，样本非常小，而且在大范围内不具有代表性，因此研究的结果同样不能任意推广，而是使与研究对象处于同一或相似背景的人员认同，在认同的基础上得以推广。

（四）推论问题

研究者希望结果能对其他的人和组织有作用，所以仍须面对推论问题。由于种种困难，推论问题目前在质的研究领域中仍无一个定论，基本上有两个思考方向，即内部推论与外部推论。

（1）内部推论。内部推论是指在研究结果代表了此样本的情况下，可以在此样本所包含的时间和空间进行推论。比如在访谈中，一位教师花了数小时叙述他过去六年来在本校工作的情况，若是他所说的是真实的话，那就可以从中推论出他过去六年的生活情形。

（2）外部推论。外部推论认为研究结果可以推论至样本范围之外的同类事物。不过，也有人认为，质的研究结果无法由少数样本去推论样本范围以外的情境。

（五）伦理问题

研究工作中的伦理规范和研究者个人的道德品质是一个不可回避的问题，叙事研究的伦理问题主要包括自愿原则、保密原则、回报原则和关系保持方式。研究之前是否要事先征得被研究者的同意，主要有隐蔽式和公开式两种意见，多数学者倾向于后者，叙述研究大都以自愿原则选取被试者。外语教育叙事研究应遵循保密原则和回报原则，对此几乎无争议，至于研究者以何种方式对被研究者提供的帮助表示感谢，研究者应该如何结束与被研究者的关系等，都是有待继续探索的问题。

关于伦理课题，目前已有的探讨包括：

（1）隐瞒与表白。观察法中隐瞒是否必要，而且是否可以被接受。隐瞒的范围可以从一开始善意的忽视（在公共场合中不告诉受观察者他们正在被观察）延伸到完全的隐瞒（隐瞒研究及研究者角色），以免态度可能转变。

（2）告知后的同意。进行访谈前必须征得对方的同意。简述研究内容和流程，了解被研究者的身份，保证志愿参加和何时都可退出而不会有任何妨碍，并说明有何危险和好处。

（3）强迫和扭曲性的同意。有时因为社会地位，让被研究者感到有压迫感，或因为工作与学业等其他考虑，让告知后同意变成强迫和扭曲性的同意。

（4）创伤和情绪伤害。很多质的研究都会访谈到一些受访者痛苦的生活事件，如离婚、家人去世等，基于研究伦理，访问必须是受访者自愿，且不超过研究范围。若遇到一些敏感问题，更须慎重处理。

（5）保密和隐私。质的研究很难保证匿名，所以被研究者一开始就难以得到个人隐私的保证，因此保密就成了重要的一环。

（6）诱因和报偿。访谈通常会给予些报酬，但是过少的酬劳，可能会对人造成羞辱；酬劳过多，又有购买信息之嫌。所以，给予适当的报酬非常重要。

（7）研究者的风险。研究者也有些情绪上和其他方面的风险，例如些受访者情绪波动可能造成的伤害等。因此，事先多设想一些困难绝非多余。

第四章　外语教育叙事案例与赏析

任何教育叙事研究都会牵涉学生和教师的生活。或者说，有效的外语教育叙事研究是“教学与生活”的研究。这些教学与生活叙事往往是叙事者“个人生活史”的一系列片段，是用“自传”的方式叙述自己的教育经历及教育经历中发生的教学事件或生活事件。故此，外语教育叙事研究大致分为教学叙事、生活叙事和自传叙事。

第一节　如何撰写教育案例和教育叙事

一、教育案例

（一）什么是教育案例

教育案例描述的是教育教学实践。它以丰富的叙述形式，向人们展示了一些包含有教师和学生的典型行为、思想、情感在内的故事。[107]

（二）教育案例的意义

由于案例是教育教学经验的整合，教师将其经验以故事的形式呈现，展示了他是怎样把学习目标、课程的基本特征以及学习模式综合应用于真实的教育活动中，不仅对教师本人的意义非常重大，也给他人提供了对复杂的教育过程进行反思的材料。

教育教学案例可以是在“叙事”研究报告的基础上，以某个主题为对象，选取有典型意义的、经过研究的故事和作者的反思，构成可供他人讨论、学习的教学材料；也可以在德育活动、课题观察等基础上形成。

（三）教育案例的特征

（1）案例是以真实教育教学状况和事件为基础的叙述性档案。

（2）案例是在认真研究的基础上，由多种角度来呈现故事的背景、人物和情况。

（3）若案例要成为讨论的题材，必须包含有足够的细节和必需的信息资料，使用者才得以进行诠释，引发深入的分析。

（四）教育案例的基本结构

引言—背景—问题或事件—过程与方法—反思与讨论。

二、教育叙事

（一）什么是教育叙事

教育叙事是以叙事、讲故事的形式记录在自己教育教学生活中发生的各种真实鲜活的教育事件和发人深省的动人故事过程中的亲身经历、内心体验和对教育的理解感悟。教育叙事其实是一种叙事化的教育反思。

（二）教育叙事的特点

（1）真实性。教育叙事研究所叙述的是来自已发生的真实可信的教育故事，不是设计的事件。

（2）人物性。在教育叙事中，叙述者即是故事里或别人故事中的角色。

（3）情节性。叙事谈论的是特别的人和特别的事，不是记流水账，而是记完整的故事。

（4）可读性。阅读者可以从叙事报告的故事情节中把握教学中出现的问题，并用内省、比较的方法解决。

（5）感悟性。教育叙事研究获得某种教育理论而不是演绎。

（三）教育叙事的基本内容框架

（1）问题产生的背景。背景交代故事发生的时间，但不是面面俱到，关键在于说明故事发生有何特点。

（2）问题情境描述。每个教育叙事都必须有一个情境描写，凸现焦点。

（3）问题解决结果或效果的描述。

（四）优秀教育叙事的标准

（1）事件真实。

（2）描述的情境有意义，抒发独到思考。

（3）叙述清晰，细节描写生动，揭示人物的心理。

（4）叙述的问题对他人有思考价值和启发意义。

三、教育案例与教育叙事的区别

教育案例包括教育叙事和案例分析与问题讨论两部分，而教育叙事只是案例中的案例事件部分。

教育案例中的一个案例事件，也可能包含几个教育叙事。

四、外语教育叙事案例的撰写

（一）外语教育叙事案例的写作方式

叙事研究的作者在整理和撰述研究资料时，会受到事件的性质、个人的理论水平、研究思路、表达方式、分析角度诸多因素的影响，因此叙事研究报告也会呈现多样性。虽然如此，却有其应遵循的共同规律。

1. 书写语言

前面已述及，写作者的语言可分为描述性和分析性，分别用于叙述经验性资料和分析特定的研究对象，使读者较容易地分辨“客观事实”与研究者的判断或推论。

2. 结果处理

（1）将研究结果按照一定的主题进行归类，然后分门别类地加以呈现。

（2）按事件发生的时间序列或事件之间的逻辑关系对研究结果进行描述。这两种方式也可以结合使用。

3. 叙事风格

（1）现场的故事。尽可能真实地再现当事人的观点，尽可能用他们的语言来描述研究结果。

（2）自省的故事。介绍研究者使用的方法和在研究过程中所作的反思，再现访谈情景和对话片段。

（3）情境的故事。详细描写事件发生时的情景和当事人的反应及表情动态。

（4)探讨的故事。从社会文化的大背景对研究对象的情况进行更深入的探讨。

（5）规范的故事。用研究结果来验证某一外在理论或反省研究者头脑中隐含的意识形态等。

教育叙事研究的目的是“探索教育规律，指导教育实践”，它的本质特征是一种“创造性的认识活动”。

（二）外语叙事案例的基本要求

（1）有鲜明的主题或引人入胜的情节。

（2）有问题的呈现和解决方法。

（3）有情境性、生动性、过程性、复杂性以及师生角色变化等的描述。

（4）有解决问题过程中及过程后的反思。

（5）有理性反思中所获得的经验或教训、所蕴含的教育理论和教育思想的升华或启发。

（三）外语教育叙事案例的写作建议

（1）依据真实的教育实践，展示教育生活的“原生态”。可以做某种技术性调整或修补，但不能做实无其事的虚构。

（2）每个教育故事须蕴涵一个或几个教育事件，也就是教育过程中出现的有意义的教育问题或发生的意外的教育冲突。

（3）教育事件要有典型性，蕴涵一定的教育理念，具有一定的启迪作用。典型性是指故事具有代表性的意义或者蕴涵着有意义的教育话题。这里的典型性，首先包含有鲜明的独特性，写出故事发生现场的准确生动的情景，描述老师在特定教育情境中的具体体验。

（4）反映用自己的方式化解“矛盾”之后获得的欢欣与某种教育效果，忽视教育冲突导致的某种教育遗憾及经验教训。

（5）可以用第一人称的语气撰写，尽可能描写教师自己在教育事件中的心理状态，并将自己的教育理念、教育信仰渗透于心理描写中。

（四）撰写外语教育叙事案例的可借鉴经验

1. 重在思考

（1）教育叙事案例不是简单“镜像”地记录生活，而是观察与思考生活。

（2）案例设计注重通过对教育过程的反思以获得经验。

（3）思考不是填写模板，而是创意和灵感的碰撞。

（4）善于思考，从身边的平常事中发现真理。

（5）养成思考的习惯。

2. 用心观察

（1）观察教育情景的发展变化。

（2）观察当事人的行为态度。

（3）观察学生的反应和学习的结果。

（4）借助照相机、录音录像机、计算机等技术工具，记录观察的过程。

（5）及时处理观察得到的材料。

（6）保存观察的原始资料。

3. 提出问题

（1）明确研究的问题。

（2）清晰地表达问题。

（3）把问题细化，以便于处理和研究。

（4）随时注意抓取教育活动中出现的问题。

（5）不断地追问问题之所以出现的原因。

4. 注意学习

（1）文献资料的收集。

（2）网络资源的利用。

（3）向身边的同行学习。

（4）向自己的学生学习。

（5）从历史经验中学习。

5. 研究过程

（1）清晰地说明参与者的特征和研究地点的环境特征。

（2）明确研究的方法和程序。

（3）资料收集的技术与可信度。

（4）现场情景的准确、生动的描述。

（5）如实记录当时师生显现出来的或隐约含蓄的微妙心理活动。

6. 交流与讨论

（1）"心之官则思"，多动脑筋，不断促进新思想的涌现。

（2）网上交流，吸取和集中更多人的智慧，以收"集思广益"之效。

（3）对现象细心观察，并做出清晰的充分的解释。

（4）给出的结论须适当、有条理、有证据。

（5）提出进一步研究的设想与建议。

7. 写作构思

（1）不同于"课堂实录"，要抓住有意义的"教学问题"、"教学冲突"。

（2）基于真实的课堂教学实践。

（3）记录以自己的方式取得的成果，存在的遗憾，或是发生的变化。

（4）以"叙述"为主，在自己反思的基础上撰写。

（5）标题是文章的眼睛，报告须有一个醒目的、能够照亮整个文章的题目。

8. 应避免的事项

（1）反思不是写检讨书、悔过书。

（2）对课堂教学的描述不是写教案设计。

（3）回忆不是写工作总结。

（4）教育叙事不是文学创作，不可写成吸引人的小说。

（5）教育叙事有话则长，无话则短。

（6）在教育教学过程中瞬间产生的极富创造性的灵感，稍纵即逝，必须即刻记下，暂且不必管语句是否通畅。

如果教育叙事案例指望成为一种合法的研究形式，那么研究的参与者就必须提出自己活动的书面报告。这些书面报告应该以适当的形式公开发表，以便接受公众的评判。参与行动研究的教师，应将这种写作视为自己的责任和权利，在写作中不断提升自己的反思水平。

第二节　外语教学叙事和经典外语教学叙事案例赏析

“教学叙事”是教师将自己某节课堂教学中发生的“事件”叙述出来，使之成为一份相对完整的案例。“教学叙事”类似于以往的“教学案例”，它的叙述者是教师本人，所叙述的内容具有一定的情节，即将事情的变化和经过叙述出来。

如汤敬安老师的《叙事化视角的外语教学》。

一段时间以来，在大学英语教学界忽视了叙事体裁对写作者思维训练的重要性，过分强调议论文的逻辑性、论证性和缜密性。大学英语四六级考试中，作文考题以议论文居多，且给出结构性提纲，写作形式体裁固定、模式单一，久而久之，学习者经过模仿，熟悉了其中的套路，写作老套，单调枯燥，思维受到局限，不能创新性写作。大学英语写作类型应该是多种多样的，记叙文、议论文、说明文、应用文等文体都是语言应用、拓展思维的较好的形式，文体之间的转换能激发兴趣、创新思维，尝试议论文向记叙体的转化，比较撰写议论文和记叙文的优劣，通过比较篇幅长短、用词级别、流畅程度以及整体水平，探索叙事化写作能否扩展写作者的思维和想象空间，是否有助于提高学习者的写作兴趣和写作水平。[108] 以作者所教大二旅游管理专业一班35位学生为实验对象，要求他们在课外就“Owning A Car In Big Cities”为题，先写一篇不少于200字的议论文，在此基础上再写一篇记叙文，上限字数不限，其中上述标题的议论文结构性写作提纲为：

(1)人们拥有车辆的现象越来越严重。

(2)车的好处，车的不好，如交通堵塞、环境污染、交通事故等。

(3)我的看法。

除了两位同学故事写作缺乏主要叙事要素而不合格外，33位同学的写作有效。两种文体规定最低字数，但是鼓励写长，并且在课外写作，有充裕的时间完成任务。通过批阅，我们发现，记叙文普遍比议论文长出1/2以上，说明无论叙述自己的经历还是别人的故事，都有话可说，并且语言丰富，一改议论文中写作老套、语言干瘪、写作难以为继的状况，可见叙事化写作和作文写长法具有同样的优点，能够让学生表达真情实感，激发写作冲动，增强学习成就感。通过个别谈话了解到“如果时间允许，记叙文还可以写的更多”，“写作欲望比写议论文强烈得多”。在用词方面更加形象、准确，级别更高。在写作时，他们把身心投入到写作情景中，产生了移情现象，创作状态的隐含作者比议论文中的论说者更能融入故事情节中去，给写作行为赋予意义而趣味无穷，不像议论文那样觉得隔了一层而单调乏味。叙事体写作者充分调动主观能动性，不断扩充想象空间，写作者的认知水平得到提高，对事物的推理和想象都有助于写作动机和兴趣的激发。也有 30% 的同学把叙述和议论结合起来，即夹叙夹议或是叙议结合，说明它可能是一个综合项目。单就白描来说，叙述也不是一篇流水账，不是毫无情感而言的篇章，而是充满写作者因素的话语，蕴含着其叙述意图或者言外之意，议论文的叙事化转向需要添加时间、地点、人物、事件等一些具体的元素，议论的部分还可以保留，只是在内容上做些删减，因为表情达意是最终目的。任何一段文字都是为了表达写作者的情态而成为话语，任何话语都要表达一定的社会意识形态。故议论部分无论写作者使之是隐形还是显性都是客观存在的，有具体呈现或是能够推理得出来的。从叙事结构来看，时间、地点、人物、故事情节这些要素的排列并非规整固定的，而是呈现出多样性；从叙述手法上看，有的是时间顺序法，有的是先叙结果再叙原因，即用的倒叙法。叙事学以事为本体，叙言事是叙事学隐含的第一原理。由于学生们受议论文的影响，少数人把记叙文写得像议论文。虽然有叙事因素，但更重要的是缺乏事件或故事情节，这也许是议论文和记叙文之间的最大的区别。这主要是学生们没有掌握这两种体裁的本质区别所致。文体学知识是他们必修的课程内容。叙述可以使学习知识更深刻、更持久，叙事成为人们理解世界和讲述世界最优先采用的方式。英语专业的叙事化实验对象为我校大二的两个英语专业班级，一个班为实验班，一个班为对照班，我们在期初和期末对学生的写作水平进行测试，以对比结果。一个学期学生共阅读 12 篇非叙事性文章，包括议论性、说明性文体，以知识性科普文章居多，要求实验班同学将这些读物中的内容用叙事化形式转写出来，学生们要补充完整叙事要素。对照班则自由写作，对文体不作规定，结果用叙事化的形式介绍读物内容的人寥寥无几，大部分选择原有形式再现内容。通过比较，发现试验班级的习作具有一些特点：（1）长度基本上是对照班级的 2 倍；（2）结构合理，大部分学生按照逻辑顺序编造了故事情节等叙事要素；（3）语言流畅，同学们还应用了读物中出现的词汇和结构。而对照班的文章长度维持在规定字数上下，只有极个别成绩好的学生写得较长，文章的精彩性也远不及实验班，大都沿用了原来文体。

课堂教学是外语教育的主渠道，是教师工作和研究的主要范围，也就自然成为外语教育叙事的主要内容。如果认同外语课堂是个多元的、由师生共同建构起来的生活世界的话，课堂教学叙事就理应居于外语教育叙事研究的核心地位。

长期以来，课堂活动被基本限定在教师的教学活动范围，过于强调学科、课程本位，追求严整的知识训练系统，学生在课堂上很少受到应有的关注，课堂与学生的生活截然分开，成为教师单调、乏味、刻板的活动空间，往往失去原本应有的活力。

《大学英语教学指南（2017）》指出：大学英语课堂教学可以采用任务式、合作式、项目式、探究式等教学方法，体现以教师为主导、以学生为主体的教学理念，使教学活动实现由“教”向“学”的转变，使教学过程实现由关注“教的目的”向关注“学的需要”转变，形成以教师引导和启发、学生积极主动参与为主要特征的教学常态。[32]

让我们一同走进德州学院大学外语教学部C老师的文章——《PK让学生兴奋了一阵子》。

常有这样一种感觉：平时觉得自己的课蛮可以，可是一到教学公开课时，又觉得自己似乎不会上课了。

每次总希望自己的课能出彩，可是每天总是忙得不可开交，脑子里也想不出什么新招，心想，就按照原来的讲法讲吧！不就是学校的普通活动么！

周三就要上课了，本想周二晚上睡觉前再好好想想，可是还是被瞌睡虫给俘虏了，开始打瞌睡。忽然想到“PK”一词，对了，何不让学生来一次PK呢？还是那些内容，只是换个形式，目的是让学生感到新鲜。

早上提前10分钟来到教室，首先检查一下学生的作业，真是百花齐放。当我把PK的想法告诉他们时，他们果然很有兴趣。

上课了，我把学生分成2个大组，第一项是读，第二项是快速记忆，第三项是读中感悟。上课内容和平时差不多，改变的只是上课的形式，一节课下来，学生兴趣盎然。等到下课的时候，他们还喊着：“PK! PK!”效果出奇的好。下周来上课时，学生还沉浸在上次的兴奋中，他们还要PK，看来他们还真是上瘾了。

静下心来反思一下，其实自己的这些做法也算不上什么智慧，但效果出奇的好。我们每一位教师都应该时时想着创新，时时思考着我们的课堂教学，只要你想着改变自己的课堂，让课堂不断注入新的元素，课堂就会有活力。改变固然难免有失败，但是实践告诉我们，改总比不改强；思，总比不思好。如果你想超越别人，首先应该超越自己。

有人说得好：“过去我们常常说学生在课堂中按课程学习，现在则可以说学生其实也是在课堂中亲历着生活，体验着由服从、沉默、反抗、竞争、合作、展示、回避、成功、失败等带来的种种酸甜苦辣、喜怒哀乐。”“课堂是赋予没有生命的知识以生命活力，让生命放光彩的场所。”

美国课堂研究专家古德和布罗菲在《透视课堂》中提出并论证了课堂教学的四个主要目的：第一，帮助教师和想做教师的人形成描述课堂情形的方式；第二，使教师意识到以前的教学经验和生活经验、生活中的历史因素和现实因素都会影响其课堂决策；第三，建议教师使用对学生兴趣、学习和社会发展有积极影响的方法；第四，帮助教师理解当前的教育研究，正确运用相关的理论和概念，把研究成果同他们自己的课堂教学方法结合起来。[109]

外语课堂是多姿多彩的，又是复杂多变的。多勒认为课堂教学有六个特点：一是多元性。有多种不同的任务和事件在课堂里发生，课堂里的一件事情可能产生多种结果。二是同时性。课堂里的许多事情是在同一时间发生。三是即时性。教师必须在许多事情发生之时做出反应。四是不可预测性。课堂里的事情通常不会按照预期的或者希望的方式发生，常有难以预料的事情或者问题。五是公开性。学生总是注意教师是否“公正”，是否偏心。六是历史性。教师或者学生常常会依赖于以前发生的事情做出某一个特别行为。[110]

美国教师的经典作品《灰姑娘的故事》片段。

上课伊始，教师首先请一位学生复述故事情节以后，提出了第一个问题：“这个故事里面的人物你们喜欢哪一个，不喜欢哪一个，为什么？”学生说喜欢灰姑娘和王子，不喜欢她的后妈和后妈带来的姐姐。接着，老师又问：“如果你是灰姑娘的后妈，你会不会阻止灰姑娘去参加王子的舞会？”教师还特别强调：“你们一定要诚实！”

过了一会就有了下面的对话：

生：“如果我是灰姑娘的后妈，我也会阻止她去参加王子的舞会。”

师：“为什么？”

生：“因为我爱自己的女儿，我希望自己的女儿当上王后。”

学生的回答真诚而又实际，但应该注意的是学生对后母的所作所为从开始的“不喜欢”变成表示理解。这说明学生对爱的体验正从初步的感知向深入理解过渡。这位聪明的教师因势利导，对她的学生们说道：“我们看到的后妈好像都不是好人，其实她们只是对别人不够好，他们对自己孩子还是很好的，你们明白了吗？她们并不是坏人，只是她们还不能够像爱自己的孩子一样去爱别人的孩子。”在让学生自我体验的基础上，这位美国教师教学生懂得爱是人性中的重要品质，无论何人，有爱心就不能算坏人，要客观评价故事中的人物。但是，如果像“后母”那样局限于一己之爱，就会招致他人的厌恶。

从这个课例中我们不难感触到课堂的多元性、同时性、即时性、难以预料性，也使我们感受到由于教师对同一问题的不同处理带给了学生不同的心理感受，这种感受会影响学生心理与品质的形成，并影响到他们对社会、生活和人生的看法与态度。

外语课程具有多学科、多信息相互交叉、渗透和融合的特点，外语教师应该以开放的思路去寻找“外语与现代生活大系统和学生生活经验小系统的联结点”。外语课的内容是丰富的，一节课能比较集中地体现教师在日常工作中所面临的各种教育教学问题。课堂教学叙事把教师的目光引到了课堂生活场景，课堂上捕捉到的每一个小小的特写镜头，都会极大地丰富教育叙事研究的内容。

教育家苏霍姆林斯基曾说：“要让学生带着一种高涨的激动情绪从事学习和

思考才是真理。”[111]学生学习语言也是如此。学生只有在具体的情境中激发出情感，才会有表达的强烈欲望。教师要以文本为依托，从学生的角度出发，倾心营造与学生心灵相通的情境。

德州学院大学外语教学部F老师的几个教学片段就充分体现了外语学科相互交叉、融合渗透的特点。

（1）影片介绍。教师介绍影片的基本信息，特别指出片名含有向死而生的意义。

（2）影片赏析。

1）观看影片开头部分。

Candle light：light of knowledge

Four pillars：Tradition，honor，discipline，excellence

由此联系到德州学院的校训：崇德、启智、励志、博学。

2）观看主要人物出场片段。教师提醒学生注意电影的镜头转换，给每个人物近景或特写，介绍出场人物。

父子之间的对话体现了他们之间存在的矛盾，为影片最后儿子的自杀悲剧做了铺垫，设下伏笔。

3）观看教师上第一堂课的片段。观看影片中教师讲到 O Captain! My Captain，结合教材中这首诗，对其进行讲解，带领学生一起朗读诗，并分析诗的形式（像一艘船）、韵律、押韵、意义。

教师：“看完这部电影，你有什么想法？”

隋天祥：“看完这部电影觉得从这位老师身上没有得到什么启示，学不到什么东西，反而是对片中父亲的严厉专制印象深刻，因为我的父母就是这种。”

魏磊：“对于这个老师要一分为二地看待，要放在具体的社会历史背景中去看。这位教师的初衷是好的，但是放在片中那个具体的社会背景中，人们可能还不太能接受这种做法，所以才会发生这样的悲剧。”

S3：“这位教师的想法是好的，他想要解放学生的思想，但是最后的结果是悲剧。”

教师：“现在有一种现象叫 home schooling，你是怎么看的？你更喜欢学校教育还是这种教育？”

田大伟：“更喜欢学校教育，因为在学校可以交到许多朋友。”

（这时，邻座的女生说他可以交到很多女朋友。教师提问为何，女生说他很幽默。教师与几位学生讨论了幽默的重要性，认为幽默是一种修养，与会开玩笑不同，英国人很幽默。）

教师：“大家认同他的观点吗？”

S：“更喜欢 home schooling，因为现在的学校教育太刻板。”

教师:“中国教育出了问题，现在中国没有大师，重要原因就是教育过于模式化。而要打破模式就要付出代价。”(教师举了顾城、王尔德、李白的例子)

教师:“现在的网络文学、穿越文学的出现很好，因为给了人们自由发挥的空间。”

4)观看学生在山洞里谈论的片段及影片末尾学生站在桌子上的片段。

教师:“影片最后学生都站在了桌子上，这一场景有什么意义?”

S:“他们站上桌子表示对这位教师的思想和做法的一种认同及支持。”

(3)推荐影片。教师推荐学生观看相关优秀影片:《放牛班的春天》《闻香识女人》《弱点》《街头日记》。

叙事研究可以从不同的角度切入，如一节课的整体教学设想，包括设计理念、教学目的、教学要点、教学过程、教学评价等；课堂中的某个环节或者侧面，包括教学方案的调整、教材内容的解读以及意外事件的处理、师生关系的协调等都是很有价值的研究内容。

课堂教学场景是外语教学叙事不竭的源泉，外语教学叙事是研究课堂教学的重要资源。

第三节　外语教师教育自传

带有“教育自传”性质的话语，早见之于史籍。古代教育家孔子的言论，不少都与“教育自传”有关。孔子说:“吾十有五而志于学，三十而立，四十不惑，五十知天命，六十耳顺，七十纵心所欲不逾矩。”[112]就是对自己进德修业，即接受教育的自述。古时年十五入大学，学大学之道；三十遇事便有自己的判断和主张；四十于事物之当然而无所疑；五十知事物之变化之理；六十能声入心通，明辨人言的真伪与是非；到了古稀之年，凡是一言一行、一视一听，自然皆合乎“道”了。他一生“学而不厌”，多才多艺，自认为“吾少也贱，故多能鄙事”。“鄙事”乃自谦之词，即指各种技艺。他于“六艺”几乎无所不晓、无所不通。后来教书育人，则“诲人不倦”，勤于“诲人”，又善于“反思”。一次他发现有个学生言行不一，很生气地说:“朽木不可雕也。粪土之墙不可圬也。”并于“课后”反思说:“始吾于人也，听其言而信其行；今吾于人也，听其言而观其行。”

自传是追述以往之事。孔子应答弟子及弟子们回忆孔子之言，虽是自转叙事的形式，但并非专意而系统的自述。而近人胡适、蔡元培、冯友兰等人的《自述》中，受教及施教的教育自传都占有相当的部分。

胡适曾热心倡导撰写“自传”,他自己也在不同的时期写过自传,著作有《四十自述》《口述自传》等。他在《四十自述》的“自序”中说:“我在这十几年中，因为深深地感觉中国最缺乏传记的文学，所以到处劝我的老辈朋友写他们的自传。”并说：“我们赤裸裸地叙述我们少年时代的琐碎生活，为的是希望给社会上做过一番事业的人也会赤裸裸地记载他们的生活，给史学家做材料，给文学开生路。”他在《自述》中也说到了在家乡、在上海、在美国的求学以及后来的从教经历等。[113]

蔡元培的《自述》也是先从受教育开始。历述十年私塾教育，做八股文，考中秀才，到省城乡试中举，赴京城殿试金榜题名等。而后追忆委身教育，尝试学堂改革，在就任北京大学校长的六年中，广延积学而又热心教育之事，调整学科，沟通文理，并且采行选科制，创办研究所，筹建国学馆等。[114]

冯友兰的《冯友兰自述》从启蒙教育开始，说到武昌求学、上海读书、负笈北京大学；还回忆了在燕京大学、清华大学、北京大学以及在抗日战争时期的西南联合大学任教的情况。他们的《自传》给我们留下了弥足珍贵的史料。[115]

教师讲述自己的教育故事有些像叙述自己的“自传”，所以就把这种自传叫作“教育自传”。提倡教师撰写“教育自传”，因为可以从中了解教师的教育观念、教育行为、教育经历及教育经验等。

《教育自传》或《教育叙事》是教师以自己的人生经历来表达自己的教育主张。教师通过对自己的学生时代及走上教育岗位后的某些经历所做的反思和回忆，追述自己内心深处曾经有的但日渐尘封的事情，有利于更好的理解当前的教育，也有助于用这种说话的方式学会“自我反思”。由“自我反思”、“自我评价”来获得某种“自我意识”，从而以一种审视的眼光来看待教育，抱着一种美好愿望和期待去进行教育叙事研究。

下面收录一位德州学院外语教师的教育自传——大学外语教学部吴颖芳老师撰写的《认识你自己：自我研究对教师专业发展影响的个案研究》，[116]供同行诸君鉴赏。

在教育革新的国内外背景下，教师发展的研究转向促使人们达成共识，即教师专业发展是教师教学是否有效、学生学习是否成功的攸关要素。党的十八大报告指出要“努力办好人民满意的教育”，要“推动高等教育内涵式发展”，要“加强教师队伍建设，提高师德水平和业务能力，增强教师教书育人的荣誉感和责任感”，也就是说，专业知能及情意是教师专业发展的精髓，是使学生对教师的教学感到满意的必备要素。因此，如何实现专业发展以适应高等教育内涵式发展的要求，是每一位高校教师必须优先考虑的头等大事！

对于（英语）教师发展主题，国内外学术界对教师的职前培训和职后发展都作了较为系统的探讨。自我研究肇始于20世纪90年代西方教师教育者为了改变传统说教式的教师教育方式转而研究自身的教学实践运动，并逐渐流行为教师研究的新取向。叙事研究是教师发展研究中最重要的方法。叙事研究认为，个体在叙述人生故事与回忆自传体记忆的过程中建构与发展自我，即教师叙事要理解和探究个体所经历的具体教育体验，目的是认识、建构和发展专业自我，凸显了科学量化方法在研究自我和同一性方面的不足，尽管教育实证分析具有非常可靠的预见性，但教师的教育生活却日益变得枯燥、规则化。叙事研究则可以自下而上地呈现教师自我专业发展过程所具有的独特性、情境性、自主能动性、丰富性和长期性等特点，使人们由关注教师的外在行为转而深入思考行为背后的思想原因。

作为一名对教师发展有困惑亦有理想的教师研究者，我具有7年（2006至今）在地方高校执教公共英语的经历，这7年是我的专业自我从无到有、从模糊到清晰、从幼稚到成熟的过程，所以这一阶段是“自我研究”的宝贵资源。在本文中，我将走回自己的教师生活世界，围绕“教师为何要进行专业发展”“教师如何认识专业自我”的主线讲述“教师如何学会教学”的故事，对教师专业发展历程进行个人化诠释。

一、“我”为何要进行专业发展

“师者，所以传道授业解惑也”，这是中国传统文化对教师职业规范的经典诠释。其实，今天的教师在“传道”“授业”“解惑”的同时，自己却面临着不解之惑。党的十八大报告告诉我们：教育、就业已与生态环境、食品药品安全等关系群众切身利益的问题并列，昔日象牙塔的“精英教育”转型为“大众式消费”，高等教育的价值和质量备受社会诟病；大部分高校公共英语课程的定位与目标简化为“四六级”，在课堂上，我每天都能够感受到来自学生的挑战和压力，思考着“我为何而在”的价值；同时还要担负大学教师“不出版就死亡”的生存格局。这种困境使我产生了发展的困惑，困惑于社会发展速度之快、发展中与他人的差距之大以及自我未来发展方向的不确定性，直接带来的是人生挫败感和专业发展走向的不确定感：走出教学，作为教师的我将不复存在；走进教学，便产生无力感。这种发展困惑产生了幸福困惑，幸福困惑进而带来了人生意义困惑——学而为师，我的存在价值在哪里？ 我的职业幸福感在哪里？对困惑追根溯源，除了主观努力不够，我找了两条客观原因：首先，职前专业成长营养不良。2006年9月，我正式走上大学讲台，标志着我告别学生身份，成为一名光荣的人民教师。在品尝了“长大后我就成了你”的那份最初的欣喜与骄傲后，却再难感受到身为教师的神气与自信，面对学生，只有忐忑，不知道怎么给学生上课。本科阶段，必修学习课程除专业课程（英语）和教育课程（教育学、心理学）外，其他课程与非师范专业学生相同，没有教学实习；研究生阶段，必修学习课程除专业课程（英语）和教育课程（英语教学论、第二语言习得概论）外，其他课程与非师范专业研究生相同，没有教学实习。这两个阶段的共同点是：教学实习缺席。由于缺乏实践，教育学、心理学、英语教学论、第二语言习得概论的学习效果与坐在教室学游泳、拿着教材学驾驶无异，诚如克兰迪宁讲述的故事所言：“作为一名学生，每当我们上教师教育课的时候，就是在这里等待被灌输理论，似乎以后我们就能把这些理论应用到实践中。我感到莫名的困扰，但是我知道这些大学教授将要对我们的学习进行考评，虽然我还没有真正弄懂这些神圣的理论，但是我需要向我的大学教师显示我已经懂了，而且能够把它们运用到实践中，这些神圣的理论让我感觉不满意和不确定……”Richards也在自己的研究中表示：曾接受这种职前教师知识基础培训的毕业生，几乎没有人宣称自己的教学与先前的这种准教师培训有任何直接关系。其次，职后专业培训食而不化。在入职三四年后，我意识到教学举步维艰，主动参与专业培训，内容从如何上好一门专业课（精读课、写作课、口语课）到有效课堂等，这些题目很吸引人，培训者介绍的教学理论、教育理念和教学过程也很令人激动，但理论只是在理论上可行，理念只是在理念上先进，过程只是在培训者的课堂上激动，自己却很难将培训者传授的精髓移植到自己的课堂。这有个人对课程驾驭能力差异的原因，这种差距是教学经验、教育智慧、学术背景的凝练，短时间内几乎无法跨越；也有所处教学环境不同的因素，培训者大多来自国内外语院校或重点大学甚至国外高校，自己所处的只是一所普通的地方高校，二者在学术环境、学生质量、学习资源等方面大相径庭，由此所影响的教师发展意识与程度也千差万别。所以职后专业培训离自己的现实很远，只可远观。

二、“我”如何学会教学

尽管教师发展会受到不利客观因素的影响，而我认为主观因素仍然是影响个体发展的决定性因素，因为外因只是条件、内因才是根本。可以说，在教师发展历程中，教师的专业自我意识，即“意识到作为教师的自我”是教师发展的前提，自我意识的强烈程度决定着自身专业发展的进程。约瑟德早在1955年就专门系统地研究了“教师自我”对其日常教育行为的支配性作用，展示了教师自我意识对教师专业实践独一无二的价值。自我研究起始于教师对自己日常教学的观察和反思，不同阶段的自我意识和形象构成了“教师如何学会教学”这一连续的画面。以下我把自己的发展历程按照专业自我的发展状态分成三个阶段，在叙述中探究“专业自我”在教师发展中的地位和作用。

（一）专业自我原始期

2006年，我艰苦学成得以栖身教职，王国维总结人生之一境“昨夜西风凋碧树。独上高楼，望尽天涯路”是对我心情的写照。初为人师，我对教学踌躇满志，一开始就告诫自己“教学要用心、尽力、做好、尽职”，思考“如何面对台下的莘莘学子？如何明确自己未来的发展方向”？梦想“成长为一个教书育人的教师典范”。这梦想在我的想象中展开：教学再容易不过，我的老师以前怎么教我、我就怎么教学生。所以，我的教学风景中山水分明，看山是山，看水是水。美国学者Lortie曾提出“学徒观察”（apprenticeship of observation），这一概念是说新入职教师往往模仿上学时老师的样子施教。我搜罗尽可能多的背景材料，期望给学生一堂百科全书式的英语课，包括文化背景、段落大意、词汇句型等，我唯恐漏掉知识点，尽力做到面面俱到。尽管我也信奉“在课堂上要特别注意调动学生的积极性，加强师生交流，充分体现学生自主体作用，让学生学得容易，学得轻松，学得愉快”这样的教学理念，自己的行为却与这一理念背道而驰，因为课堂的目标就是讲完所有准备内容，讲不完就会引发极大的焦虑，这样的压力迫使我没有时间去关心学生需求和学习效果，总以“反正自己尽力了”来安慰自己，在这样的自我陶醉中我度过了教师生涯的第1、2年。作为一名教师，我是谁？我存在的价值是什么？这一阶段的教学行为表明：拿着课本对学生宣讲百科知识的那个人，就是作为教师的我，我对学生知识灌输的多少是我专业知能的唯一体现；“大学生学习主要靠自学”的观点让我觉得大学教师的作用并不像中小学教师那样重要，至于我的“教”是不是引发学生的“学”、他们学得如何，跟我关系不大，这些所思所行体现了我的专业情意。可以说，这一阶段的专业自我只是自然存在着，教师是我的职业符号，内心深处并未领悟到专业自我的存在，而专业自我存在和领悟到专业自我存在完全不同，古希腊哲学家巴门尼德说真正的实在是存在，真正的存在唯有通过思维才能把握。这一阶段我对“我是谁”“我存在的意义”的认识仅仅停留在教师与教学的形式层面，并满足于此，因此也就不具有反思意识和发展意识。因此，我把这称之为专业自我自然存在期。

（二）专业自我萌发期

潜伏在专业自我自然存在期的危机在第3年的第一次“关键事件（critical incidents）”中爆发。“关键事件”是影响教师专业成长的刺激性因素，指“个人生活中的重要事件，教师要围绕该事件做出关键性决策，它促使教师选择特定的专业行为，并通过自我澄清的过程对自己的专业进行解构和重构”。那次赶去上课，一上讲台就发现一张纸条：我们不喜欢您的课。我几近眩晕，内心沉到谷底，我意识到自己的教学失败无效、亟须改进。此时的教学风景中山水已看不分明，看山不是山，看水不是水。旧的自我已被否定，新的自我在哪里？我不知道，我失去了作为教师的自我。失去自我是为了找到自我、发展自我。王国维总结人生之二境“衣带渐宽终不悔，为伊消得人憔悴”可以写照这一阶段的经历。

1. “我”意识到专业自我的存在

纸条事件之后，我问自己：什么是教师的责任？我的答案是：在教学过程中主动地去了解学生的所想、所惑、所得、所感，整理科学的教学理念，制定具有针对性的教案，实施卓有成效的教学方法，创造感染学生积极学习、摄取知识的氛围，并以教师的人格魅力赢得学生的敬爱，激励他们为理想、为目标做坚持不懈的努力，从而获得良好的个人发展。责任感的确立，让我下定决心“增强上课技能，提高教学质量”，为此，我经常问自己“这堂课上的成功吗，学生满意吗？”并阅读了一些教学专著，比如《非常教师——优质教学的精髓》《教学方法手册》

《课堂提问的艺术——发展教师的有效提问技能》《多元智能教学》《名师营造课堂氛围的经典细节》等，我寄希望于阅读中获得成功教学的法则。还在学生当中开展问卷访谈，了解学生对课堂的看法。然后我做了教学调整，比如减少单词的讲解，增加实用句型的练习，扩大广泛阅读的力度，改进课堂时间的分配。教师生涯第 4 年学生评教结果是“课程进行得很顺利”。这说明我的专业知能刚好满足学生的要求，专业情意也在为增进专业知能的努力中萌芽，这二者的发展都与内心深处已领悟到的专业自我存在有关——作为教师，我的教学必须满足学生要求，否则，就被学生否定，也不被自己接纳，我就失去了专业自我。即使如此，这时期的专业自我仍然没有彻底脱离自然存在期的自我意识和形象，因为我的实际教学行为与自己的“责任书”仍然无法契合，我不清楚学生想让我教什么，也不知道教学目标、难点重点为何物，也没有创造感染学生的课堂氛围。教学带来的“无奈与疲惫”使我像盲人摸象一样总是不确定教学的真相、自我的走向，教学生活给我一种不安全感。

2．“我”改变专业自我的存在

领悟到专业自我存在并不能给我带来安全感和正义感，因为我还是觉得自己不会教学，也说不出自身教学存在的问题，我在同一教学模式中轮回。这样的轮回在第 5 年的第二次关键事件中被打破：面对一团沉默的学生，本着完成教学任务的宗旨，我硬着头皮按照自己的预设完成“我的任务”，学生的学习效果当然不在计划之内。结束任务，我匆匆逃离现场，走在路上，我内心沉重、迷茫：完成任务很简单，可这对无辜的学生有价值吗？而我又何苦为这承担一切？可是我是教师，教学是我的生活，这生活如果给我带来的是重复的烦恼、孤寂的独白，还有继续的必要吗？我要改变自己、改变课堂！为了拒绝重复一样的课堂，每次课我都会涉及不同的内容，即使内容一样，呈现的方式和时间段也会不同。我还比较哪种呈现方式、哪个时间流程的效果较好。这一年学生一致认为我“认真、负责、耐心”，这是改变专业自我的存在所带来的结果。这一阶段，我对教学负有使命感，对学生怀有责任感，对自我抱有认同感，我的专业情意已逐步养成，而专业知能仍然处于徘徊期，因为我仍然没有克服自身的缺陷，我性格随和但偏执，做事认真但不灵活，所以在教学中，我只坚持我认可的价值观，鼓励学生脚踏实地获得知识，反对他们急功近利只想考试，因此悬置学生的考试需求，教学内容远离学生的需求，教学还是以自己为中心。

（三）专业自我意识发展期

关键事件、自我反思是促使我发现、领悟、改变专业自我存在状态的关键因素，它们督促我不断怀疑自我、否定自我又建构自我，而研究自我的意识与行动则是专业自我发展的飞跃。教师生涯的第 6 年，我使用自我监控（self-monitoring）来研究自己的课堂、课堂中的自己，自我监控指“教师以文字、音频、视频记录自己的课，将所获得信息作为自我教学的反馈资源”。课前，我在监控本上记录自己的教学设计，保证课堂的流畅性；课中，我随时随地记录我的教学节奏、时间分配、教学设想、突发事件等；课后，我则比较预设课和生成课的效果，检查节奏是否紧凑、时间是否得当，“自我监控能帮助教师缩小想象教学和现实教学的巨大差距”，自我监控帮助我发现了自己的教学缺陷：内容多、信息量大、重点不突出、时间使用不当、灌输说教方式居多。这些教学缺陷在过去的公开课中都被“重要他人”纠正过，为何自己今天才确认呢？这是因为自己早已习惯于这种教学模式，陷于自己习惯的行为中，便很难质疑自己的行为，认清自身存在的缺陷。怀特海德把这种现象称为“活的矛盾”，指“个体自身存在的矛盾，在某种情况下，这种矛盾可以稳定的共存，因为个体已经习惯适应于原有的经验模式，很难以独立于自身经验之外的角度检验出这种矛盾”。这些“活的矛盾”之所以难以被我铲除，是因为其根深蒂固性，教学内容、重点、时间的缺陷跟我的学习方式有关，学生时代的我好读书不求甚解，导致我的教学也带有不分重点、不管多少、不顾时间的痕迹；教学方式跟我的家庭环境有关，我父母教育子女以言传说教为主，导致我也不自觉地向学生灌输很多，而学生对此并不乐于吸纳多少。在我教学生涯第 6 年结束第 7 年开始之际，我终于对自己的教学缺陷茅塞顿开，不仅确认了缺陷的内容，还知道了缺陷的渊源，自我研究解决了我在多年实践中遭遇的困惑、紧张、焦虑和矛盾，同时也诠释了教师专业自我的发现与建构的实践性本质。Feiman 指出：“学习教学应该被视为一个延续教师整个职业生涯的连续过程”，所以故事到这里并未结束，王国维人生境界之三，“众里寻他千百度，蓦然回首，那人却在，灯火阑珊处”，告诉我教师进入教学自由王国的光仍然不是十分分明，教学风景中的山水仍然需要用研究的眼光、发展的意识才能领略到其风采。

三、“我”如何认识专业自我

我通过叙述教学经历来促进自我专业反思、了解专业自我，以改变未来的教学行为、提高教学质量、获得教师专业发展，在这个叙述与回忆中，我更好地理解了专业自我的发展原因，认识了作为教师的我对自身身份的悦纳过程。第 1、2 年是我栖身于教师的阶段，专业自我处于自然存在期，由于自己本身的学习风格和性格特性，也没有经历教师专业的实战期，专业自我意识微弱，导致专业知能和专业情意发展趋于不发展状态。第 3、4 年是我容身于教师的阶段，由于专业自我意识的缺乏，导致我的行为出现严重缺陷，我失去了专业自我，我用各种方法弥补缺陷试图找到它，专业自我意识的觉醒与领悟让我暂时站稳脚跟，专业知能和专业情意发展趋于初步发展状态。第 5、6 年是我安身于教师的阶段，专业自我意识的改变和自我研究的行为使我逐渐立足，专业知能和专业情意发展趋于稳定发展状态。第 7 年是我立命于教师的阶段，专业自我的特征在自我研究的放大镜下逐渐清晰，批判与发展专业自我是自我研究的结果和目标，专业知能和专业情意发展趋于持续发展状态。维特根斯坦说“只有生活在自己的趣味中，才会有身心的安妥和应对环境的从容”，这时的我已建立自我的身份和志趣、确认自身的缺陷和特征，所以了解自我、认识自我是摆脱盲目与焦虑的途径，自我研究是我专业发展的点睛之笔。通过叙述和回忆我的教学经历，我发现作为教师的我，不断从对专业自我无知无觉的状态发展到清醒认知的阶段，自我意识的强烈程度又决定了研究教学、提高质量的进度和程度，专业知能的积淀分布在这一过程的各个阶段，专业情意的养成体现于这一过程的始终，这也是自我专业发展的历程，因为教师发展是指其智慧、经验、态度继续成长的过程。Pennington认为“只有当教学建立在两种知识基础上：了解学生和认识自我，它才最有效”，Combs也说：“一个好教师……是一个知道运用‘自我’作为有效工具进行教学的人。”两人的观点不谋而合，研究自我是进行有效教学的关键因素，因此教师自我研究最终回归于那个古老的命题：认识你自己，这也是教师发展的起点和终点。

为了让教师在叙事中有“事”可叙、有“话”可说，建议配合“集体备课制度”和“公开课制度”进行外语教育叙事。之所以强调好配合学校的这两种制度，主要考虑到这两种制度有利于教师之间的相互合作、相互交流、相互切磋，而且经过集体备课和公开课之后，教师可以根据讨论中提出的新的教育理念以及讨论中所谈及的教学经验与不足，有效地反思自己的教育教学。

教师在课前以“集体备课”的方式集思广益，可以提高“教学设计”的科学性与艺术性；课后反思自己的教学，将这节“公开课”记录下来，有人将这个过程称为“用钢笔录像”。

撰写教育案例的目的通常是学习运用理论、总结教改经验和促进交流研讨。

教育案例区别于论文之处在于文体和表达方式上。教育案例以记录为目的，以记叙为主，兼有议论和说明。其写作在写作思路和思维方式上是一种归纳思维，思维方式是从具体到抽象；教育案例区别于教案、教学设计之处在于对已发生的教育过程加以反映，写在“教”之后，是结果；教育案例区别于教学实录之处在于根据撰写的目的对教育情境做出有所选择的描述。

教育叙事是一个教育情境的故事，有人这样说：好的案例等同于一个生动的故事加精彩的点评，好的教师等同于很多生动的教育故事。

当下，一线教师的工作性质决定了他们不可能也没必要像专门研究者那样去做一些生涩的理论推演，“教师参与研究”直接指向发现、分析和解答基于实践情境的教育问题，在学者话语一统天下的教育知识生产格局中发出“实践者的声音”。因而，写作教育故事，做一点“叙事研究”，为教师参与研究、提升专业化水平提供了一条可行之途。

故事之所以吸引人，往往在于它所反映的矛盾冲突扣人心弦、发人深省，而一篇优秀的教育故事作品也常常源于造成作者认知失衡、引起作者深切反思的某次教学事件。学校、班级每天都有大量真实、鲜活的教育问题、教育困境发生。通过撰写教育故事，教师可以及时发现、探寻这些问题、困境背后所隐藏的教育道理、教育规律，借以“研究深切的教育问题”，创生新锐的教育思想，甚至发现前所未有的、全新的教育意义。

写作教育故事最重要的意义在于“激活精彩的教育行动”。所讲述的故事不一定要非常精彩、好看，重要的是让写教育故事成为教师考察自己教育生活的一种日常自觉行为。因为一个教育故事的背后往往隐藏着作者对某种理想的教育行为的期待和暗中筹划，即它能对教师未来的行动产生影响。所谓叙述自己的教育故事，实际上是教师改变自己的教育行动，从一个被动的执行者转变为主动的建构者；建构的成果又反过来改变教育实践、锤炼教育艺术、提升教育效能。

目前大多数教师最需要寻求一种“超越”意识——自觉地从繁杂、琐碎的教学工作中超越出来，选择类似“讲故事”这样适合于自己的方式参与研究创造，在辛劳却美好的教育道路上幸福前进。

如果我们说每位教师展示自身生命价值主要体现在课堂、学校和与学生交往中，那么叙事案例在一定程度上就是教学改革背景下教师生命之光的记载。在叙事的过程中享受职业的幸福感，同时也蕴涵着教师无限的生命力。

第五章 外语教育叙事研究实践

第一节 校本教育研究与外语教育叙事研究

一、校本教育研究的提出：教师成为研究者

（一）校本教育研究的提出

随着教育改革的深入，走向“校本”成为教育发展的一大趋势。“校本”意为“以学校为本”，即以学校为基础、以学校为焦点、以学校为中心、以学校为场所。

以学校为基础，就是在规划学校发展、实施新课程的时候，需要关注学校的历史传统与现实状况，一切工作都要从学校实际出发，不能脱离学校原有的基础。

以学校为焦点，就是在规划学校发展、实施新课程的时候，需要确立问题意识，始终以发现、研究和解决学校发展过程中遇到的各种焦点问题为指向。

以学校为中心，就是在规划学校发展、实施新课程的时候，需要把学校置于自己的工作和研究的中心，从学校的角度思考问题并寻求解决的办法，努力为学校的发展服务。

以学校为场所是指学校是发生教育事件的第一现场，在规划学校发展、实施新课程的时候，需要有现场意识，了解现场中到底发生了什么事、为什么会发生、产生了什么后果，以及当事人对此的感受和看法，从而切切实实地找到解决问题的思路和方法。

华东师范大学的郑金洲博士在《走向校本》中这样解释：所谓校本，一是为了学校，二是在学校中，三是基于学校。[117]

“为了学校”，以改进学校实践、解决学校所面临的问题为指向。“改进”是其主要特征，它既指要解决学校存在的各种问题，也指要进一步以学校所面临的问题为指向。“改善学校的办学水平及教育教学质量。”“校本”关注的是学校管理者及教师们日常遇到和实践中亟待解决的问题，它不局限于某一学科的主张或某种理论识见，而是主动吸纳和利用各种有利于解决学校实际问题并提高学校质量的经验、知识、方法、技术和理论。它不囿于一般的笼统的决策和解决问题的

模式，而是在此基础上具体分析学校的实际，探寻出解决问题的具体对策。把解决具体问题放在第一位，并非不关心宏观决策和一般理论，只是更强调从具体到一般、从特殊到普遍，更强调已有的决策和理论的实施过程，以及在实施过程中不断得到的检验、修正和补充。

“在学校中”，即学校存在的问题，由学校自己来解决，经由学校校长、教师的共同探讨、分析来解决，所形成的解决问题的诸种方案要在学校中加以有效实施。校长和教师在学校生活中有行动的目的、责任，能够体察实践活动、背景以及有关现象的种种变化，能够通过实践检验理论、方案、计划的有效性和现实性，他们对学校实际问题有其他人难以替代也不能替代的作用。他们积极、系统的反思，对学校各种方案、环境、行动等的深刻理解和洞察，是不断提升办学水平的关键。

“基于学校”，是指从学校的实际出发，所组织的各种培训、展开的各类研究、设计的各门课程等都应充分考虑学校的实际，挖掘学校的各种潜力，让学校资源更充分地利用起来。

郑金洲博士依次提出立足“校本”的三方面依据：

（1）理论与实践间的张力促使研究者与实践者共同转向具体的学校教育实践。关注“校本”体现了教育理论工作者克服理论抽象，从务实的角度上直面具体的学校实践，力图把一般的理论与丰富的学校实践相结合，从而探寻学校发展的方向以及重新构建理论的路径。因此，校本研究是理论工作者自觉的转向。

（2）学校在教育中的位置使得“校本”逐渐纳入人们的视野。任何脱离了学校具体实践的教育指令、教育政策、教育方针或教育理论都会成为一纸空文。因此，应将具体的、特殊的学校实践作为教育研究的突破口。

（3）学校的复杂性使校本层面日益凸显出来。任何一所学校都是具体的、独特的、不可替代的。它所具有的复杂性是其他学校的经验所不能说明的，是一般理论所不能充分验证、诠释的。换句话说，只有在具体学校的基础上形成、发展起来的“个别化理论”才更具适应性。[118]

教育中对人的个性的张扬以及对激发人的创新精神的高度关注，教育管理体制上的变化与办学自主性的逐步扩大，都为走向“校本”及其实施提供了可能性和现实性。

“校本”主要包括校本管理、校本课程、校本资源、校本教研、校本培训等五个方面。其中校本课程是核心，校本教研与校本培训是两翼，校本资源是基础，校本管理是纽带。这五个方面的工作协调好了，“校本”才能落实到位。

校本管理是一种以权力下放为中心的学校管理思想和模式，其核心就是强调教育管理重心的下移，强调教育行政部门给予学校更大的权力和自由，使学校成为自我管理、自主发展的主体，根据自身的需要确定自己的发展目标和方向，优化学校教育资源，提高办学质量，创办出更有效力和特色的学校。

校本课程有广义和狭义之分。广义的校本课程指的是学校实施的全部课程，既包括学校实施的国家课程、地方课程，也包括学校自己开发的课程；而狭义的校本课程专指学校在实施国家课程和地方课程的前提下，自己开发的适合本校实际的、具有学校自身特点的课程。目前，人们习惯将学校自己开发的课程称为校本课程，以区别广义的学校课程。

校本资源就是以校为本的资源，包括课内课外、学科内外、校园文化等适合于课程教学的，有利于学生学习的一切资源。整合校本资源，把学校的各种学习资源有计划地、及时地引进教育教学之中，加强课程与时代的联系、与现实生活的联系，使课程成为源远流长的溪水清泉，可以极大地激发学生学习的兴趣和在生活实践中学习知识、运用知识的能力。

校本教研是以学校为研究基地，以教师为研究主体，以学校教育发展过程中所遇到的各种具体问题为研究内容，以促进师生共同发展为研究目的而开展的行动研究活动。实施校本教研是实施课程的迫切需要，是学校可持续发展的需要，是提高教育质量、教师素质的需要。它作为一种新的学校文化，使学校成为真正意义上的学习化组织。

校本培训是指基于学校发展和教师自身专业成长的需要，由学校发起和规划的将本校作为教师继续教育基地并立足于本校的教育教学实际的培训活动。

当前，国内教育界对校本培训、校本课程、校本管理的研究比较多，而对校本教研的探讨则比较薄弱。伴随着“校本”化问题的深入探讨及教育改革的深化，校本教育研究日益在“科研兴教”“科研兴校”战略中显示出巨大的作用。

（二）校本教育研究的意义

校本教育研究思想源于20世纪60年代前后，针对以往教育研究的弊端，伴随着“教师成为研究者”的思潮而提出。

校本教育研究（简称“校本教研”）强调理论指导下的实践性研究，既注重解决实际问题，又注重经验的总结、理论的提升、规律的探索和教师专业的发展，它是保证教师的教育实验向纵深发展的新的推进策略。可见，校本教研的根本特征在于“以校为本”，即研究的问题产生于学校内部，研究的过程与学校实际工作紧密结合，研究中时时考虑到教师与学生的成长需要。因此，校本教研的提出对总结办学经验、探讨教育规律、促进学校的发展都具有十分重要的意义。

1. 校本教研有利于促进教育理论与教育实践的结合

我国教育研究长期以来就存在理论与实践脱离的现象。教育研究往往是教师按照研究人员设计的框架进行观察和实验，再由研究人员撰写论文或论著。这就将“有血有肉”的教育教学过程变成了单调空洞的理论条文，导致研究过程和理论成果对实际教育教学缺乏实际的指导作用。

校本教研则把研究的重心置于实际的教育情境，强调学校是教育研究的基地。校本教研认为，教育研究不只是专职研究人员的专利，同时也赋予了教师研究的责任和权利。这些理念的确立，使教育研究目标定位发生的研究不再是抽象的主观思辨的研究，而是广大教师共同参与的研究。

大学英语教师的研究目标不是或主要不是指向新的教育规律的发现、新的教育理论的生成，而是解决自己所面临的实际问题。因此，校本教研纠正了以往教育研究目标定位上的偏差，有利于促进教师的积极参与，促进理论和实践的结合及双方的互动与发展。

2. 校本教研有利于教师掌握适用的研究方法

在过去的教育研究中，强调研究的科学范式，主张以“科学指标”来评价教育研究规程。科学研究模式常使教师感到无从着手，也使教师失去了对教育理论研究的兴趣和勇气。

校本教研纠正了以往教育研究在方法上片面追求科学化的研究范式，采用多种研究方法和多种研究视角去研究教育问题。它重视观察法、实验法、行动研究法、叙事研究法等实践性方法的应用。这些方法教师比较容易掌握，也适合于开展校本教研工作。尤其是行动研究法中的教育叙事研究方法，更易于被教师掌握运用。他们可以运用这种教育研究方法卓有成效地推进校本教研的开展。

3. 校本教研有利于促进教师成长为研究者

随着研究型教师理念的逐渐形成，“教师即研究者”“反思的实践者”等已成为教师崭新的角色定位，教师要从根本上转变观念，确立教师是研究主体的思想，把日常教育教学工作作为教育叙事研究的不竭资源。

校本教研改变了教师长期以来消极被动的“教书匠”形象，使之以积极、主动的教育研究者形象参与校本教研。校本教研不但可以提高教师的教研意识和教研能力，而且可以促进教师教育教学能力的提高，它是促进教师专业化发展的重要途径。在“教师成为研究者”已渐成共识的今天，教师理应参与研究。教师参与研究，一是可以提升教师自身的反思意识和能力，了解自身行为的意义和作用；二是有助于改进自己的教学工作，提出切实可行的教育改革方案；三是可以改变自己的生活方式，体会自己内在的价值和意义，逐步实现教师的专业自主发展；四是有助于教师破除对“研究的迷信”，增强其自尊、自信，提高其自立的能力，使越来越多的教师参与到研究中来。

4. 校本教研也有利于促进学校全面的可持续的发展

学校应建立校本教研的激励机制和参与机制。

（1）建立以校长为第一责任人的校本教研制度，校长把教研当作分内之事，牢固树立教研兴校的理念，促进校本教研风气的形成。

（2）建立教研平等对话、合作切磋、经验交流的平台，促进教师经常研讨、交流信息、分享经验、共同提高。

（3）形成民主、自由、合作的研究氛围，尊重和保护教师从事教研的积极性和创造性，增强教师的教研自信心。

（4）开拓教师参与学习、培训、学术交流的校内外畅通的渠道。

（三）校本教育研究的特征

教育研究一般有两种形式：理论研究和行动研究。理论研究是通过许多现象或大量事实的收集、整理，寻找其中规律性的东西；行动研究则是以解决问题为中心的一种研究方式。以行动研究为基本方法的校本教研具有以下特征：

1. 教师的主体性

教师在研究中已不再是单纯的知识传授者和被研究对象。通过研究和行动的双重活动，教师可以把研究成果直接应用于实践，改进教育教学方式，提高行动效果。教师是研究成果的探索者和实践者，而不再是别人研究结论的被动接受者。

2. 研究的实践性

教师研究不是在书斋，不是单纯地收集、整理资料，而是从实际需要出发，在教育现场情境中去发现、研究和解决实际问题。教师在教育情境中，处于最有利的研究位置，是问题的第一遇见者和解决者，拥有最多的研究机会。

3. 研究的指向性

校本行动研究是教师通过在教育活动中进行研究，提高行动质量，增强行动效果。这就意味着教师开始主动关注教育的内在价值和意义，关注教育实践活动对学生身心发展所产生的实际效果，有意识地反思和改善自己的教育教学行为，为教育活动创设最佳情境。整个研究过程都是在行动中展开，并以行动质量的提高作为检验行动质量的标准。

4. 研究过程与教育过程的相关性

教师行动研究的基本过程如下：

（1）在教育实践中发现问题并提出问题。

（2）在教育教学行动中捕捉、筛选、提炼、积累经验。

（3）把研究成果作为一笔宝贵的智慧资源应用到教育教学实践中去。

（四）校本教育研究的价值

（1）校本教研有利于学校发展与办学理念的落实。校外教研很难顾及各个学校之间不同的发展状况，只有学校组织校本化的研究活动，才会有意识地围绕学校本身的发展问题及本校独具特色的办学理念来进行研究。

（2）校本教研有利于教师的专业发展，建设一支研究型的教师队伍。在校本研究过程中，教师既是实践者，也是研究者，能充分调动教师专业发展的主体作用和主动精神，增强教师对教育改革的自主意识和责任感。

（3）校本教研有利于学生的发展。校本教研的最高追求是促进学生的全面发展，所以校本教研内容的选择是从学生发展需要来考虑的，它关注学生的生活实际、身心特点和个体差异。

（4）校本教研有利于教育理论与教育实践的结合，有针对性地解决教育实践中的问题。校本教研所主张的研究也好，问题中心也好，教师的经验也好，都是为了搭设教育理论通向教学实践的桥梁。

（5）校本教研有利于校内教师教育资源的合理配置和充分开发利用。校外的教育资源也是非常重要的，对于教育发展是不可或缺的，但是，教育发展的主战场是校内。学校可供教师利用的教育资源很多，如教育中的问题、学生成长的问题、教育的成功与失败、教育发展的契机等都是丰富的教育资源。

（6）校本教研是构建学习型组织的必由之路。学习型组织理论强调充分发挥每个成员的创造能力，努力形成一种弥漫于群体与组织中的学习气氛，凭借学习和个体价值的实现，组织成效可以大幅度提高。把学校构建成一个学习型的组织，这是学校现代化的一个重要标志。应当积极提倡学校即研究中心，教室即研究室，教师即研究者。只有这样才能不断提高学校的研究能力，形成自我发展、自我提升、自我创新的内在机制，成为真正意义上的学习型组织。

学习型组织开展校本教研的基本途径是把校本教研落实到教研室，教研室变成教师探讨教育问题的场所，一切都围绕本校教育教学工作中的“问题”展开，让教师能提出问题、分析问题、解决问题，走出一条“问题—设计—实践—反思—再实践”的校本教研之路。

（五）校本教育研究的取向立足理念

校本教研的基本理念：学校有条件地自主决策，教师参与研究设计，倡导旨在问题解决的合作、探究与共享的开发策略，其核心理念是让研究真正适应学校、教师、学生的发展需要。因此，它的立足点是学校特色、教师个性、学生发展。

每所学校都有自己独特的文化历史背景、外部条件和内在条件，这些条件的综合就形成了该校具有自己特色的办学传统和校风。一个学校的办学传统的形成是该校在办学历程中积淀的学校文化的结晶，并且是此校与彼校之间存在的个性差异。每所学校都应该充分认识到本学校的特色，让校本研究走出一条基于学校现实的各具特色的道路。

在传统的教育中，更多地是把教师视为一种职业而提倡具有共性的职业道德，却忽视教师个性的一面。教师的个性品质必然会影响他对研究方法的选择和研究过程的组织步骤。因此，校本研究需要让教师真正成为研究的直接参与者，在研究过程中充分突显自己的个性。

教育是一项培养人的社会活动，这一本质特点决定了学生是教育的出发点和归宿点。因此，校本教研要基于学生的个性差异，把握学生潜能发展的独特领域和生长点，在研究过程中充分重视学生个体的经历和体验的价值。

1. 关注问题

充裕的研究时间、独特的研究情景、明确的研究问题，为教师开展校本研究提供了优越的研究条件。这就要求我们要时时留心周围的一切，自觉以研究者的眼光审视、分析和解决教育中出现的各种问题。"问题就是课题"，教师要善于把教育中有意义的实际问题，经过"设计"转化为富有个性特色的校本研究课题，再通过攻克研究课题来解决教育中的实际问题，最终达到教育与教研同步提高的目的。

2. 强调叙事

叙事就是"讲自己的故事"；集体叙事就是一起讲自己的故事，有人称之为"一种叙事性的校本研究"。这种叙事研究的主要环节包括：

（1）进入情境。如前所述，既可以是真实性的情境，也可以是描述性的情境；既可以是典型性的情境，也可以是日常性的情境。在集体叙事中，要求参与者共同进入一个规定的情境，以便具有共同的话题和语境。

（2）个人叙事。参与研究者以口述的方式分别就情境中的某一过程、某一细节、某一问题以曾经亲历的情境或假设性的"现场"来叙述和描绘自己的教育教学故事。

（3）归纳问题。将具有不同处理方式或具有讨论空间的共性问题提炼出来，展开讨论和协商，形成基本认识和处理的多种方式。

（4）重新叙事。以参与研究者口述故事为原本，根据讨论和协商形成的新认识、新体验，从不同的认识角度来审视和反思自身的故事，从而形成新的意义和价值。

（5）形成叙事文本。将所有的故事按主题、类型或过程进行编辑和处理，可以通过引言、图片、注解、旁白、提示等方式，增强叙事文本的现场性、丰富性和拓展性。

3. 倡导合作

校本教研致力于解决学校层面面临的问题，即教师碰到的教育共性问题，这些问题不是靠个人的力量可以完全解决的，它需要借助团体合作的力量。所以校本研究强调发挥群体优势，常常体现为一种集体协作、同伴互助方式来从事研究活动，最终达到研究的目的。同伴互助强调教师之间的专业切磋、协调合作、互相学习、彼此支持、共同成长，这有助于提高个人的教育工作水平和教师的整体水平。

（六）校本教育研究的模式

目前校本教育研究的基本模式有两种：一是刘华良博士提出的“问题—设计—行动—反思”模式,二是周卫先生提出的“发现问题—组织团队—学习准备—设计实施—总结反思”模式。

1.“问题—设计—行动—反思”模式

关于校本教育研究，华南师范大学教育科学院刘华良博士提出了“问题—设计—行动—反思”的校本教研操作模式，详述如下：

（1）基于教育问题的课题研究。校本教研强调解决教师自己的问题、真实的问题。不过，并非任何教育问题都能构成研究课题，只有当教师持续地关注某个有意义的教育问题（追踪问题），只有当教师比较细心地设计解决问题的思路之后，日常的教育问题才可能转化为研究课题，教师的问题意识才能上升为课题意识。

强调对问题的追踪和设计意味着所研究的课题来自教师自己的教育实践，课题产生的途径往往是自下而上而不是自上而下的，它是教师自己的问题而非他人的问题，它是教室里发生的真实的问题而非假想的问题。

强调对问题的追踪与设计意味着校本教研不是解决随意性问题或经验性问题。教师虽然在日常教育教学中从来就没有远离过解决问题，但如果教师只是以日常经验和惯用策略去解决问题，而不是想方设法（设计）之后采取行动并持续地反思其效果，那么，这种问题解决只属于日常性教育活动，算不上研究。

强调对问题的追踪与设计能使日常教育中的问题意识与校本教研中的课题意识区分开来。不过，这不是说问题意识就不重要。在教育研究中，常见的障碍或者可能是课题意识太弱，或者可能是课题意识太强。课题意识太弱的教师，容易满足于以日常经验解决那些琐碎的日常问题，不善于在解决日常教育教学问题的过程中捕捉一些关键的,值得设计、追究的研究课题。由于缺乏必要的追究与设计，那些日常的教育教学问题虽然不断被解决，但教师很难从整体上转换自己的教育观念、改变自己的教育行为。与此相反，课题意识太强的教师，容易热衷于热点问题、宏大问题,对自己日常教育教学中的实际问题视而不见,或以“善小而不为”。满足于大问题、大课题的后果是忽视、轻视了教室里每天都在发生的真问题和产生的真困惑。

（2）基于有效教育理念的教育教学设计。在确认了日常的教育教学问题只有经过设计才能转化为研究课题这个观点之后，接下来需要澄清的是设计究竟意味着什么。校本教研意义上的设计虽然不完全等同于一节课或一个单元的教学设计，但它实际上离不开教师日常的、具体的、以一节课或一个单元教学为单位的教学设计。校本教研中的设计意味着教师在发现某个值得探究、追踪的教育教学问题之后，在接下来的一系列的教育教学设计（备课）中寻找和确定解决该问题的基本思路和方法。集体备课和说课实际上是借鉴他人的经验或他人的智慧，当教师在集体备课、说课中借鉴他人的经验或他人的智慧来设计解决问题的基本思路与方法时，这种备课活动或设计活动就具有校本教研的意味了。

就此而言，校本教研就是以研究的意识来强化教育教学设计活动。但校本教研中的设计又不仅限于备课或集体备课。或者说，当教师期望借鉴他人的经验、他人的智慧来设计教育教学方案以便解决某个教育教学难题时，教师还可以从另外的地方获得他人的经验或他人的智慧，比如与专家对话以及阅读相关的教育论著。也就是说，一个责任感强的教师总是想方设法地教，而想方设法又意味着教师既反思自己的经验，又琢磨他人的经验。当教师将自己的经验与他人的经验做比较时，自己想方设法地教便有了着落，也可能有了灵感。

（3）基于教育对话的教育教学行动。行动是指将已经设计好的方案付诸实践。如果校本教研所设计的方案是一节课或一个单元的教学过程，那么，接下来的行动既包括教师的上课，也包括相关合作者的听课，即一般所谓的集体听课。此时教师的上课，已经被转化为公开课或称之为研讨课。

就教师的上课而言，行动不仅意味着观察事先所设计的方案是否能够解决问题，而且意味着在教学对话中创造性地执行事先设计的方案。教师一旦进入真实的课堂，面对具体的学生，就不得不保持某种教学对话的情境，在教学对话中根据学生的学习状况、教学过程中发生的意想不到的教学事件，去灵活地调整教材，调整教案。

（4）基于问题解决的教育反思。在整个校本教研过程中，反思实际上是贯穿始终的。问题之所以能够被提出来，设计之所以可能，行动之所以能够创造性地执行方案，都有反思的介入和参与。也有人因此将设计的过程称为行动前的反思，将行动的过程称为行动中的反思，将回头思考的过程称为行动后的反思。不过，所谓反思一般指回头思考，即教师以及合作研究者在行动结束后回头思考解决问题的整个过程，查看所设计的方案是否能够有效地解决问题。如果问题没有获得预期的圆满的解决，就需要进一步弄清楚究竟是由于所设计的方案本身不尽合理，还是因为方案的执行发生了严重偏离，或其他原因所致。

由于校本教研常常是一种基于教师个体自主思考的合作研究，因此这种反思也可以称为集体讨论，它与此前的集体备课、集体听课相呼应。事实上，校本教研需要经常性地与集体备课、集体听课、集体讨论等教育教学研究制度相结合。这样看来，校本教研与其说是对传统的教育研究方式的改变，不如说是对传统教育研究方式的一种落实或恢复。在集体讨论的过程中，教师一般能够提出这样或那样的问题，但对于如何解决问题却往往感到无计可施。教师的困惑是不知道他人是怎么做的，或者不知道他人的经验是什么。

由此看来，无论是教育教学设计，还是教育教学反思，其关键都在于开阔自己的眼界，汲取他人的经验，并将他人的经验转化为自己的设计和行动。其实，由于对别人的经验缺乏了解，教师不仅无法解决问题，而且无法提出问题，导致教师对自身教育实践中的问题因为习以为常反而视而不见。只有反思自己的经验并使自己的经验与他人的经验相互关照，才能真正发现问题和解决问题。

2.“发现问题—组织团队—学习准备—设计实施—总结反思”模式

上海教科院周卫先生根据美国圣路易部新城小学“推动多元智能行动研究”提炼出教师校本教研过程的五个阶段，并结合案例对这一模式作了如下说明：

（1）发现问题。主要任务是，通过听课、观课和研讨交流，参加者要发现学校原有教育现场中的问题；而后是整理和收集相关的文献资料；接着要确定研究的方向，并且拟订研究计划，予以实施。

（2）组织团队。研究人员和学校的教师自愿组织成专业发展团队，努力寻求校方关于课表的安排、人员、经费、时间和设备等各方面的支持；同时向参加实验的学生说明开展这次研究项目的目的，并要征得家长的同意。这是一种学术道德，开展一项研究的时候，必须征得家长的同意和学生的愿意，而不是随便把学生当作一种实验品。

（3）学习的准备。

1）研读、研讨多元智能的理论，构建团队的共同愿景。

2）让每个学生都亲历各种智能的教学。

3）团队成员要填写每个学生多元智能的核对表，教师通过其在实践中的表现，来发现和甄别每个学生的多元智能。

4）在实验的全过程中，专家和教师平等对话，分享经验。

（4）设计和实施。主要选择两个单元教学活动,第一个单元叫“欢乐中国年”，就是围绕过春节的活动来开发学生的多元智能。先是讨论教学方案：怎样才能使每名学生在丰富多彩的实践活动中发挥自己的智能优势，在此基础上制定教学目标；而后把教学目标转换为丰富多彩的实践活动；还要和家长座谈，让所有学生、家长理解开展这一活动的意义和实施计划，充分调动他们的积极性。在实施过程中，研究人员和教师要观察学生的表现情况，如果出现问题，要及时调整教学内容或者给予指导；随后，学生要完成“欢乐中国年”寒假作业，整个活动持续几个月。春季开学后，他们又开展了以“亲情”为主题的单元教学活动，让学生完成围绕“亲情”这一主题的相关报告，组织全班交流，观察学生在活动中的表现和他们各自能力提升的情况，同时对学生进行个别访谈。

（5）总结和反思。即对两个单元教学活动的所有有关资料进行整理，完成论文撰写，然后进行经验的分享。最后要反思最初提出的两个问题解决得如何并思考后续研究。[119]

整个研究过程，要注意资料的收集。第一，要把所有活动的过程记录下来。第二，在每次活动中，对研究者要进行现场观察和记录（这叫作“第三只眼睛”）：研究人员和教师是如何互动的，最初的观点是如何发生碰撞的，研究计划在实施过程中发生了哪些改变，通过研究如何提炼出个主题等。第三，教师和家长的反思札记。第四，多元智能的分布表和每个学生多元智能的检核表，每个学生的学习成长档案袋（从最初的表现到完成一段学习任务后的情况，前后可以作对比），以及对教师学生和家长的个别深度访谈记录。

另外，每次活动后都要进行初步的资料分析，就好像我们上完课以后都要有一个简单的评课活动：这节课上完以后的感受怎么样，是不是达到了预期的教学目标，遇到了哪些困惑，或者突发事件，这里面有哪些有价值的事件或故事，把它们整理出来，从中可以提炼哪些观点等。还要注意对原始材料进行编码分类，然后整理出一个研究的线索，或者逐步概括出一个主题来。此后，通过反复的比较和思考，形成一个描述性的研究报告框架。最后，要对所有资料进行检核和加工，完成研究报告。

（七）校本教育研究的局限

校本教育研究在具有上述优势的同时，也有其弱点和不足。尤其当夸大它或不正确实施它的时候，其局限性就会更加明显。

（1）校本教育研究容易产生轻视理论的实用主义倾向。这可能会损害教师发展的知识基础，尤其对于教师理论修养层面会产生负面影响。由于校本教研经常在校内实施，又与教育实践结合在一起，强调以经验与问题为中心，如果过分强调，就很可能排斥系统的教育理论的学习与吸纳，这对教师专业发展很不利。

（2）校本教研基本是在学校内进行的，所以就难以摆脱生态局限的困扰，特别是在地方高校和民办高校。一个学校的教师群体水平不高的话，就很难有较大的突破，很难取得校本研究的成效。

（八）校本教研与校本培训

《大学英语教学指南（教育部 2017）》提出：“教师培训是教师继续教育的重要基地，各都要制订本校教师培训计划，建立教师培训档案，组织多种形式的校本培训。”[32]

校本培训作为一种未来教师继续教育的重要形式，比较符合我国地域布广、培训任务重、经费不足、难以保持学校正常教学秩序等实际情况，成为一种与离职培训优势互补的运作方式。

进行校本培训，一是教师专业发展的需要。高等教育课程改革对教师专业化发展提出新的要求，更新教育观念、扩展知识结构，掌握信息技术，提高教育实践能力与研究能力。扎实深入的校本培训，成为教师专业化发展的必由之路。二是学校发展的需要。校本培训有利于教育法令、教育政策、教育方针的贯彻执行。事实证明，无论多么重要的法令、政策、方针，如果忽视了具体的学校教育实践，也就成了没有效用的空文。因此，学校要有明晰的办学理念，较详尽的发展规划，这是进行校本培训的前提。

校本培训要以谋求学校素质教育的办学特色为出发点，建设一支具有健康的心理品质、健全的人格修养、扎实的科学文化基础、较强的创造能力和研究能力的师资队伍。走向校本，也就是走向每一个教师自身生活的舞台，更加关注教师自己的生存空间和生活方式，更大地激发教师的创造热情，使学校教育更具活力和效率。

校本教研和校本培训，被人说成是一对孪生兄弟，你中有我，我中有你。校本教研是校本培训的起点，校本培训是校本教研的提升。二者有机结合，相互依存。以校本教研为中心，将校本教研与校本培训有机整合，就能使二者的内涵更丰富。二者共同的目标就是，提升教师的理论修养文化底蕴和教育教学技能，培养教师的教育素养和研究素养，促进学生的多元发展，逐渐形成学校的办学特色。

二、校本教育研究的方法：外语教育叙事研究

校本教育研究作为一个能有效地促进教师和学校发展的研究模式，教育场景对于教师从事研究和专业发展具有独特的价值。许多学者认为研究话语权下移，肯定教师从事研究的主体性和能动性，强调教师校本研究是推动学校变革和教师专业成长的有效途径。但选择什么样的研究方式，怎样开展校本研究，是大学英语教师从事校本研究面临的迫切问题。

大学英语教师开展校本研究的合适选择是外语教育叙事研究。教育理论工作者与教育教学工作者之间的疏离，更切合大学英语教师开展校本研究的现实需要和实际条件，因此教育叙事研究成为大学英语教师的首选研究方法。

在以往的教育研究过程中，教育理论研究者与实际工作者，尤其是与大学英语教师的关系是一种“自上而下”的关系，教师成为“别人判断的执行者”。教育研究大都远离鲜活的教育实际，以抽象的理论话语压抑了大学英语教师从事校本研究的热情，增加了他们对教育研究的冷漠感和心理压力。与之相比，教育叙事研究强调直面教师自身的真实生活，以教师自己的故事建构为手段来诠释教师行动的意义。因此，它能够有效地帮助每位大学英语教师更好地发现自我、认识自我和提升自我，并在教育经验的交流与分享中推动整个教师群体的进步，推动所在学校的教育变革。显然，教育叙事研究是以校为本的研究，因为它以学校情境中所发生的事、大学英语教师所熟悉的人、教育教学实践中所激发的问题和困

惑为研究对象，强调解决真实情境中的问题，强调发挥教师主体能动性，强调通过叙事来理解和变革教育教学实践。教育叙事研究根植于活生生的教育实践，在理性的引领下透过故事来解读和把握教育教学事实。

有学者指出，教育叙事研究的这些特点有助于大学英语教师跨越教育理论与教育实践之间分离的鸿沟。这是因为：

（1）教育叙事研究实现了研究旨趣的转向。它以大学英语教师日常教育生活中的问题为出发点、以对教育现实的理解和真实问题的解决为直接目的，而不是如过去那样单纯地为研究而研究。

（2）教育叙事研究实现了研究场景的转向。过去的教育研究者关在书斋中，以文献符号为研究源，远离教育教学实践，他们得出的结论往往没有多少实际意义，不能成为大学英语教师改进教育教学实践的参考依据。而教育叙事研究以校为本，以学校情境中的人和事、以教育日常生活中所激发的问题和困惑为研究对象，深植于教育教学现场，是一种具有实践指向的校本研究。

（3）教育叙事研究实现了研究方式的转向。过去的教育研究强调向科学实证范式归依，追求研究的量化和客观化。这种研究以“社会性”“人文性”的缺失来换取“科学”的光环。而教育叙事研究则肯定研究的校本性、情境性、时间性、生活化以及人的感性力量的价值。叙事者可以通过叙事来更深刻地理解和把握教育教学实际。

（4）教育叙事研究的研究主体也发生了转向。过去的教育研究将研究权和话语权大部分赋予理论研究者，认为他们扎实的理论功底和专业素养可以保证其理论成果在诠释和指导实践方面的权威性。但事实证明，他们的许多理论研究成果并不能做到这一点。而教育叙事研究实现了研究权利的回归，广大的大学英语教师天天直面教育教学实际，他们有必要、有条件、有能力开展校本研究，他们应该有教育研究的发言权和自主权。在教育叙事研究中，“教师不再是传声筒，不再是应声虫，教师不再依靠别人的思想而生活；教师不得不倾听自己内心深处的声音，不得不站在自己的角度反思和挖掘自我”。

（5）教育叙事研究实现了研究成果呈现方式的转向。过去的研究文本强调客观、抽象、概括、结构、规范和逻辑的严谨。因此，许多教育理论专著、论文往往令大学英语教师望而生畏，不论是阅读或是自己撰写研究成果都感到为难。教育叙事研究以叙事为研究和言说的基本方式，以教育日常生活为故事建构的来源，而且叙事文本可短可长、表述方式灵活多样，因此它很容易被大学英语教师掌握。这种便利性以及故事特有的感染力，应该是教育叙事研究的显著优点，也是它之所以被大学英语教师选为最适合校本研究方法的充分理由。通过教育叙事，大学英语教师可以自如地表述自己在教育教学实践过程中的亲身经历和内心感受。

就如何开展校本研究中的教育叙事研究，有学者提出如下一些意见：

（1）勤于学。教师养成读书学习的习惯，提高理论素养，是开展教育叙事研究工作的准备和基础。

（2）敏于事。只要教师事事时时处处留意身边的问题，关注身边的事情，就可以找到很多可以用于开展探讨的话题，比如，教育生活故事、学生成长个案、教师成长记录、教育教学对话、教学设计案例、教学反思案例等。教育教学活动方方面面的内容都可成为教育叙事研究的话题，教育叙事研究成为教师人人可参与的校本行动研究。

（3）善于思。思考和反思是叙事研究的灵魂，教师通过教育叙事研究过程中的思考和反思，不但可以深刻领会先进的教育思想和理念，更新教育教学观念，而且可以从根本上改进教育教学工作。

（4）得于法。教育叙事研究的范围甚广，主题多种多样、内容丰富多彩。可以说，教师的教育活动范围有多宽，其叙事研究的领域就有多广；教师的工作有多少种类，其叙事研究的主题就有多少类型；教师的工作内容有多么宽泛，其叙事研究的内容就有多么宽阔。这样看来，叙事研究似乎很难找到一个统一的格式、统一的规范和统一的要求。

“校本研究”是近年来伴随着高等教育课程改革兴起的学校教育研究的一种新范式，它具有学校教育科研的基本特征，强调研究课题来源于改革和发展的实际，具有解决学校现实问题的鲜明针对性；研究的主体是学校的教师，以教师群体参与为基本特征；以观察、访谈、案例、行动等研究方式为主；研究的结果应有助于实践问题的解决等。

校本研究直接指向教育教学实践中具体问题的解决，这些问题主要来源于教师叙述的亲身实践和亲历体验，同时在大学英语课程改革的背景下，又注入了新理念、新思想和新要求；研究的方式与教师集体备课、学校内部的教研室活动等具有较好的衔接性，同时非常贴近、匹配教师的工作方式、思维习惯和知识背景。因此，校本研究很快得到教师的普遍欢迎，与“校本课程”“校本培训”“校本管理”等一样，成为一种流行度很高的研究内容。

第二节　基于网络技术的外语教育叙事研究

一、基于博客的外语教育叙事研究

近年来，教育叙事正成为教师教育的热点，这与外语教师专业发展的内涵密切相关。正如加拿大学者 M. Connelly 和 J.Clandinin 所言：“重述和重写那些能够导致觉醒和变迁的教师和学生的故事，以引起教师实践的变革。”[120] 如今的网络时代，许多教师更趋向于在博客上写下自己的教育教学过程、教学感受等。教师通过在博客上写教育叙事，反思自己的教育教学并与众人分享自己的教育教学经验，从中获得专家、资深教师的专业指导，从而促进自己的专业发展。

（一）外语教育叙事研究和博客

外语教育叙事研究是以叙事的方式开展的教育研究。它是研究者（主要是外语教师）通过对外语教育教学实践的描述与分析，从而发掘或揭示内隐于经验和行为背后的教育思想、教育信念，从而发现教育的本质、规律和价值意义。它不直接定义教育是什么，也不直接规定教育应该怎么做，它只给读者讲一个或者多个教育故事，让读者从故事中体验教育是什么或者应该怎么做，这种以真实、深入的方式表达对教育的理解和解释比较容易被外语教师掌握和使用。而已有的教育叙事形式因具有封闭、缺乏共享等局限，其生命力受到严重影响。博客作为一种全球化、个性化、数字化的网络工具，个人完全可以借助其完成隐性知识的挖掘、过滤、积累和管理，可以自由表达自己的思想，也可以与群体进行深度的交流。博客的教育意义在于将互联网过去的通信功能、资料功能、交流功能等进一步强化，使其更加个性化、开放化、实时化、全球化，从而把信息共享发展为资源共享、思想共享、生命历程共享。基于博客的教育叙事研究是把教育叙事架构在现代信息技术平台上，不但为教育叙事增添了新的活力，而且还能有效引领外语教师的专业发展。外语教育叙事与教育博客相结合，是一种天赋的完美结合。一个是外语教师的所思所想，一个是全球化、数字化的交流环境，是知识挖掘、过滤、积累和管理以及群体进行深度交流的平台，二者融为一体，为每个普通教师的发展提供了一个崭新的世界。

（二）基于博客的外语教育叙事研究与传统的外语教育叙事研究的区别及特点

传统的外语教育叙事研究往往是教师通过纸和笔记录下有关的校园生活和教育教学事件及其反思，它易受时空的限制，并且难以修改，个人性较强，随着量的不断增多，难以管理和查阅，不利于交流、共享等。而基于博客的外语教育叙事研究则摆脱了时空的限制，交流共享容易，可以即时发布，即时更新，并且它以时间为轴自动归档，便于查阅。它是教育信息时代对传统的教育叙事研究的继承和发展，弥补了传统教育叙事研究的缺点。二者的区别如图 5-1 所示。

由图 5-1 可见，基于博客的教育叙事研究比传统的教育叙事研究占有更大的优势，更适合于教师撰写教学故事，更有利于他们进行教学反思、研究和创新，增强教师的专业能力。

1. 区别

与传统的教育叙事研究的区别：

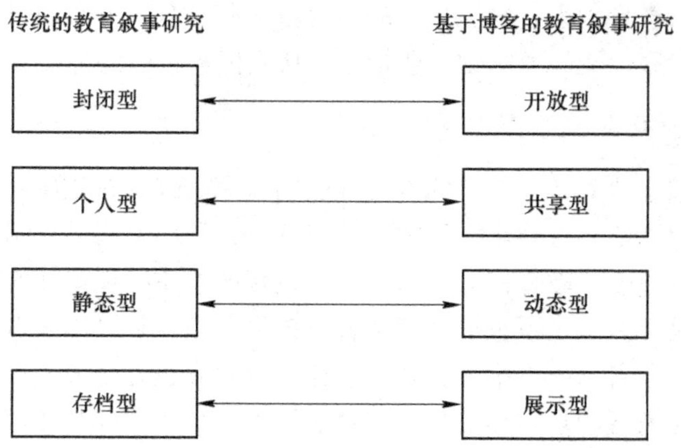

图 5-1　传统的教育叙事研究与基于博客的教育叙事研究的区别

（1）开放性。基于博客的教育叙事走出了传统教育叙事的封闭性，它以开放性的全新面貌迎接新时代的到来。无论是教学过程、教学结果，还是教师的参与等都具有开放性。当教师把教育事件发表在博客的平台上时，全球的人都可以共享并根据自己的思考与经验发表看法和观点。当参加的人员不断增多时，对叙事报告产生的思想碰撞会给教师带来更深刻的体会和理解。

（2）共享型。传统教育叙事研究是个人性的，即只允许自己或少数几个人分享教学故事。而当教师把教学事件的情节、反思和校园生活发表在博客的信息交流平台上时，可以让全世界的人共享，这无疑增加了教育叙事的共享性。

（3）动态性。传统的教育叙事一经记录一般是不会改动的，且改动耗时耗力。而基于博客的教育叙事是放在一个动态的信息平台上，随着不同人发表不同观点的逐渐增多和深入，教育叙事报告也就不断丰富、不断深化、不断发展。

（4）发展型。传统的教育叙事报告一经写成就面临发表或保存的命运，是属于历史型的，而在博客上发表的教育叙事是一个动态的、不断发展的过程。当教师把教育叙事报告发布在博客上时，全世界的专家、资深教师或者他人都可以发表看法。如此一来，关于该教育叙事的研究就会不断更新和发展，为加深教师对教育规律和事件的理解提供了条件，更好地促进了教师的专业发展。

（5）展示型。传统的教育叙事报告写成后不管发表与否都会被保存起来，以致很少有人能够再次共享。而在博客上的教育叙事不管质量好坏，都在不断地展示，能够让更多的人共享并发表意见，教师在这些意见中提炼出精华，以此促进教师专业成长。

2. 特点

从它与传统教育叙事研究的区别进行分析，可以看出基于博客的教育叙事研究新的特点如下：

（1）博客作为教育叙事研究报告的交流平台，实现了教育叙事研究的信息化，有了创新的发展。

（2）实现了教育叙事研究报告的数字化，使得叙事报告更加容易保存、刷新、复制和流通，使叙事报告流通世界化。

（3）基于博客的教育叙事研究把话语权还给了教师，教师可以随时发表与全世界读者共享的叙事故事，而不必等正式出版的叙事报告，这为有效促进教师专业发展提供了保证。

（三）利用博客开展外语教育叙事研究以促进外语教师专业发展

教师利用博客记录教学过程中重要情节和故事，对“教学问题”和“教学冲突”开展教育叙事研究，有助于教师的自我发展和专业发展。最近，国内涌现出许多博客群体，例如新浪教育博客、教师博客等，为教师在网络平台上开展教育叙事研究创造了有利条件，成为教师专业发展的重要途径和方式。

（1）促进教师研究素养的形成。通过博客开展教育叙事并不是简单地“镜像”记录教学活动，而是观察与思考教学活动。因此，基于博客的教育叙事不单纯是教师讲述具体事件的过程，也是一个与专家、同行或他人交流共享、进行不断提高、逐步深化的过程，而且教育叙事的过程实际上也是教师研究素养提升的过程。教师通过不同时段记录下来的“故事”可以“更为清晰地看到自己成长的轨迹和内在专业结构的发展过程，进而为能够更好地实行专业发展的自控和调节奠定基础”。

（2）提升教师课程理念或意识。从叙事的意义上讲，教师的课程理念或意识是教师对课程系统的基本认识和反映，是蕴藏于教师实际经验中的教学经验的总结。博客为教师的教育叙事研究提供了一个交流共享的信息平台，是教师教学、生活的真情告白栏，教师把来自教学生活的课程理念和意识记录在其中，并通过叙述教学生活经验以及他人对该教育生活经验发表的观点或看法促进教师对于教育及其意义的深入理解，从而引发教师课程理念的变迁。它还有助于解揭示日常教育生活所蕴藏的意义，可以用来改进并重建教师的教学生活，使教师对课程理念或意识的价值有进一步的认识，从而提升教师课程理念或意识。

（3）更新教师专业实践。教师发表了博客并不意味着教育叙事的结束。以课堂教学为例，教师借用叙事研究手法把教学过程或结果记录在博客中，这一过程也是教师探索教育意义的过程。教师“讲故事”或“编故事”并不仅仅是对已发生的教育事件的简单追述，而是期望在故事中重温教育教学经验和体验教育教学过程，属于再理解和再探索的过程。更为重要的是，教师从博客精彩的回复中汲取了养分（回复是博客教育叙事的重要组成部分，将叙事报告发表在博客上，学生、专家、资深教师等阅读后可以通过博客发表自己的看法和观点），即发现故事中所蕴含的教育教学意义和寓意，使教师对教育教学有更深层次的理解，更加明确教育理念与教育实践的关系，并将叙事作为更新专业实践的重要途径。

二、外语教育叙事研究的网络平台构建

现代多媒体技术和网络技术等信息技术平台给教育叙事研究提供了很好的技术环境。随着教育叙事理论的完善和发展，现在的叙事研究已经不仅仅局限于传统的以个体教师或者地区教育团体为主体的研究方法，而是形成了一个在时间上和空间上交错组合的教育叙事研究的新局面。

1. 教育叙事研究的方式和平台

教育叙事研究主要存在以下三种叙事研究形式：

（1）实习共同体的教育叙事研究。易于形成团体进行叙事研究的专题网站。

（2）校本培训与教育叙事研究。教育叙事成为校本培训的主要方式，通过如图 5-2 所示的过程，能激发教师反思，深入探索自身教学的特点和不足。这种研究方法给教师营造了一种人文关怀的环境，使教师设身处地地为了教学而去提高，去进步，去探究教学。

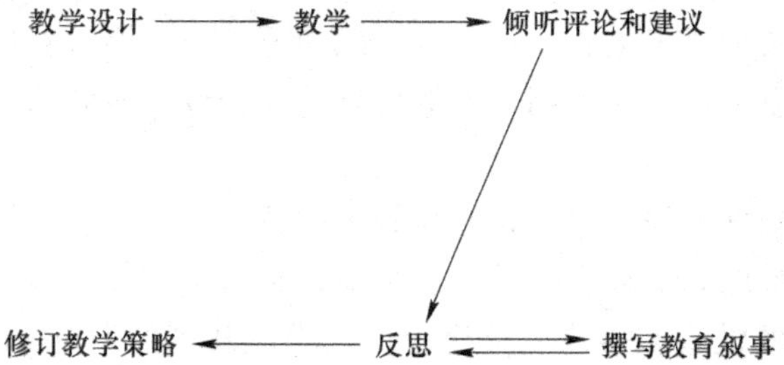

图 5-2　结合叙事的校本培训

（3）基于信息技术平台的个人教育叙事。最具代表性的就是基于博客平台的个人教育叙事研究，它可以影响研究者周围的人对教育教学工作的认识，认清最真实的教育现状，让社会上更多的人参与到教学工作中来，参与到教学策略的制定中来。

随着技术的进步和网络的普及，教育叙事研究不仅在形式上呈现多样化，更本质的是它脱离了传统的手写的、书面的、个体记录式的叙事研究的局限性，融入互联网这个大舞台中来。

2. 博客作为叙事研究平台

博客作为叙事研究平台是一线教师从事教学科研的很好方式，因为博客的初衷就在于叙事式的流水记录，博客通过数字方式把一个个“教学故事”归类记录

在博客中，便于今后的研究，作为使用博客的累积效应，这是最有价值的。研究者通过学校或者免费的网上博客服务建立叙事研究理论的个人博客平台，或者形成团体学习和探讨叙事研究的博客平台。以博客为信息环境载体，教师不仅可以写一些教学的反思、范例、经验和感触，为他人提供丰富的一线实践素材，而且可以通过自己的博客在线得到来自全国的同行和专家教授的帮助引领。更为重要的是，基于博客的教育叙事研究往往会带动一个学校的大多数教师参与，进而影响到更多的学生，使整个学校的办学质量在全体师生的智慧和协作中得到提升。

3. BBS 作为叙事研究平台

（1）从 BBS 帖子和博客文本的样式比较看，博客文本的内容结构更复杂，更适合做教育叙事研究报告，而 BBS 的帖子结构较为简单，通常是一篇原创信息或评论，后面跟上其他网友的相关发言。博客文本则是就某一主题，将教学故事扼要整理汇集后放在网上，供有相关爱好和需求的网友共享。在博客上发表教育叙事报告更加审慎和仔细，其文本的丰富性、讨论脉络的清晰度、论题的拓展空间都超过了 BBS 的网友发言帖子。

（2）从帖子之间和文本之间的关系看，博客文本相对独立，排序方式也与 BBS 不同。BBS 的帖子是按照时间序列安排的，前后帖子的话题可能连续，也可能转换。因此，BBS 帖子对单个主题的讨论支离破碎，整合起来比较困难。而博客网站的不同文本通常聚焦于不同主题，文本之间相对独立，每个文本本身就是一个主题的展开和深化，比较适合做叙事研究报告。

由于 BBS 对各种文章的系统化分类和排序，基于 BBS 的教育叙事研究最大的优点在于作者和读者可以很方便地找到相应的教学故事板块发表文章和回复，利于节省时间，同时也便于论坛管理员管理。

4. 教育叙事专题网站

教育叙事专题网站是以学校或地区为团体建设的教学故事专题网站，它给每一位教师一个用户名和登录账号，教师在不同栏目中写下课堂上的教学故事或教育反思，并给每位游客或学生回复帖子的机会，师生和教育管理者等都可以在这个专题网站上发表看法。这样的叙事研究专题平台具有很明显的特点：

（1）教育机构给教师提供积极进行教育叙事研究的平台。

（2）有利于教师进行地区性团体协作的叙事研究。

（3）有利于教师对教育叙事的横向比较和研究。

（4）精彩的故事回复的帖子多，阅读次数多，易于进行教学质量的研究。

（5）容易形成关注点的集中，激励多数人反思的积极性。

（6）专题网站建设和管理耗时大，人力资源占用多。

目前，基于专题网站建设、WIKI 等新平台的叙事研究也正在发展，可以从不同的在载体中找到最适合叙事研究报告的平台。那么，有了数字化平台的支持，如何才能写好叙事研究报告呢？首先，要注意观察课堂上师生的反应，可以借助技术手段（录像机、照相机、电脑等）记录观察的过程，并保存原始资料。其次，明确研究的问题，随时抓住教学活动中出现的新问题，通过各种途径来解决问题，从解决问题的经验中学习，注重讨论和交流，吸取和集中更多人的智慧。最后，给出研究结论，提出进一步研究的设想与建议。只要注意以上几点，研究者就能抓住教育问题的症结所在，从叙事报告中归纳出更好的教学策略。

参考文献

[1] 联合国教科文组织教育丛书．教育：财富蕴藏其中［M］．北京：教育科学出版社，2001.

[2] 顾明远．全球化视野中的远程教育［J］．中国远程教育，2005，25(1):13–15.

[3] 胡亚敏．叙事学［M］．武汉：华中师范大学出版社，2004.

[4] 大卫·杰弗里·史密斯．全球化与后现代教育学［M］．郭洋生，译．北京：教育科学出版社，2000.

[5] 保罗·弗莱尔．被压迫者的教育学［M］．顾建新，译．上海：华东师范大学出版社，2001.

[6] 蒋泽标．试论教育叙事研究的特点及要素［J］．贵阳师范高等专科学校学报，2005，23(4):70–71.

[7] 唐伟胜．国外叙事学研究范式的转移—兼评国内叙事研究现状［J］．四川外国语学院学报，2003，24(2):60–66.

[8] 刘万海．近二十年来国内外教育叙事研究回溯［J］．中国教育学刊，2005，26(3):9–12.

[9] 马克思，恩格斯．马克思恩格斯选集（第 1 卷）［M］．北京：人民出版社，1995.

[10] 教育部．国家中长期教育改革和发展规划纲要（2010-2020 年）［EB/OL］．http://old.moe.gov.cn/publicfiles/business/htmlfiles/moe/info_list/201407/xxgk_171904.html.

[11] 沈骑．转型期大学英语课程的价值追问［J］．外语电化教学，2014，36(2):61-73.

[12] 石中英．知识转型与教育改革［M］．北京：教育科学出版社，2001.

[13] Stenhouse L. An Introduction to Curriculum Research and Development [M].London: Heinemann，1975.

[14] 施铁如．“怎么都行”——学校改革研究的后现代思考［J］．教育研究与实验，2003，21(2):69–72.

[15] 张济洲．论教育“叙事研究”的科学性——兼与许锡良同志商榷［J］．教育研究与实验，2006，24(1):15–17, 43.

[16] 牛利华．教育叙事研究：科学反思与方法论革命［J］．当代教育科学，2005，20(16): 46–48, 53.

[17] 周勇．教育叙事研究的理论追求——华东师范大学丁刚教授访谈［J］．教育发展研究，2004，25(9): 56–60.

[18] 张希希．教育叙事研究是什么［J］．教育研究，2006，27(2): 54–59.

[19] 丁钢．教育经验的理论方式［J］．教育研究，2003，24(2): 22–27.

[20] 王枬．教育叙事研究的兴起、推广及争辩［J］．教育研究，2006，27(10): 13–17.

[21] 顾佩娅．高校英语教师专业发展环境调查［J］．解放军外国语学院学报，2014，37(4):51–58，83.

[22] 张庆宗．高校外语教师职业倦怠的成因分析及对策思考［J］．中国外语，2011，8(4): 66–

70, 75.

[23] 袁贵仁 . 马克思的人学思想 [M] . 北京：北京师范大学出版社，1996.

[24] 马克思，恩格斯 . 马克思恩格斯全集（第 42 卷）[M] . 北京：人民出版社，1995.

[25] ConnellyFM, ClandininDJ.Stories of experience and narrative inquiry [J] .Educational Researcher, 1990, 19 (5): 31–39.

[26] 陈向明 . 质的研究方法与社会科学研究 [M] . 北京：教育科学出版社，2006.

[27] 陈向明 . 在行动中学作质的研究 [M] . 北京：教育科学出版社，2003.

[28] 吉登斯 . 现代性的后果 [M] . 田禾，译 . 北京：译林出版社，2000.

[29] Schon, D.A. The Reflective Practitioner [M] . London: Temple 1983.

[30] 邹进 . 斯普朗格文化教育学思想概览 [J] . 外国教育，1988, 10(3): 27–32.

[31] 雅斯贝尔斯 . 什么是教育 [M] . 邹进，译 . 上海：三联出版社，1991.

[32] 教育部高等学校大学外语教学指导委员会 . 大学英语教学指南（教育部 2017）[EB/OL] . http://wyx.hacz.edu.cn/s/17/t/85/d4/55/info54357.htm.

[33] 戴圣 .《礼记 · 学记》[EB/OL] . http://blog.sina.com.cn/s/blog_525ee69b01009qn0.html.

[34] Bruner Jerome. The Culture of Education [M] . Cambridge, MA: Harvard University Press, 1996.

[35] 李晓博 . 有心流动的课堂 : 教师专业知识的叙事探究 [M] . 北京：外语教学与研究出版社，2011.

[36] ClandininDJ, ConnellyFM. Narrative Inquiry: Experience and Story in Qualitative Research[M] .San Francisco: Jossey–Bass Publishers, 2000.

[37] ClandininDJ, et al.Becoming a narrative inquirer: Learning to attend within the three-dimensional narrative inquiry space [C]. Learning and Teaching Narrative Inquiry. Philadelphia: John Benjamins Publishing Co, 2011:33–51.

[38] 钱晓霞 . 教育叙事视域下的外语教师研究：回顾与反思 [J] . 外语界，2014, 35(1): 49–56.

[39] 李华 . 教育叙事研究—教师专业发展的有效途径 [J] . 教育科学论坛，2014, 28(5): 37–38.

[40] 刘良华 . 一个课程关键 : 让教师成为研究者 [N] . 中国教育报，2005–5–12.

[41] 熊川武 . 反思性教学 [M] . 上海：华东师范大学出版社，1999.

[42] PosnerGJ. Field Experience: Methods of Reflective Teaching [M] . New York: Longman Inc.1989.

[43] 王国维 . 人间词话 [M] . 长春：吉林出版集团有限责任公司，2010.

[44] 易哲星 . 解读"平等中的首席"—兼与潘新和先生商榷 [J] . 当代教育论坛，2011, 5(7): 5–6.

[45] 张家政 . 大学英语教学改革的文化哲学研究 [D] . 重庆：西南大学，2010.

[46] 顾明远 . 教育大辞典 [M] . 上海：上海教育出版社，1998.
[47] 叶澜 . 教师角色与教师发展新探 [M] . 北京：教育科学出版社，2004.
[48] 埃德蒙特 . 胡塞尔 . 现象学 [M] . 重庆：重庆出版社，2006.
[49] 常秀芹 . 胡塞尔生活世界理论对学生观的启示 [J] . 唐山师范学院学报，2005, 27(4): 78–80.
[50] 海德格尔 . 存在与时间 [M] . 陈嘉映，译 . 北京：商务印书馆, 2018.
[51] 埃德蒙特 . 胡塞尔：逻辑研究 [M] . 倪梁康，译 . 北京：商务印书馆, 2018.
[52] 陈彩燕 . 教育叙事研究探源 [J] . 现代教育论丛，2005, 26(4): 6–10.
[53] 让·格朗丹 . 哲学解释学导论：解释学译丛 [M] . 何卫平，译 . 北京：商务印书馆，2009.
[54] 刘放桐 . 现代西方哲学 [M] . 北京：人民出版社，1981.
[55] 叶泽雄 . 论自然现象的“理解”与人文社会现象的“说明”[J] . 自然辩证法研究，2001, 17(4): 29–33.
[56] 徐东林 . 教育叙事研究与高校教师的专业成长 [J] . 郑州大学学报，2007, 38(7): 167–170.
[57] 王岳川 . 后现代主义文化 [M] . 北京：北京大学出版社，2006.
[58] 姚斯，R.C. 霍拉勃 . 接受美学与接受理论 [M] . 周宁，等译 . 沈阳：辽宁人民出版社，1987.
[59] 王锺陵 . 论姚斯的接受美学理论 [J] . 江苏社会科学，2012, 29(3): 174–182.
[60] 孟子 . 孟子 · 万章上篇 · 第四节 [EB/OL] . https://so.gushiwen.org/mingju/juv_42b5fb566fec.aspx.
[61] 曹琦佳 . 后现代主义哲学产生的原因及其精神实质 [J] . 沧桑，2010, 18(6): 159–160.
[62] 陈晓明 . 后现代主义 [M] . 开封：河南大学出版社，2004.
[63] 理查德·罗蒂 . 后哲学文化 [M] . 黄勇，译 . 上海：上海译文出版社，2009.
[64] 戴光龙 . 哲学大师德里达：解构主义 [EB/OL] . http://blog.sciencenet.cn/blog-331736-703189.html.
[65] 余天放 . 元叙事危机与知识去合法化之困境——利奥塔“现代性知识”批判理论管见 [J] . 人文杂志，2013, 57(2): 6–13.
[66] 文军 . 批判、维护与超越—从后现代、全球化与现代性的关系看社会理论的新发展 [J] . 社会科学研究，2004, 25(4): 88–92.
[67] 洪芳 .“平等与对话”—后现代主义师生观解读 [J] . 广西师范大学学报，2008, 52(5): 20–23.
[68] 孙君 . 世界著名心理学家皮亚杰 [M] . 北京：北京师范大学出版社，2013.
[69] 肖川：教育的理想与信念 [M] . 长沙：岳麓书社，2002.
[70] 埃德加 · 富尔 . 学会生存—教育世界的今天和明天 [M] . 北京 : 教育科学出版社，2009.
[71] 乔纳森 · 卡勒 . 罗兰 · 巴特时装体系 [M] . 陆斌，译 . 南京：译林出版社，2014.

[72] 葛兆光 . 中国思想史 [M] . 上海：复旦大学出版社，2002.
[73] 袁文卓 . 浅论结构主义叙事学的发展与演变—以亚里士多德、普洛普、热奈特为分析核心 [J] . 南方论刊，2015, 27(4): 95–96, 98.
[74] 韩蕾 . 话语符号学视角下的《叙事作品结构分析导论》[J] . 中国文学研究，2017，33(1): 10–14.
[75] 孙琳 . 格雷马斯结构语义学批判 [J] . 理论月刊，2011, 33(10): 72–75.
[76] 热拉尔・热奈特 . 热奈特论文集 [M] . 史忠义，译 . 北京：中国发展出版社，2001 .
[77] 申丹 . 西方叙事学：经典与后经典 [M] . 北京：北京大学出版社，2010.
[78] A. J. 格雷马斯 . 论意义 [M] . 冯学俊，译 . 天津：百花文艺出版社，2005.
[79] 王彦，王枬 . 教育叙事—从文学世界到教育世界 [J] . 全球教育展望，2005，34(4): 34–39.
[80] 范正勇 . 对人类学研究方法—田野调查的几点思考 [J] . 青海民族研究，2007，19(3): 16–18.
[81] 马克思 . 资本论 · 第 1 卷 [M] . 北京：人民出版社，2004.
[82] 姜亮夫 . 先秦诗鉴赏辞典 [M] . 上海：上海辞书出版社，1998.
[83] 朱柏庐 . 朱子家训・全文 [EB/OL] . https://so.gushiwen.org/guwen/bookv_10714.aspx.
[84] 思履注 . 四书五经 [M] . 北京：中国华侨出版社，2014.
[85] 包霭黎 . 从哈贝马斯的三种认知兴趣看课程的本质 [J] . 现代教育科学，2006，23(5):48-50.
[86] 布鲁克菲尔德 . 批判反思性教师 ABC [M] . 张伟，译 . 北京 : 中国轻工业出版社，2002.
[87] 刘良华 . 教师如何做教育叙事研究 [J] . 中国教师，2009，7(17): 13–16，17.
[88] 詹姆士・亨德森 . 反思性教学：成为一位探究的教育者 [M] . 台湾：心理出版社，2000.
[89] 岳龙 . 教育叙事：感悟教师的真实生活 [J] . 青年教师，2004, 11(3): 28–29.
[90] 吴鹏，季丽珺，徐慧霞 . 优秀大学英语教师的成长历程与反思：一项叙事研究 [J] . 现代教育科学，2010，27(11): 1–6.
[91] 刘良华 . 论教育“叙事研究”[J] . 现代教育论丛，2002, 23(4): 52–55.
[92] 钟佳红 . 大学公共课教师课堂教学管理行为研究 [D] . 兰州：西北师范大学，2014.
[93] 韩愈 . 师说 [EB/OL] . https://so.gushiwen.org/shiwenv_178197fd7202.aspx.
[94] 尤・克・巴班斯基：教学教育过程最优 [M] . 吴文侃，等译 . 北京：教育科学出版社，2001.
[95] 陆游 . 老学庵笔记 [EB/OL] . http://www.360doc.com/content/16/0926/10/68780.shtml.
[96] 肖安庆 . 故事疗法在高三学生心理辅导中的应用 [J] . 素质教育大参考（A 版），2014，35(3): 46–49.
[97] 闫伟 . 萨特的叙事之旅 [D] . 武汉 : 华中师范大学，2014.
[98] 麦克・怀特 . 故事、知识、权力—叙事治疗的力量 [M] . 廖世德，译 . 上海：华东理工大学出版社，2013.

[99] 荀子 . 劝学篇 [EB/OL]. https://baike.baidu.com/item.
[100] 蔡克勇 . 教育观念转变与创新人才培养 [J]. 临沂师范学院学报，2007，33(4): 22-27.
[101] 李子华 . 教师的教育机智及其培养 [J]. 安徽师范大学学报，2003，31(4): 478-482.
[102] 刁培萼 . 智慧型教师素质探新 [M]. 北京 : 教育科学出版社，2005.
[103] 爱德华·霍尔 . 无声的语言 [M]. 何道宽，译 . 北京：北京大学出版社，2010.
[104] 胡中锋 . 教育评价学 [M]. 北京 : 中国人民大学出版社，2013.
[105] 徐莹，舒晓杨 . 大学生课外英语阅读现状的调查分析 [J]. 吉林省教育学院学报，2012，28(5): 62-64.
[106] StrassA，CorbinJ. Basic of Qualitative Research: Grounded Theory Procedures and Technique [M]. Newbury Park: Sage，1990.
[107] 魏华 . 教师教学案例的实践探索 [J]. 教学与管理，2007，24(4): 56-57.
[108] 汤敬安 . 叙事化视角的外语教学 [J]. 外国语文，2012，28(6): 149-152.
[109] 龚孟伟 . 论教学文化研究现状及其存在的问题 [J]. 教育学术月刊，2011，28(8): 103-106.
[110] 刘昭华 . 看看美国老师如何讲灰姑娘的故事 [EB/OL]. http://learning.sohu.com/20060216/n241841860.shtml.
[111] 苏霍姆林斯基 . 给教师的建议（修订版）[M]. 杜殿坤，编译 . 北京：教育科学出版社，2018.
[112] 李丽琼 . 论语 [M]. 上海 : 上海科学普及出版社，2014.
[113] 胡适 . 胡适自述 [M]. 开封 : 河南人民出版社，2004.
[114] 蔡元培 . 蔡元培自述 [M]. 开封 : 河南人民出版社，2004.
[115] 冯友兰 . 冯友兰自述 [M]. 开封 : 河南人民出版社，2004.
[116] 吴颖芳 . 认识你自己：自我研究对教师专业发展影响的个案研究 [J]. 当代教育科学，2013，28(8):27-33.
[117] 郑金洲 . 走向"校本"[J]. 教育理论与实践，2000，20(12): 11-14.
[118] 郑金洲 . 校本研究指导 [M]. 北京：教育科学出版社，2002.
[119] 张萍 . 教师同伴互助的校本教研模式研究 [D]. 大连：辽宁师范大学，2005.
[120] 张仙、黎加厚 . 基于 blog 的教育叙事促进教师专业发展的调查研究 [J]. 电化教育研究，2007，28(3): 56-59.

作 者 简 介

王桂祥，山东大学外国语学院英语语言文学硕士。先后主持省级科研课题 2 项，市厅级科研课题 2 项，市厅级教研课题 7 项，校级教改课题 1 项，在核心期刊发表论文 10 余篇，出版高等学校“十三五”规划教材与国家级特色专业建设教材 2 部，多次获德州市社会科学优秀成果奖和校级优秀成果奖。荣获市厅级教学比赛二等奖 1 项、三等奖 1 项，校级教学比赛一等奖 1 项、二等奖 1 项。指导学生累计获得省级、校级奖项 50 余项。